Speak the Truth in Its Full Complexity
真実を語れ、そのまったき複雑性において
The Thought of Stuart Hall
スチュアート・ホールの思考

Hiroki Ogasawara
小笠原博毅

Shinsensha
新泉社

目次

＊本文中の英語文献からの引用に関して日本語訳のあるものはその書誌情報を記載していますが、執筆に際しては英語文献を参照しました。引用文中の〔　〕内は筆者による註記です。

真実を語れ、そのまったき複雑性において——スチュアート・ホールの思考

カルチュラル・スタディーズの理論家、スチュアート・ホール（1932–2014年）。ジャマイカのキングストンで生まれ、1951年にイギリスに渡り、オクスフォード大学で近代英米文学を学ぶ。バーミンガム大学現代文化研究センターを拠点にメディアや現代文化の批判的研究に貢献した。批評家としては1980年代に「サッチャリズム」という用語を作り出し、イギリスにおけるサッチャー保守党政権のネオリベラリズムや「権威主義的ポピュリズム」に対する批判の論陣を張り、反人種差別をめぐる社会運動や黒人アーティストの表現活動にも多大な影響を与えた。若い頃は『ニュー・レフト・レヴュー』の編集長を務め、中学校の教員をしながら生活。のちに大学やオープン・ユニヴァーシティで教えるようになってからも、アカデミズムの外へ積極的に出て、テレビやラジオ出演などを通じ幅広い読者・聴衆に向けて発言をおこなった。

序章　真実を語れ、そのまったき複雑性において

1.「浮遊する記号表現《シニフィアン》」としての人種

一九六〇年代前半、ヘルベルト・マルクーゼのもとで学びながら『ニュー・レフト・レヴュー』誌を愛読していたフェミニスト活動家アンジェラ・デイヴィスは、その編集長スチュアート・ホールがジャマイカ生まれの黒人であるとは思いもしなかったという。[▼1] 自分よりも一回り年上のホールがどのような「アイデンティティ」の人間かについては、関心を持つことはなかった。それはそもそも、人種や民族と誰かの「アイデンティティ」の結びつきを、どのように考えたらいいのかさえ「学んでいなかった」からだと述懐している。確かに、編集長の任にあった期間、『ニュー・レフト・レヴュー』誌上でホールが、後にするように「植民地少年」としての自らの自伝的なエピソードを交えながら、人種差別や人種についてはっきりと書いたことはなかった。だから、このデイヴィスの述懐を無知として非難するのはフェアではないだろう。しかしこのカジュアルな告白は、極めて徴候的な出来事ではないだろうか。つまり、一九六〇年

代にイギリスを舞台に英語で批判的な政治論評を書き続ける知識人は、おそらく一〇〇パーセント白人だろうという仮説、思い込み、常識化された知識があったということだ。同時に、かつての大英帝国をはじめ、世界の植民地が次々と独立していく一九六〇年代前半にあって、そしてアルジェリア、ヴェトナム、ケニアなどで激しい反植民地闘争が繰り広げられていた時代にあって、イギリスの言論界にはアフリカ系、カリブ系、インド系、中国系などの非白人の知識人の場所があるわけがないという前提があったということだろう。このような前提でイギリスの言論界を見ていたのは、なにもデイヴィスに限ったことではなかったのだろうが、ホールが「良き植民地の臣民」としてローズ奨学金を獲得しオクスフォードにたどり着く二〇年も前に、トリニダード生まれのC・L・R・ジェームズは、旺盛な執筆活動をランカシャーの小さな町ネルソンで開始していたのである。

他方で、デイヴィスが目にしたホールの言葉遣いや筆致が、あまりにも「イギリス的」だったという言い方もできるかもしれない。キングストンの学校で読んだディケンズやサッカレーの描き出すロンドンやイングランドの風景を、まるで自分の国であるかのように疑似記憶していたホール少年ほど、被植民者による植民者の「擬態」を見事に表している事例はない。ホールははっきりと言い切っている。自分はイギリスに来てから「西インド人だということを発見した」のだと。▼2 ホールの置かれたこのような立場性において、人種は「アイデンティティ」を構成する一属性としての「変数」的要素を超えて、彼の言論人としての、「パブリック・インテレクチュアル」としての、存在そのものに関わる重要な争点となっている。白人ではないどころか、当時はイギリス人ですらなかったホールが、イギリスの階級政治や冷戦下における社会主義について、「私たち」という主語を用いて読者に語りかける。そして、これは重要なことなのだが、ホールはそれをわざとやっていた。当然、「私たち」と呼びかけられた雑誌の読者、集会や勉強会の参加者、ラジオのリスナーは、そう呼びかける人間が「イギリス人」であり、「社会主義者」であり、「左翼」であり、なにより「白人」である「私たち」と同じ「アイデンティティ」を持っているのだと「誤解」しただろう。ホール自身が人種を語るときに頻繁に用いていた表現を借りるなら、「浮遊する記号表現」としての人種を、まさにホール自身が体現していたことになる。イギリス人であることが白人性に完全にハイジャックされている歴史的状況を逆手に取って、肌の色、植民地システムにおける主客関係、国民としての資格付けの間には必然的照応関係などまったくないということを、リアルに演じていたのである。

とすれば、ホールが白人イギリス人だと思いこんでいた人々は、見事に騙されたわけである。騙されたと同時に、人種はまさに「浮遊する記号表現」として、様々な歴史的状況のもとで、様々な他の人間のカテゴリーが分類し機能する「様態」となっていることを証明してしまったと考えることもできるだろう。黒人であることにはなんの保証もないし、同時に白人であることにもなんの保証もない。黒人であるからといって、奴隷制の記憶をすべて引き受けて生きなければいけないわけでもなければ、同情され、共感され、支援されるべきか弱き存在であるわけでもない。一九六〇年代後半以降、多くの物理的精神的犠牲を払いながら、「黒いことは美しい（black is beautiful）」し、「黒人であることにプライドを持つ」ことさえ、可能になった。その結果、アメリカではバラク・オバマというアフリカ系大統領の誕生を見た。それは、白人と黒人の人種関係から見れば「いいこと」かもしれない。しかし視点を変えて日米関係の文脈で、アメリカ人と非白人としての日本、さらには日本の内部でのヤマトンチュとウチナンチュとの人種的民族的関係の文脈で彼がしたことを顧みれば、沖縄への基地負担を強化したという負の功績が目立つことになる。このような「保証のなさ」は、ジェンダーに関しても言えることだ。フェミニズムがずっと目指してきた

「男性と対等に」という目標は、世界に続々と女性リーダーが誕生していったことで、少なくとも表面的には実現されてきたように見えるけれども、「多文化主義は失敗だった」と明言して移民への排外主義を再活性化させる余地を作ったのは、そうした女性政治家の代表であるドイツのアンゲラ・メルケル首相だった。

他にもいくつもの事例がある中で、一つ確実に言えるのは、黒人が大統領になり、女性がリーダーになったからといって、世界が多様性を受け入れたとしても、人間の平等性が必ずしも相対的比重を増していくことにはならないという点だ。ホールが亡くなった二〇一四年以降、日本を含めて権威主義的で国家主義的なポピュリズムが、第二次世界大戦以降いまだかつてない勢いで力を獲得しつつある。人種の言説はそのような潮流の中心に、再び姿を現している。だからこそ、人種を「浮遊する記号表現」として考え、その重要性とともに、その「保証のなさ」も視野に入れたホールの思考をここで再び読み直し、現代という重層的情況の中で解釈し直す必要があるのではないか。

2.「権威主義的ポピュリズム」と人種差別

人種差別は「権威主義的ポピュリズム」の根幹をなす原理だった。「権威主義的ポピュリズム」とは、移民労働者の居場所を、イギリス国内の「内なる敵」という立場に最適化することで白人労働者階級や相対的貧困層に訴え、一二年にわたる長期政権を敷いたマーガレット・サッチャーがどのように支持を動員できたのかを説明する際にホールが用いたアイデアである。前述のメルケルや、現イギリス首相のテレーザ・メイらの先駆者とも言えるサッチャーの政策哲学を「サッチャリズム」と名付けたホールは、それがどこからともなく急に現れて力を獲得した、保守政治の突然変異だとは決して考えなかった。サッチャーの台頭に道を開き、とりもなおさずそのポピュラーな人気を準備してしまったのは、一九七〇年代の労働党政権下における「左翼の失敗」だったと指摘したのである。それは、労働党の政治家、公式・非公式のブレーンの知識人、草の根の活動家たちが、ポピュラーなものの政治的重要性を訴えることを怠っていたという指摘だった。この「失敗」は、サッチャーと彼女のブレーンたちが、伝統的な保守党基盤である貴族や大地主、巨大資本家に眉をひそめられてもそれに屈せず、積極的な規制緩和によって起業家にチャンスを与えながら、組合の解体や労働者階級の内部分裂を謀り、イギリスの資本主義的社会関係を変えてしまおうとした一方で、労働党は旧態依然とした階級政治や、組合をベースにした利益団体政治を政治過程の中枢に置く思考を変えられなかったことにとどまらない。サッチャー以前の歴史的状況におけるさらに重要な「失敗」が、イギリスの戦後政治が世界的な新自由主義の波に波長を合わせる契機を準備していたのである。

それは一九七八年に初版が出版され、その後、現在に至るまでカルチュラル・スタディーズにおける最も批判的で重厚な研究として評価され続けている共同研究の集大成である、『危機を取り締まる――路上強盗、国家、法と秩序（*Policing the Crisis: Mugging, the State, and the Law and Order*）』によって明らかにされていた。それまでイギリス英語では一般的に使われてこなかった「路上強盗（mugging）」という言葉を、移民や黒人が関わった犯罪を報道したり検証したりする際に多用し、移民や黒人を「ラベリング」によって「犯罪者化」して都市における人種差別をエスカレートさせていくマス・メディアの言説戦略に呼応するかのように、一九七〇年代を通じてイギリス治安当局とその方向性を後押しした労働党政権は、「法と秩序」の回復ばかりを判で押したように唱え続けた。「内なる敵」は、すでにサッチャー登場以前に用意されていた。サッチャーは、その存在に「内なる敵」と命名すればよかったのである。『危機を取り締まる』は、このいわば「サッチャリズム」前史を同時代的に実証し、かつ批判した緊張感に満ちた書物である。

サッチャー政権誕生前後や、大方の予想に反して彼女が再選される一九八四年の総選挙前後にホールが旺盛に書き発表した論考は、「サッチャリズム」をイデオロギー闘争の暫定的勝者として定位するものだった。市場原理で社会を再編成することを国策とする「サッチャリズム」においては、社会変動の波に乗れない社会の構成員は自助努力のできない落伍者扱いされ、格差は拡大される。それと知っていながら、なぜ「本来」は支持することなどないだろうと思われていた労働者階級の多くがサッチャーと保守党に票を投じたのか。ホールは、まず労働者階級が労働党や左派勢力を支持するはずだという思い込みが、保証なき政治を見誤り続けてきた落とし穴だと看破した。階級意識によってつながる共同体としての労働者階級とは一体誰だったのか。もしその共同性が、戦後イギリス社会における階級闘争をなんとか成り立たせてきたのだとしても、「サッチャリズム」は「社会などない、あるのは個人と家族のみ」という言説によって、共同性＝社会そのものを無意味化しようとしていた。「狂信的左翼」というサッチャーが好んで多用したフレーズはあながち誇張ではなく、硬直化した左翼の政治的思考を反面で言い当てていたのである。

同時に、この階級の切り崩し工作は、移民を標的とした人種政治を活性化させた。サッチャーは、戦後イギリスの経済復興を支えてきたカリブ、インド、アフリカ、中国からの移民労働者二世や三世に対して、「そしてあなたたちは、どこに帰るんですか?」と脅迫的に問い続けた。まさに人種は「階級が作動する様態」となって、イギリスの各都市は人種的緊張と不安定さが彷徨する「ゴースト・タウン」▼3と化した。階級政治が人種差別へと転移されることによって、階級横断的なナショナリズムがふつふつと形成されてしまった。左右の政治はもともと不均衡で非対称なものだ。それは生産手段が共有も分有もされない状態で築かれる生産関係に似ている。一九七〇年代のフェミニズムは、この非対称性の解消こそがジェンダー政治の目的だと定めたが、イギリスの左翼は非対称性自体に鈍感だった。物理的客観的に労働者階級であることが、なぜ政治的指向性においてネオリベラリズムに傾倒してしまうのかを感知する「知的感受性」[4]に乏しくなってしまっていたのだ。

その隙間に入り込んだのが「権威主義的ポピュリズム」としての「サッチャリズム」だったとホールは説くのだが、この入り込んだ過程、経過、仕組みを説明する際に、ホールはサッチャーの言葉遣い、語彙、レトリックの総体、つまり言説と、その言説を意味あるものとして解釈可能にするイデオロギーを強調した。政治経済学者のボブ・ジェソップは、このようなホールの「サッチャリズム」解釈を「イデオロギー主義」として批判した。[5]簡単に言うならば、言葉にばかりこだわるのではなく、その言葉が表象する客観的真実が重要なのではないか、という主張だ。なぜサッチャーはここまで支持され、反対勢力は支持されないのか。それには客観的な理由があるはずだ。そしてその理由は真実なのだ。だから……、という論理である。言葉はあくまで真実を表象するだけで、代理物であるという発想。これは裏を返せば、所詮言葉だ、言葉で人の意識は変えられない、サッチャーを支持する存在そのものを突き止めて、その存在を変革しなければならないという、こういう存在はこういう意識を持ち、こういう行為に出るという、機械的因果論に裏打ちされた思考である。しかしホールは違った。存在と意識は時に矛盾する。そこに絶対的に保証された照応性はない。労働者階級「だから」、左翼「だから」、ではなく、労働者階級「にもかかわらず」、左翼「にもかかわらず」というねじれこそがキーであり、そのねじれの仕組みを理解するには、言葉を根源的に考えなくてはならない。これが、ポスト構造主義とも、言語論的転回とも、もっと大雑把にポストモダンとも言われた思潮に、イギリスの高等教育の研究機関としてはどこよりも早く注目し、それらを方法論として取り入れようとしたバーミンガム大学現代文化研究センターでの活動を経たホールが、伝統的な労働党のブレーンである知識人たちに返した応答だったのである。

3. 言葉と知的感受性

言葉があった。そして、言葉遣いにとことんこだわった。それが記号と言われようと言説と言われようと、またイデオロギーと言われようと、そこには言葉への強い批判的感受性から生まれる、スチュアート・ホールにしかできない政治への介入の仕方があったのである。論文やエッセイにとどまらない。数多くの講演、集会での演説、テレビのトーク番組への出演、日本の放送大学もモデルにしたオープン・ユニヴァーシティでのテレビ画面を通しての講義。ホールが話すとき、彼は書くときと同じように、機械的因果論で言葉を紡がない。もうそれはどこかで聞いたことがある、以前に話したことがある、という事柄でも、議論したいことにたどり着くまでに必要だと判断すれば、何度でも多用して、再確認しながら話を進めた。ホールが特定のテーマで話をするならば当然もう知っているであろうと思われる語彙や概念でも、一つ一つ確認しながら、そして時に聴くものを惑わせながら、的確に言葉を紡いでいった。そうした姿勢そのものが、ホールが「理論化」と呼んできた作業にも直接つながっているのである。『ニュー・レフト・レヴュー』の前身である『ユニヴァーシティ・アンド・レフト・レヴュー』時代は、イギリス共産党の若き秀才だったラファエル・サミュエルや、後に社会史の大家となるエドワード・トムスンに「マルクス主義解釈の厳格さの欠如」を批判され、「権威主義的ポピュリズム」をめぐる論争においては、ジェソップらからそのイデオロギー主義を批判され、一九九〇年代に入って積極的に黒人ディアスポラ論を展開した際に「黒人文化の「黒」とはそもそもなんのことだ?」と疑問を呈した途端、特にアメリカ合衆国のアフリカ系知識人から、かつてのブラック・ナショナリストを彷彿とさせるような厳しい批判にさらされた。

論争的であることを避けず、むしろ論争の場所を拓くようなその知性の身振りは、文芸批評家テリー・イーグルトンから「ヒップスター」と揶揄されもした。こうした、いわば左翼の身内から突きつけられてきた批判や非難について、なんでいつもそうだったのか、ホール自身がその理由をはっきり自覚的に説明している。

私は、私たちの世代がマルクス主義に向き合ったときそうであったような、あらゆることを内に抱え込める全体性としての確実さを求めるものとして、理論というものを考えることを止めてしまった。そうではなく、すでに私たちが気づいているように、あらゆる歴史過程や説明における偶発性の力というものを認める必要性があるからだ。言い換えるなら、決まった場所にはいられないということの力学が、あらゆる社会関係を規定していると認めなくてはならないということである。▼6

このような「知的感受性」をもって、ホールは「サッチャリズム」をはじめ、彼が批判する対象に対峙した。知識人、言論人として活動を始めたオクスフォードでの学生時代から「ヒップ」であることに半ば自覚的だった「植民地少年」の言葉への感受性と想像力は、ずっと後年になっても失われることはなかった。

その態度が最も鮮明に現れたのは、「制度的」人種差別を処方箋的なリベラリズムで解決しようとすることの不備を的確に指摘した一九九九年に発表されたエッセイ、「スカーマンからスティーヴン・ローレンスへ▼7」におけるホールの警句である。このエッセイは、一九九三年に一人のカリブ系の少年が五人の白人の若者によって命を絶たれた出来事の、公的な落とし前に対する鋭い批判的回答だった。「スティーヴン・ローレンス事件」として知られるこの出来事は、被害者が一〇代の黒人少年であり、加害者が複数で、確実に人種差別的動機による凶行であったにもかかわらず、警察の捜査、加害者の起訴、結審にいたるまで一五年以上の歳月を要した。その過程を検証するために政府の委託を受けたウィリアム・マクファーソン判事を主幹とした報告書の中で明らかになったのは、警察の初動の遅れと捜査の杜撰さが「制度的で組織的」な人種差別に基づくものだということだった。この報告に対して、一方の当事者であるロンドン首都警察長官ポール・コンドン卿は、組織内で「無自覚の、無意識の、意図せざる」人種差別があったことを認めた。ホールが目を光らせたのは、ここである。

問題は始めから、「自覚的で、意識的で、意図的な」、いわば顕在的な人種差別ではなかった。侮蔑的な言葉を吐きながら暴力を振るったり、明らかに差別的な行為を平然と行うことと、「制度的で組織的」人種差別が大きく異なるのは、後者が日常生活におけるルーティンや職務（ここでは警察官の）を遂行することと全く矛盾せず、慣習行為や世界との「常識的な」つながりの中で日々実践されているが故に、指摘することと自体が難しい条件や環境にあるという点である。警察の職務で言うならば、特定の人種には特定の扱い方で対応するというルーティンが、組織内で、上司から部下へ、先輩から後輩へ、「常識」として受け継がれているということである。一九八一年にロンドン南部ブリクストンで起きた「暴動」は、アフリカ系、カリブ系の住民の間で警察による執拗な令状なき捜査への不満が鬱積していた中で、ナイフ傷を負った黒人青年マイケル・ベイリーが助けを求めたにもかかわらず、「どうせ黒人のチンピラ同士の喧嘩だろう」という「偏見」に支配されたブリクストン署の警官が放っておいて、彼を死に至らしめたことがきっかけの一つではなかったか。そういうことは、起きるのだ。ホール曰く、「家に帰ればレゲエを愛聴し、毎週土曜日にはカレーを食べ、友人のなかには黒人も何人かいて、「良い警察官」になるために頑張っている若者が、夜間に大きな紙袋を持って一人バス停に立っている黒人を見たとき、十中八九、泥棒だろうという予見」に基づいて「きちんとした取締り」▼8をしようとする、そういう「文化」が「制度的で組織的」人種差別なのである。それは警察の職務に対しては「自覚的」で、意識も高く意図的な態度であり、行動だろう。しかし同時に、「無自覚で、無意識で、意図せざる」人種差別に与していることになる。ホールが強調するのは、人種差別は個人の心理からではなく、その個人が置かれた社会過程から生起するという当たり前の事実である。

二〇一四年二月、マス・メディアは、「多文化主義のゴッドファーザー」という見出しを掲げ、メルケル首相やイギリス首相デイヴィッド・キャメロン（当時）による「多文化主義の失敗」という公言を受けて、いくらかは皮肉めいたトーンでホールの死を報じた。EU諸国への移民受け入れはもちろん、警察やその他の公的機関における多様な出自の職員の雇用を促進したり、教育や啓発活動によって「人権」や「寛容」を説くことを、ホールは否定しないだろう。だがそうした「多文化主義」の政策的汎用（「コスメティック多文化主義」？）が、個人の良心や理性、知識の有無、倫理感に頼り切ることで約束履行を果たそうとするなら、そこにはネオリベラリズムの市場原理と親和性が高い「多文化」ばかりが生き残るという限界があるだけではなく、社会組織や制度の奥底に深く根付いている人種的思考には手がつかないままであることを、ホールは繰り返し警告してきた。

4.「真実を語れ、そのまったき複雑性において」

メディアへの出演を含む様々な現場で批判、提言、コメントを継続的に発表してきたホールは、「パブリック・インテレクチュアル」と形容されることがある。ホールはエドワード・サイードを念頭に置きつつ、大学という研究教育機関や言論界に発言の場を限定せず、自分が置かれている環境や条件からできるだけ距離を取って、しかし同時に状況拘束性に自覚的でありながら、いくら不都合であっても「真実を語る」存在として、知識人を捉えている。▼9「真実を語る」。この言い回しは、例えばジェソップとの「権威主義的ポピュリズム」をめぐる論争を思い返し、記号論的なメディア・メッセージの読解から始まり、人種を「浮遊する記号表現」だと定義づけたホールの思考を顧みるとき、少し奇妙に聞こえるかもしれない。真実の有無ではなく、なにがどのように真実として語られているのか、それが真実として優先的な意味を付与されているのはどのようにか、真実とそうではないものとの意味作用をめぐる折衝こそが大事ではなかったのかと、「エンコーディング／ディコーディング」以降のホールの読者ならば、思うかもしれない。

だから、急いで付け加えなくてはならない。ホールが実際文字にしている言葉はこうである――「真実を語れ、そのまったき複雑性において」▼10。真実とは、いかに複雑さに満ちているか、真実にたどり着くことも、それを他者に語ることも、どれだけ複雑な作業であることか、そのことも同時に語れと言っているのである。この発言は、二〇〇四年にキングストンの西インド大学にてホールの生涯と思考を回顧することを目的として開催された学術会議における、「知識人生活というプリズムを通して」と題された閉会の辞でのものである。ホールの仕事について多数の発表者が集ったこの会議の最後までまな板の上に乗せられ続けたその本人は、その多数の発表者が次々と口にする多様な概念や語彙、フレーズ、定型句、ジャーゴンを受け流して、とてもシンプルに聞こえるアイデアを聴衆に披露したのである。

SNSがメイン・メディアと化した現代世界で「真実を語れ」などと口にすれば、それは即「フェイク・ニュース」がニュース価値を持ってしまっている現代への批判と受け取られるかもしれないが、このホールの主張は少し違う。虚偽や、誇張や、センセーショナリズムを対極に置いた発言ではないからだ。むしろ、真実か虚偽かはもはや問題ではないという「ポスト真実」的世界における、意味の屈折、多方向性、融合と分裂を、言葉が生産され、交換され、読み取られる現場に分け入って見定めよというメッセージとして学び取るべきではないだろうか。それは同時に、言葉の限界域――それ以上踏み込めないぎりぎりの地点――まで言葉を追い込め、ということでもあるだろう。マルクス、レーニン、フロイト、ヘンリー・ジェイムズ、C・L・R・ジェームズ、グラムシ、バルト、ルカーチ、アルチュセール、デリダ、フーコー……。多様な思想の多様な言葉群を貪欲に読み取り、読み替え、時には屈折させてアウトプットしてきたホールの知識生産それ自体が、それを読み直すことを通じて現代の危機を理解し、それに対応し、生き抜くための、一つのプリズムなのである。

そんなプリズムから放たれてきた種々多様な光線を見定め、時にはそれに幻惑させられ、また時には導かれながら考えたことの記録が本書である。新たに書き下ろした序章は、現在日本で、日本語で、スチュアート・ホールの思考を再びたどり直すことの意義について論じた、本書全体の露払いに当たる文章である。以下、既出の論考を適宜最低限の加筆修正にとどめたまま三部構成で収録した。第一部は、スチュアート・ホールの生涯についてと同時に、筆者とホールとの遭遇と交差についてのレジュメとして読んでいただければよいだろう。第二部には、ホールが「レスリング」と呼んだ現代思想や理論との格闘の過程から生まれたカルチュラル・スタディーズの展開とエッセンスについての、総論的な考察が収められている。第三部は、第二部を受けて、階級、人種、文化という概念／現象そのものを対象にした各論的論考を収めた。終章は、ホールとニュー・レフト、マルクス主義、フェミニズム、ポストコロニアリズム、ディアスポラ論、そして社会主義的な政治の現実との折衝と分節化を再検証しながら、ポストEU離脱（Brexit）のイギリスを中心とした状況を理解するために、ホールの思考にはいまだに重要な妥当性があることを明らかにする試みである。

政治、経済、社会の多様な、そして現在進行形の諸問題を文化的に、「文化」という視座を設定して批判的に理解しようというカルチュラル・スタディーズの身構えを、ホールとの対峙の仕方を本書の読者とともに振り返ることで少しでも見定めることができるなら、スチュアート・ホールという知性の軌跡をあぶり出すという本書の目的は達成されるだろう。

▼1 Angela Davis, "Policing the Crisis Today", in Julian Henrique and David Morley eds., *Stuart Hall: Conversations, Projects and Legacies*, Goldsmiths Press, 2017, p. 258.

▼2 スチュアート・ホール＋陳光興「あるディアスポラ的知識人の形成」小笠原博毅訳、『思想』第八五九号、一九九六年一月。

▼3 「ゴースト・タウン」は一九八一年にリリースされたイギリスの「ツートーン」スカ・バンド、スペシャルズのシングル曲のタイトル。頻発する都市暴動と社会不安について歌われている。

▼4 Stuart Hall with Bill Schwartz, *Familiar Stranger: A Life Between Two Islands*, Duke University Press, 2017, p. 237.

▼5 「権威主義的ポピュリズム」をめぐるジェソップとの論争については本書第五章参照。

▼6 Hall with Schwartz, op.cit., p. 76.

▼7 Stuart Hall, "From Scarman to Stephen Lawrence", *History Workshop Journal* 48 (1999).

▼8 Ibid., p. 195.

▼9 Stuart Hall, "Epilogue: Through the Prism of an Intellectual Life", in Brain Meeks ed., *Culture, Politics, Race and Diaspora: Thought of Stuart Hall*, Ian Randle, 2007, p. 289.

▼10 Ibid.

I

パブリック・インテレクチュアルの肖像

第一章　ジャマイカン・ボーイの彷徨

一九三二年、植民地帝国のメトロポリスで小説家としての可能性を試すために、三一歳のC・L・R・ジェームズが生地トリニダードを離れイングランドへと向かう船に乗り込んだまさにその年、ジャマイカはキングストンの混血中産階級の家に、家族の誰よりも肌の色の黒い男の子が産まれた。スチュアート・マクフェイル・ホール。スコットランド系の母方の家系からミドルネームを与えられたホールは、何につけてもイギリス志向の、植民した側へと同一化しようとする母と、植民されたメンタリティと生活から何とか抜け出そうと努める父、それに挟まれ葛藤しながらも母に依存せざるをえない兄弟達の間で、一人自立した「ジャマイカン・ボーイ」として、いつか家族から、植民地である故郷から抜け出してやろうと思いながら思春期までを過ごした。

イギリスのパブリック・スクールに準じた中等教育で教わる英国史や英文学にあきたらず、ジョイスからマルクス、フロイトへと読書の幅を広げていったのは、第二次世界大戦が終わって間もなくのことであった。その頃ホールは、一人の歴史の教師からロシア革命について、アメリカ大陸の歴史について、社会主義と資本主義の対立について、初めて学ぶ。彼はスコットランド出身の元サッカー選手で、ブラジルの名門クラブ、コリンチャンスでプレーした後、ジャマイカで大英帝国の奴隷制について調べていた反マルクス主義的なリベラリストであった。彼との出会い以降、ホールは積極的に奴隷制の歴史やカリブの文学、詩を読むようになる。植民地宗主国の周縁から来た人物を通じて、やはり植民地の周縁に生まれ育った少年は、初めて自分の生まれた場所の歴史と文化を「植民地化の遺産」として認識したのである。同時に、ずっと嫌悪してきた植民地の歴史がなければ自分の存在さえありえなかったということに気づかされたとき、あらゆる文化を、中心化された同質的な単一の本質からではなく、絶えず軌跡の上に築かれ、またその軌跡を変容させながら生まれてくるものとして捉えるホールの基本的なスタンスが形成され始めたとも言えるだろう。

このような「周縁からの思考」は、ホールがマルクス主義と交わしていく対話の中でさらにその先鋭さを増していくことになる。一九五一年、フランツ・ファノンは植民地的な主体形成の様式を破壊し「新しい人間」の可能性を探すために『黒い皮膚、白い仮面』を書き上げた。この年ホールは、植民された側にありながら植民する側の思考、倫理、道徳観念を身につけた「典型的な植民地のインテリゲンチャ」の卵の一人として、「学」という衣をまとうことによりヨーロッパ文化が文明の名のもとに犯した罪を隠蔽する装置のまっただ中へと入り込んだ。ローズ奨学金によるオクスフォードへの留学である。それは我が息子をイギリスのエリート教育へと送り込みたいという母の願いと、その母の圧倒的な影響力から逃れたいというホールの願いを同時に叶える機会でもあった。

オクスフォードでのホールは、まず彼と同じように西インド各地から留学してきた友人と交わり、自分が西インド出身の黒人であり、人種の階層の下位に置かれているということを日常的に実感する。そして彼らとともに植民地下の状況に引きつけてマルクスとレーニンを読む。ホールが描いた労働者階級の政治の領域は、はじめから植民地の、プランテーションの、そして移民として帝国の内部を移動する人々の位置に関わっていた。植民地支配と帝国主義は階級政治の拡張と伝播の帰結ではなく、そもそものはじめから階級政治を成立させてきた根元的な構造である。この思考は環大西洋に限定されない。フランスのインドシナからの撤退を、オクスフォード中で最も派手に祝うパーティを企画したのは、他ならぬホールら西インドからの若き留学生たちであった。

学部を終えてカリブに戻り直接西インド連邦の建設に携わっていく友人達と離れて、ホールは大学院へと進む。専攻は近代英米文学であった。ヘンリー・ジェイムズにおける「自己」の不確実性がテーマだったが、その研究はイギリス独立左翼の中に政治活動の場を見つけだしていくことによってとん挫する。ホールの生きる空間は、図書館の暗い読書室から雑誌の印刷所へ、南ロンドンの街頭へ、労働党や共産党といった既存の左翼組織との公開討論の場へと移っていくのである。

植民地出身の秀才文学青年から、イギリス左翼の異端児へ。この変容のきっかけはやはり一九五六年にある。時系列的にというだけではなく、この年は象徴的にも重要だ。ソ連がハンガリーに、イギリスがスエズに侵攻し、アルジェリア戦争の泥沼が始まると、若い左翼の知識人達は、スターリン主義の全体主義的官僚制と頑強な経済決定論、その象徴としての共産党に代わる政治理論と政治組織の編制を企てる。このきっかけはすでに二年前にあった。ここでもまた「周縁」からの人物が重要である。スコットランドから来た考古学専攻のアラン・ホール。カナダからやってきた政治哲学者チャールズ・テイラーである。彼らは歴史家ペリー・アンダーソンとともに「社会主義者協会」を結成していたが、五六年の左翼政治の危機に際し、『ユニヴァーシティ・アンド・レフト・レヴュー』を発刊し、大学制度の外にいる活動家との積極的な交渉を図り始めるのである。

ホールの知的活動を追ううえで、彼が関わってきたメディア——特に雑誌と映画——は決定的に重要である。なぜならここでは、ホールの教員としての、知の伝達様式に最も敏感であらねばならない有機的知識人としての側面を強調したいからである。現代文化の創出の過程で、知を閉ざされた思考実験の材料と結果としてではなく、常に開かれ、社会的な状況を理論化する力として提示する技芸に、ホールがいかに敏感であるかを強調したいからである。ある意味では、ホールは理論家でも思想家でもない。ゆえに最先端の知を率いるというのではない。ホールに関してはむしろ「知のプレゼンテーションの先端」と言うべきだろう。本章の元原稿が掲載された企画に引きつけて言うならば[▼1]、そこで紹介されている知識人のほとんどがなぜ白人ヨーロッパ系なのか、なぜ英語文化圏からの知に偏っているのか、なぜほとんどが男性なのか、といった疑問。それは知の状況そのものが偏っているというよりも（それも否定できないが）、それらを受容し展開《プレゼント》する日本の知的環境そのものが抱える問題である。既存の知識産業市場が、輸入・翻訳産業の迅速な市場調査に基づいて移植される知を、その歴史と文脈の軌跡から切り離して消費していくとき、また、あたかもそういった市場自体が存在していないがごとく振る舞う学術界のヘゲモニーが顕在化されるとき、ホールはどちらにも属さないがどちらへも批判の刃を向けられる位置性を取っている。

エドワード・トムソンが主催していた『ニュー・リーズナー』を事実上吸収し、『ユニヴァーシティ・アンド・レフト・レヴュー』が『ニュー・レフト・レヴュー』と名を変えた時、ホールは、後にマルクス主義を批判的に継承していこうとするヨーロッパの知識人が、必ず一度は通ることになるこの雑誌の初代編集長となった。ホールがこの仕事に就いたのは、オクスフォードを離れ南ロンドンのブリクストンの中学校で補助教員として働き始めた二年後であった。二年間この職を続けた後、ホールはチェルシー・カレッジで映画・テレビ論の講義を受け持ちながら、既に幾度か雑誌へ投稿してもらっていた文芸批評家レイモンド・ウィリアムズ、『読み書き能力の効用』において北部イングランドの労働者階級の生活誌を文化として描き出したリチャード・ホガート両名と積極的な交流を始める。後に「文化的唯物論」と言われるようになるマルクス主義文化論は、この三名の間で交わされた多くの議論に基礎を置くことになる。資本主義社会を構成する経済的土台は、必ずしもその社会の性質を全体として決定するわけではない。文化、表象、イデオロギー、政治といった、従来上部構造と呼ばれてきた部分の、土台の単純な反映ではない複雑な構造と土台への作用を理論化すること。そのためには「文化」の意味する領域を高級芸術へと囲い込むことをやめ、大衆文化とコミュニティの日常生活へと開かなければならない。これが文化的唯物論の主張であった。

これを基盤として、ホールが「文化の中心性」と呼んでいる、経済決定論への頻繁な揺り返しに対する批判的文化論の核心ができあがる。[2] なぜ「文化」なのか。なぜ文化生産が、表象が、美学が、イデオロギーが、言説の領域が政治と権力の問題の中心となるのか。それはまず、文化が常に真正な真実、紛れもない普遍の事実として受けとめられてしまうからである。これは必然的に内包と排除の論理に基づいている。様々な人間の集団的カテゴリー、例えば人種、ジェンダー、階級、国民は、文化を通じて特定の意味を与えられ、価値のある／ないを判断される。文化は政治がそれを通じて作動する様相なのである。第二に、文化はアイデンティティを産み出し、社会的な主体を作り出す場となるからである。文化によって主体は、特定の歴史的位置に、時間の流れに、生きる空間に位置付けられる。同時に、今度はそうされることによって特定の文化を作り出すことが可能になるのである。

かなり乱暴にまとめてしまったが、このホールの文化論は一九六〇年代から一足飛びにできあがったわけでは、もちろんない。いくつかのモーメントがあるが、ここでは三つの媒体とのホールの関わりを挙げてみよう。

第一に、バーミンガムでの一連の研究報告書。ホガートに請われてバーミンガム大学現代文化研究所に移籍したホールは、故郷ジャマイカでラスタファリアニズムが勃興し、パリの五月革命を契機として学生運動が世界中で盛り上がった一九六八年、ユネスコに出向したホガートの後を受けて研究所の実質的な責任者となる。そこから一〇年の間に研究所から定期的に出され、修士課程の学生の編集によるこの報告書に目を通すと、カルチュラル・スタディーズが実に多様な近代ヨーロッパのテクストを経由してきたかがわかる。ここではごく数人の名を挙げるにとどめるが、それでもカルチュラル・スタディーズのエッセンスは受け取っていただけるのではないか。たった二人の正教員（ホールと社会学者マイケル・グリーン）と院生達は、文化の経済還元論を避けるためにウェーバーを、ルカーチを、アドルノを、ベンヤミンを読んだ。ヘーゲルを、シュッツを、マンハイムを、ガーフィンケルを、バルトを、レヴィ＝ストロースを、バフチンを、機能主義や実証主義に代わる方法論を摸索するために読んだ。そしてフロイトを、グラムシを、ラカンを、アルチュセールを、プーランザスを、そしてフーコーを、トムソンやウィリアムズと平行して読むことによって、マルクス主義の内部で、それを形骸化させずに継承しつつ文化を理論化することを目指した。ホールは言う。「本当に継承すべき理論は闘わねばならないものだけで、雄弁に語れるものではない」

現代文化研究所の遺産を神話化する言説は多い。しかしこのバーミンガム時代、ホールは教員という権力的な位置の傲慢さと危うさをともに経験することになった。その最大の原因は、フェミニズムという名称がまだ共通の意味を獲得される以前のフェミニストからの批判である。教育制度における所長という家父長的な地位と、政治的イデオロギー的にはフェミニズムを実践していこうとする位置取りの狭間でホールは、フェミニズムを研究所のプログラムとして大学に受け入れさせることに失敗する。またその事実をフェミニストの学生たちに納得させることにも失敗する。他にも研究所を揺るがす種は山ほどあった。石油へのエネルギー転換の煽りを受けたイギリス各地の炭鉱で、鉱山閉鎖に反対して頻発する労働者たちのストライキへ支持を表明するべきか否か。イギリスから分離し、アイルランド共和国への併合を求める共和派と、イギリスに留まることを主張する王党派との衝突が深刻化する北アイルランドの状況へと言論的に介入すべきか否か。警察の制度化された人種差別を公にし抗議すべきか否か、等々。どれ一つとして決定的な同意を作ることはなかった。怒号と罵声が飛び交うセミナー。議論がヒート・アップしすぎて報告者が退室してしまうことも珍しくはない。カルチュラル・スタディーズをしようとすれば、「何も起こらないということの方が変なのだ」。一九九六年三月、東京からロンドンへと戻る飛行機の中で、ホールはカラカラと笑いながらこう言った。神経を消耗する作業の連続の中で、研究所の活動が単なる理論の集積にあるのではなく、社会状況に対する理論を用いた介入であったことは既に明らかだろう。既存の理論の適用を試みるのではなく、理論のブリコラージュによって状況を「理論化」すること。この作業の生々しさは、センターでの共同研究の成果である『危機を取り締まる』から最も臨場感あふれる形で読みとることができよう。[3]

第二の媒体は左翼知識人が寄稿する雑誌だ。一九七九年、オープン・ユニヴァーシティ（主に社会人向けの放送公開大学）への移籍は、それまでの教育環境に感じてきた不満を消し去り、それを基礎に新たな状況の理論化のプロジェクトを始める契機であった。前者はカルチュラル・スタディーズの目的論化への不満とでも呼べるものだ。そのためホールは、カルチュラル・スタディーズの思考の、大学知識人の世界からより広範な運動への、選別的な高等教育システムから大衆的で接近可能な水準への翻訳に着手したのである。後者は同年誕生したサッチャー保守党政権を、突然降ってわいたような社会の変化ではなく、法と秩序を維持しようと「モラル・パニック」の言説を作り出した労働党政権期から続く軌跡から産み出された新しい主体の出現として論じていくことにつながる。ジャーナリストのマーティン・ジャックスが編集する雑誌『マルキシズム・トゥデー』が、この作業の主な舞台となる。この他にもホールは、おびただしい数の雑誌論文やエッセイを『ニュー・フォーメーション』『ソーシャリスト・レジスター』『ニュー・ステイツマン・アンド・ソサイエティ』『ガーディアン』『オブザーヴァー』などに発表していく。

イギリスの政治学者や社会学者の中に、ブレア労働党政権の戦後イギリスにはかつてなかったほどの人気を受けて、「サッチャリズムが失敗するのは、はじめからわかっていたのだ」ということを恥ずかしげもなく言う人々がいる。果たしてサッチャリズムは失敗だったのか？ もちろん答えは「ノー」だ。草の根愛国主義やソフトな人種差別を、伝統的な価値を付与された言葉で置き換えていく新たな保守の言説戦略に、有効な対抗的言説を何も突きつけられなかったアカデミズム左翼が見落としていたのは、政治的語彙の意味は全く保証されてはいないということだ。階級、民主主義、市民権、健全な国民。意味するものと意味されるものの関係は変化し、批判的政治言語として受け入れられてきた語彙も、保守主義の言説へと組み替えられる。言い換えれば、言葉はそれを通じて権力が作動する媒体なのである。サッチャリズム批判を展開する際にホールが最も依拠したのが、従来のマルクス主義のテクストではなく、バフチンでありフーコーであったのは偶然でも流行でもなく、手垢の染み込みすぎたマルクス主義の語彙集が使いものにならなかったからである。

第三の媒体は活字文化ではない。映画だ。それも若い黒人アーティストたちの野心的な試みに、ホールは単なる支持以上の積極的参加と出演をもって連帯する。またポスト・モダン文化における映像文化と表象の重要性は、ホールを再びメディアと人種の問題へと向かわせる。一九七〇年代、人種の問題はカルチュラル・スタディーズの視野に入っていなかったわけではない。しかしそれはあくまで「アンチ・ナチ・リーグ」や「ロック・アゲインスト・レイシズム」に象徴される一九七〇年代的な受動的反人種差別の文脈を脱せず、人種的な階層制の下位に置かれていた黒人やインド人の文化や表象の意味を積極的に組み替え、新たな文化的価値を創出するまでには至らなかった。むろん反人種差別闘争の具体的な活動は重要だし今でも地に足をつけたその伝統は継承されている。そして効果を上げている。だが戦線は移動しているのである。今や対抗的歴史を書き、対抗的文化を編み直すときだ。固定化された普遍の起源や本質としてではなく、旅し異種混淆する現象として、その中で個々の行為主体が既存の文化的語彙と、常識と、ヘゲモニーと「折衝する」場として文化を捉えるために、ホールは「新しいエスニシティ」という概念装置を提示する。▼4 固定性、地域性、地政学的位置に還元できない主体の集合的活動の場。だがそれらもまた歴史の軌跡を存在条件としなくてはならず、自由な浮遊性を享受できるわけではないという二律背反の論理。ホール自身がカリブとイギリスとに引き裂かれたディアスポラだという事実だけでは説明できない、「新しいエスニシティ」を行為主体とするディアスポラ文化論の実践は、媒介する表象の装置なくしては不可能なのである。

　アイザック・ジュリアン▼5をはじめとする黒人第三世代のアーティストの作品の重要性はここにある。彼らは、どこからか来たのにどこにも帰れない、起源への回帰ではなく「いま、ここ」を、移動の過程、一通過点として描き出すことに取り組んできた。そうすることで、ディアスポラ的な軌跡を「再発見」するきっかけができるのである。ディアスポラとはあらかじめ「ある」ものではなく特定の時間と空間の条件の下で「なる」ものだ。彼ら／彼女らの映画は、カルチュラル・スタディーズの思考が展開《プレゼント》され、そのエッセンスが状況と分節化される瞬間を摸索し続けている。その困難な作業との対話《ダイアローグ》を、ホールは決して厭わない。むしろ自らの身をその作業のただ中に置くことを楽しんでいるようだ。

オープン・ユニヴァーシティを退職後のホールは、北ロンドン・ウェスト・ハムステッドの簡素だが落ち着きのある住宅街にパートナーのフェミニスト歴史家キャサリンと住みながら、雑誌『サウンディングス』の編集をしたり、ときにはロンドン大学ゴールドスミス校やバークベック校で大学院コースの短期集中講義などに臨んだり、引きも切らない来客に自ら紅茶を注ぎながら、その晩年を過ごした。

▼1 本章の元になった原稿は雑誌『大航海』の「知の先端」特集に掲載された。詳細は巻末の初出一覧を参照。

▼2 例えば、Stuart Hall, "The Centrality of Culture: Notes on the Cultural Revolutions of Our Time", in Kenneth Thompson ed., *Media and Cultural Regulation*, Sage, 1997 を参照。

▼3 Stuart Hall, Chas Critcher, Tony Jefferson, John Clarke and Brian Roberts, *Policing the Crisis: Mugging, the State, and Law and Order*, Macmillan, 1978. ホールによって新たに序文が書き足された第二版が二〇一三年に出版されている。

▼4 スチュアート・ホール「ニュー・エスニシティズ」大熊高明訳、『現代思想』第四二巻第五号、二〇一四年四月（総特集＝スチュアート・ホール　増補新版）。

▼5 一九六一年ロンドン生まれ。セクシュアリティや人種をテーマに数多くの映像インスタレーション作品を発表してきた世界的なアーティスト。代表作に森美術館での「カタストロフと美術の力」展（二〇一八年一〇月六日〜二〇一九年一月二〇日）に出品された「プレイタイム」など。

第二章　Over Hall《オーヴァー　ホール》――ジェームス・プロクター『スチュアート・ホール』[1]によせて

スチュアート・ホールは狸親父である。多くのインタヴューでも、尋ねられた質問に対してYesかNoで答えを終わらせることはまずない。留保や能書きや、ひどいときには、Yesで答え始めておきながら最後には質問をまったく否定するような終わり方をすることも珍しくはない。おおよそ他人の期待にそのまま文字通り応えることが、そもそもこの人にはほとんど皆無なのだ。

イングランド民衆の「民主主義的伝統」の力を代表＝表象していると疑わない左翼知識人たちとともにニュー・レフト運動を始めながらも、「いや、私はジャマイカ人なんですがね」と前置きをしてから政治集会のスピーチに立つ。それでいて『ニュー・レフト・レヴュー』誌の編集長までやってしまう。周囲の「教養ある」知識人の卵たちが新たな大衆メディアであったテレビの害毒をとやかく非難する中で、テレビがいかに重要な教育メディアになりうるかを説いてまわり、映画がまだ学問的なテクストとして対象化されることなど思いもよらぬころに、映画について講義をする。オクスフォードの同窓生が高等教育の教職に就いたり組合の専従になったりと、「政治活動」に近いポジションを当然のごとく占めていく中でホールが選んだ道は、南ロンドンの労働者地区にある中学校の代用教員だったりする。私生活でもフェミニスト歴史家をパートナーとし、フェミニストの学生たちの共同研究を指導しながら、自らを「家父長的権威」だと自覚し、そんな権威を必要として作り上げてしまう職場がいけないといわんばかりに、伝統的な大学の教育システムの外に出てみる。

時を経て、一九七〇年代から八〇年代にかけて、各地の炭鉱が強制閉鎖され、失業率がうなぎのぼりに上昇し、安全保障戦略的にはどうでもいい南大西洋の絶海の孤島（マルヴィナス／フォークランド）で現代の戦争ではまれに見る白兵戦が行われているイギリス資本主義の全般的危機のまさにその渦中で、「文化こそが大事である」と言ってみる。「表象にばかり気をとられて、現実政治へのコミットメントを回避している」と非難されれば、「表象を経ずしてどうやって現実にコミットできるのか教えて欲しい」などと逆ギレしかけるポーズをとった後で、「君たちは表象の言葉尻だけの意味にとらわれていないか、私がやっているのは意味の状況性を分析して共通の政治的ポジションを作るための前準備なのだよ」などと嘯《うそぶ》いてみせる。記号論を駆使してニュース分析をしてみたところ、「言語論的転換」という流行に乗っているだけだと言われれば、四〇年以上も前に獄死したイタリア人マルクス主義者アントニオ・グラムシの走り書きや、当時の英語圏では実在性さえ確認されていなかった旧ソ連の思想家ミハイル・バフチンの中途半端な概念をあたかも用意していたように援用して、「言語の多方向性こそヘゲモニーが争われている証拠なんですから」と開き直ってみせる。「ああ言えばこう言う」を地で行くような言論活動は、その場しのぎの方便かといえば、それにしては念入りすぎはしないだろうか。すでにそれらの意味は確定され飽和しているように見え、手垢だらけのように聞こえるアイデンティティやポストコロニアルといった概念をホールが使うときには、注意が必要だ。狸は、化かすからである。この古狸かつて、きちんと分けられた髪を撫でつけた、中産階級出身の斜に構えたルサンチマン左翼青年や、労働者階級出身で気合ばかりが空回りしているマッチョなチェーン・スモーカーの秀才たちが集っていたニュー・レフトの会合を途中で抜け出し、カリブ地域から雇われてきたバスの車掌や運転手たちと一緒に場末のパブでジャズ・ピアノを弾いていた。この時代、つまり、ホールが「カリプソ・キング」と呼ぶロード・キッチナーのレコードを聴きながら、スターリン批判の演説の草稿を頭で練りつつ、ヘンリー・ジェイムズの『ある貴婦人の肖像』を愛読していた時代に、四〇年後トニー・ブレア率いるニュー・レイバーから文化諮問委員の誘いを受けることになる（そして、当然、断る）大狸が生まれる素地が出来上がったのかもしれない。

　繰り返すが、狸は化かす。ホールと共著、共作、共編してきた人間たちがこれだけ多いということは、「善く」化かされた人間も少なくないのだろう。だが性質《たち》悪く化かされてきた人間たちがいることも確かである。日本だけではない。ヨーロッパ、北アメリカ、南アメリカ、インド、シンガポール、台湾、中国、韓国など、カルチュラル・スタディーズという名前がホールを引き合いに出して語られる大学の教育研究機関や文化・文芸批評の現場（「論壇」と日本では言うのだろうか）では、おそらく例外なくいる。言語共同体をひとつだけ想定していればすむほど、カルチュラル・スタディーズは国内拘束的《ドメスティック》な現状にはない。けれども、元は翻訳書のあとがきとして書かれた本章の性格を考慮してとりあえずこの国の状況を優先させてみれば、曰く、カルチュラル・スタディーズはポストモダン風味の語彙を操って、人種やエスニシティやセクシュアリティや、そういう領域でのマイノリティの復権、抑圧からの解放を目的としている。それは政治的正しさを求めるあまり素朴実証主義的で、認識論への配慮が欠けているばかりか、近代性《モダニティ》の複雑な思想的・哲学的可能性を軽視しすぎている。また曰く、カルチュラル・スタディーズはアイデンティティの変容に比重を置きすぎているので、いまどきの「ネオリベ」化している消費社会の権力によって容易に抱え込まれてしまっているのみならず、まさにそのような権力に心地よく抱かれつつ、そのような権力を心地よく措定する行為体となっている。多少乱暴にまとめると、このような批判があるようだ。▼2

ここで「カルチュラル・スタディーズは」と槍玉に挙げられているのは、いったい誰の、どのような、何のための言説のことなのだろうか。ジェームス・プロクターの『スチュアート・ホール』を読む限り、少なくともそれはスチュアート・ホールのそれではないということはわかる。この本は、ホールが何をやっていて何をやっていないか、何を言っていて何を言っていないかということを、ホールのテクストそのものに立ち返りながら、かといってそれらをなぞるだけではなく数々の批判点を明確化しつつ、説明してくれている。もちろん書物の性格上、一つ一つの論点を深めて議論するものではない。しかし読み終えた後に、ホールを「読まずに名だけで批判する」ことは、もうできない。『スチュアート・ホール』はコンパクトではあるが、ホールとカルチュラル・スタディーズをめぐるある種の混乱を解決するのではなく、何がどう混乱しているのかを提示してくれている本だからだ。

日本でもさまざまな入門書や概説書で注記されてきたように、スチュアート・ホールがカルチュラル・スタディーズそのものではない。ホールはカルチュラル・スタディーズのメルクマールにすぎないのだから。ただもしも『スチュアート・ホール』が留保つきで紹介しているように、ホールがカルチュラル・スタディーズの「創始者の一人」であるとしたら、彼の思考、彼の活動、彼の理論的遺産についての、いったい何をどのように読んでカルチュラル・スタディーズを批判しているのかということは、明らかにされてしかるべきだろう。なぜなら、この点があまりにもわからなさすぎるからである。

一例を挙げよう。すでに指摘したことだが、近頃不評の「アイデンティティ政治」に関して。カルチュラル・スタディーズは政治的に正しいエスニック・マイノリティの「アイデンティティ政治」を支えるだけの言説だという批判があるようだ。この批判に対して二つの対応が可能である。まず、「アイデンティティの政治」と「アイデンティティをめぐる政治」とをホールが当初から区別して思考しているということはプロクターの本からも明らかになる。この批判の妥当性はとりあえずここで判別されるだろう。次に、「アイデンティティ政治」の語彙を提供し他性なき「わたし探し」ゲームに興じるためのカルチュラル・スタディーズが、実はどこかで立ち上げられてしまったのではないかと、これまでのカルチュラル・スタディーズの作業を再検証することもできるだろう。性質《たち》悪く化かされた人が、カルチュラル・スタディーズの実践者の中にもいるかもしれないのだ。だからこそこれまでの作業のツールや装置を再検証し、カルチュラル・スタディーズをオーヴァーホール（分解修理）することが肝要ではないか。

したがってもともと学部学生や初学者向けにデザインされている『スチュアート・ホール』を、その手始めとして活用してもいいだろう。この本は、アイデンティティが問題化される社会的条件――特定のアイデンティティを永続的な本質として抱きかかえざるをえない状況を強いられた共同体があるということ――の分析から始まる具体的なホールのテクストや発言を辿りながら、「アイデンティティ政治」の暫定的な政治的有効性を認めつつ、アイデンティティを希求する経路自体に分節化されている、アイデンティティからの離脱やアイデンティティというカテゴリーを生み出す権力にまで考察を広げ、「アイデンティティをめぐる政治」への焦点移行を提案するホールの思考を描き出している。またその過程で、ホールがポストモダンな主体の多様性や変容性を賞賛するだけの「アイデンティティ政治」の扇動者であるという「俗説」も、クリアーに反証されている。では、ホールは何を言い、やってきたのか。それは読者にご自分で読んで判断していただきたい。そのためのナヴィゲーターがこの『スチュアート・ホール』なのだから。

日本語に訳されているホールの著作は少なくはないし、『現代思想』誌は一九九八年の時点でホールの論文とインタヴュー合わせて七本を紹介している。単著の「恒常性」ではなく、数々の共著や雑誌論文、新聞、パンフレットへの寄稿や講演等の「暫定性」を優先させてきたホールの仕事すべてを網羅し「紹介」することはおおよそ不可能だが、彼が取り組んできた数々の問題系を少なくともある程度はカヴァーするだけの日本語文献はそろっているはずだ。問題はその「後」である。興味を持ち、もっと知りたいと思い、または逆に文句のひとつもつけなければ気がすまないならば、まずあるだけの日本語訳をそろえてみる。それでも足りずにさらにホールの思考にアクセスしたければ、原文に当たればよい。英語で書かれ、話された記録を日本の国内にいながら集めることはそれほど難しくはないし、たとえ入手困難なものでも(絶版されたパンフレットや何かなら別だが)イギリスの図書館やイギリス在住の人間に頼んで購入したりコピーコピーしたりすることは、実はいくらでもできる。英語が読めないだって？　だったら「読める」ように学べばよい。すでに絶滅した文明の古文書を発掘するわけではない。アクセスのチャンネルは実はいくらでも開拓することはできるはずだ。その気になりさえすれば。

ところがプロクターも「なぜホールなのか？」という章の中で指摘しているように、ホールの活動のスタイルがホールについて学ぼうとする人間たちにアクセスの困難さをもたらしている。[3] それはなにも日本や非英語圏の事情に限ったことではない。イギリスでも同じなのである。どこにいる誰にとっても、ホールのツイスト&ターンは巧妙であるだけフォローしにくいのである。なぜならばホールの思考も、それを読み咀嚼する読者の思考も、常に進行中のカルチュラル・スタディーズというプロジェクトの一環だからであり、そこには追従しそこに安住すべきモデルも、間違いのないことを保証された公式も、崇め奉る正典もないから、自分でやってみるしか術はない。半世紀近く前にスチュアート・ホールがポピュラー・カルチャーをニュー・レフトの政治的問題としてとりあげ、革新政治の争点として人種を思考し始めた理由もここにある。同じように私たちは、その困難にもかかわらず、自分でホールを探ってみるしかないのである。

カルチュラル・スタディーズの倫理的構えにはどこかDIY的な匂いがある。そしてそれによって「アイデンティティ政治」的な雰囲気に化かされてしまうこともある。「Do It Yourself」と言ったって、作業の材料も道具も日本ならIマートやコーナン、イギリスならHOMEBASEなどの量販店であらかじめ売っているものを購入することが多いし、それらをマニュアルにのっとって使いこなしつつ、あらかじめ用意されているカタログの猿真似をするだけなんじゃないのか、と。だからDIYは後期資本主義社会の「アイデンティティ政治」の具現化だという非難もあながち的外れではない。自分の力で個性的に自分らしくやってみよう（さあ道具も材料もそろっている）。あなただけの部屋を作って（やり方は簡単、この説明書どおり）、あなたをあなたらしく演出する（困っているならこんなカタログを参考にしてみては?）。

「アイデンティティ政治」とは、市場というお釈迦さんの手のひらの上ではしゃぐ何匹もの孫悟空が繰り広げる祝祭である。ただし今度のお釈迦さんはそれほど慈悲深くないので、手を揺すり、時々指を開いては何匹か雲の下に落としてしまうのだ。無慈悲さと無邪気さは共存する。落ちずにすんだものは落ちてしまったものがいたことさえ気づかない。あたりには雲が立ち込めていて、あたかも自分だけがそこにいるかのように、自分だけが独自の存在であるかのように感じられてくる。個性的であることを強要されているのにその事態を自らの選択の結果手に入れた自己実現として受け入れ、それができない隣人はいないも同然。

なるほど、カルチュラル・スタディーズはやばいじゃないか。マイノリティとアイデンティティの守護神としての「カルスタ」は、いつの間にか市場メカニズムの力に乗ってマイノリティとアイデンティティを消費し、返す刀で競合原理を円滑に推進するためのエンジン・オイルと化しているのではないか。結果生産されるのは新たな階級格差、取り返しのつかない社会的ひずみ、そして政治の死滅。文化は経済にハイジャックされ、政治の立つ瀬はなくなる。見事な予定調和だ。文化を通じた政治の可能性という常套句は、文化を通じることが可能なようにプログラムされた政治だけが可能性として示されていたという仕組みを受け入れるための呪文として機能していたに過ぎなかったのだ。

本当だろうか？　本当だとしたら、それを自分で読み取るしかないだろう。あえてＤＩＹに手を染めて。ブリコラージュ、カトゥン・ミックス、ディアスポラの美学。ホールが駆使してきたさまざまな概念装置は、こんなありきたりの結末を迎えるための装飾概念にすぎないというのだろうか？　もしそうだという結論に達したのなら、それはそれでいい。でも自分で読んでみないことには、結論に達しようがないではないか！　読み飛ばしはないか、勘違いはないか、そして、これまで誰かによってインプットされてきた特定の読み方だけにしたがってホールを読んではいないか？　そうではなく、テクストに帰るのだ。ホール自身の思考をたどり、自分自身の思考を停止しないために。

カルヴィニスト的な響きは認めよう。しかし、どうせ化かされるのなら偶像や模倣者にではなく、「文化の問題ははなはだしいほど政治的問題だ」[4]と言うホールに化かされてみてはいかがだろうか。彼は文化が即そのまま政治であると示唆しているわけではない。考えてみてほしい。文化と政治がそのまま移項可能なモデルで捉えられるなどと説くスチュアート・ホールがありえようか？　いわんやカルチュラル・スタディーズをや。文化は政治に必然的に照応するわけではないからである。プロクターの記述はこの点で明快だ。

文化とは権力の諸関係が構築されつつ潜在的には揺るがされるような社会行動と介入の現場である。[5]

文化は権力と相互に補完的かつ相互に生成的な問題であるからこそ政治的になりうるのであって、文化の自然状態を政治と呼ぶのではない。むしろ不自然な居心地の悪さを、座りの悪さを文化の中で生成していくことを政治と呼ぶのである。この意味では、文化は政治的になりうるのであって、文化を政治的に「なさしめる」ことが政治だということもできるだろう。そのようなものとして政治を生かさしめよ。このような問題設定の仕方こそが、ホールがグラムシやアルチュセールをリミックスして作り上げた「サッチャリズム」批判の現場を構成していた要素だったはずだ。

すでに何人もの書き手が指摘しているホールの最も「政治的」な遺産。それは、「サッチャリズム」とニュー・レフトの「敗北」は、「イギリス資本主義の全般的危機」に対応する構成的なポジショニングのとり方の違いによって生じた闘争を通じた、理由ある状況だったということを、手を変え品を変え表現し続けてきたことだ。左翼はサッチャリズムから何を学ばなければならないかを見極め、学ぶことを始めよと言い続けてきたことなのだ。ニュー・レイバーへのホールによる執拗な攻撃は、頭を挿げ替えた「サッチャリズム」との長く続く困難な戦いであるというだけではなく、未だ学びきれていない左翼への警句でもあったのである。

ホールが「サッチャリズム」との三〇年にわたる折衝を続けている間に、アイデンティティがネオリベラリズムのキャッチャコピーとなり、マイノリティがグローバルな「帝国」の中でリサイクル可能な資源となっている状況が現れた。これはまったく新しい、想定外の現象なのだろうか？　聞くだけ野暮だ。マイノリティであるというアイデンティティが一切保証にならないことなど、すでにサッチャー政権下で明々白々だったではないか。サッチャー在任期間の規制緩和の原則の下では、人種の階層的境界を起業家的倫理で換骨奪胎していく非白人が増える一方で、当のサッチャー首相本人は「そしてあなた方はどこへ帰るんですか」と、失業にあえぐ移民たちに問いかけていた。その後労働党に政権が移り、多文化多人種化が進んだイギリスでは、「白人に権利を!」のスローガンの下で白人至上主義者がマイノリティとしてのアイデンティティを主張し始めた一方で、スティーヴン・ローレンスが惨殺された。[6] サッチャリズムからニュー・レイバーにいたる時代の変容の中でホールがどのように思考しているかを、『スチュアート・ホール』を参考にしながら考察するのはそれほど難しくないだろう。こうした作業が、二〇一九年現在の日本社会をクリティカルに洞察する補助線を引いてくれることは、「アイデンティティ政治」とＤＩＹの件に立ち返っていただければすぐにわかることだろう。あなたが読んだスチュアート・ホールは、どんな考えるヒントをくれるだろうか?

▼1　ジェームス・プロクター『スチュアート・ホール』小笠原博毅訳、青土社、二〇〇六年。

▼2　代表的なものは、Fredric Jameson, *Postmodernism, or, the Cultural Logic of Late Capitalism*, Duke University Press, 1991やスラヴォイ・ジジェクの一連のアジテーションが挙げられる（例えば、*Did Somebody Say Totalitarianism?: Five Interventions in the (Mis)use of a Notion*, Verso, 2001）。日本語での「カルスタ批判」はこれらを焼き直しただけの劣悪な濫用ばかりなので、ここではいちいち言及しない。

▼3　プロクター前掲書、二四頁。

▼4 Stuart Hall, "Subjects in History: Making Diasporic Identities", in Wahneema Lubiano ed., *The House That Race Build: Black Americans, U.S. Terrain*, Pantheon, 1997, p. 289.

▼5 プロクター前掲書、一三頁。

▼6 一九九三年四月二二日、南ロンドンのエルサムの停留所でバスを待っていた当時一八歳の黒人青年が、五人の白人の若者に暴行を受けて死亡した。

第三章　いまだホールの「教え」に至らず

1．「聞く」老師、ホール

生前のスチュアート・ホールが魅力的なスピーカーであったことはよく知られている。その話術は、『ニュー・レフト・レヴュー』やCNDの活動期には路上で、中学校の教員時代には教室で、バーミンガム大学時代には一癖も二癖もある学生たちを相手にしたセミナーで、鍛え上げられた。話す技術はテレビ・カメラに向けて不特定多数の視聴者に講義していたオープン・ユニヴァーシティや、頻繁に出演していたラジオ番組を通じてさらに洗練された。心から笑える中にも皮肉と風刺を絶妙にちりばめたユーモアは、ヒートアップしかけて方向感覚を失いかけた頭をリセットしてくれる。論敵も味方も平等に解析しながら、議論を一定方向に導くのではなく論争を喚起し、行き詰まってしまったら、ちょっと休んでさあ次に行こう。その時、まっとうで体系だった学問ならば決して手を付けようともしなかったであろう手垢のつきかけた概念、例えばグラムシの「ヘゲモニー」のようなものをリサイクルしたり、まっとうで体系的であることを目指す学問に携わるものならば眉をしかめるようなやり方で、デリダやフーコーの議論を構成したりする。

「カルチュラル・スタディーズはイングランドの大都会の人種差別にはタックルするけれど、北アイルランドやスコットランドで差別されてるマイノリティがどれだけ複雑な状況に置かれているかには注目しないんですね?」。一九九五年一〇月、ロンドン中心部のラッセル・スクエアに面したホテルのラウンジで初めて会ったときにした質問だ。彼の答えはこうだった。「難しい深刻な政治的問題だ。素晴らしいね、いいテーマを持ってるじゃないか。カルチュラル・スタディーズどうこうの前に、テーマがあるじゃないか!」。筆者はそれを真に受けた。だがセルティックFCのファンダムを研究テーマに決めたとき、「日本人がわざわざやるようなテーマじゃないだろう」と言い続けるグラスゴー大学の指導教員とはほぼ毎回物別れに終わる生活が待っていた。それを知るとホールはこう言った。「あいつ(グラスゴーの指導教員)のことはよく知ってるよ。根競べだ。あいつが出て行くか、おまえが出てくるかどっちかだな」と。結局筆者はロンドンに移り、しかしその指導教員も体調を崩し休職、その後カナダの大学に移った! 根負けしたのはどっちだったのだろう。

数年後、ロンドンに移り博士論文を提出した後の口答試問で、筆者は査読者の一人と激しい口論になってしまった。「もしあなたがサッカー・ファンダムをよく知っていれば私の書いていることがわかるはずです」という筆者の応答の仕方に、相手がカチンときてしまったのだ。当然といえば当然である、試験されているのは筆者だったのだから。その場は収まったように見えたが、その後、報告しようとホール宅を訪れ、いつものように紅茶をごちそうになっていた筆者の携帯電話に、指導教員のレス・バックから電話があった。レスによるとその査読者は、D判定、つまり不合格にすると言っているというのだ。何事かといぶかしがる老師に筆者は事情を説明した。すると、「いいか、教師は教える前に教わる生き物なんだ。だが中には教わり方の下手な教師もいる。地位と階級意識が邪魔をしてね。おまえも教員になるのなら、両方の能力を身に付けないといけない。教えることと教わることと。今回は相手がちゃんと教われないような言い方をしたおまえが悪かったと、そう考えるんだ。詫びの電話を入れてもう一度話して来い」と言う。筆者はすぐ電話を折り返し、地下鉄に飛び乗って南ロンドンまで戻り、悔しいがどことなく吹っ切れた気分で自分の無作法を詫びた。「頭にきてるのか？　なら許さなくてもいい。そのかわりそうなってしまった相手のことを、理解はするんだ」。この時ホールは明らかに怒っていた。学位論文を無駄にしかけたことにではなく、自分が知っていることを相手が「知らない」という予見的憶測に基づいて、筆者が話のオチをつけようとしたことに対してだ。なぜ相手からそのような問いが出されたのかを、ちゃんと「聞いていない」ということに対してだ。

ホールはその厚みのある声を持って聞かせる人であったが、しかしそれ以上によく「聞く」人だった。時に辛抱強く、時にタイムリーなリアクションを挟みつつ、話の核心とみるやその穏やかな深みを湛えた眼を大きく見開き、話し手がもっとも話したいことを導き出す技芸《アート》を磨き上げた人だった。二〇〇八年、勤務先の大学のゼミ生数人を連れてリヴィントン・プレイスのＩＮＩＶＡ（インスティテュート・オヴ・インターナショナル・ヴィジュアル・アート）を訪れたとき、すでに腎臓の透析を受けていたホールは杖をつきつき、ギャラリーからセミナー室、自分の名を冠につけた「スチュアート・ホール図書館」まで、全ての部屋を案内してくれた。カフェでお茶を飲みながらの談笑になると、一人一人の質問を実によく「聞いて」、一つ一つ丁寧に答えてくれた。学生の一人がこう聞いた。

――ホール教授、私たちの先生はロンドンではどんな学生だったのですか？

「う〜ん、正直この若造は難しい、頑固だ。学位のために博士論文を書く作業には向いてないと思ったことが何べんもあったよ」

いつも励まされているつもりでいたのに、腹の底ではそんなことを考えていたのだな。でも、難しい生徒を扱うということならホールの方がずっと長けている。

オクスフォードからロンドンに引越したとき、ホールは南ロンドンのケニントンにある中学校の代用教員をして生活費を稼いでいた。そこはカリブ系移民も多く住む地域であり、「印刷屋の息子は印刷屋になるしかないと思い込んでいる」労働者階級の子どもたちの中でも「最底辺の」「近くのプールに引率していくと、半分以上が学校に戻らず途中で家に帰ってしまう」生徒たちの前で教壇に立っていた。じっとしていられずに席を立つ生徒があとを絶たないなか、ホールはむきになって教壇から叫び、「聞かせる」ことより、生徒たちの話を「聞く」ことにしたという。一九五〇年代末期、ノッティング・ヒルでカリブ系の移民たちが暴動を起こす前夜である。

ある日ホールは、『ニュー・レフト・レヴュー』の編集部があるロンドン中心部ソーホーに向かう電車の中で、自分のクラスの白人の子どもたちに遭遇する。話を聞くと、バスや電車を乗り継いでわざわざ北ロンドンまで遠征し、街のストリートで黒人たちに人種差別野次を飛ばしに行く途中だという。翌日教室でホールは、その生徒たちとこのようなやり取りをしたという。

――じゃあ同じクラスのこの子たち（黒人の生徒たち）はどうなんだ？

「先生、違います。彼らは僕らの仲間です」

――私はどうなんだい？

「先生、貴方のことじゃありませんよ。やつらです」


このエピソードは雑誌『カルチュラル・スタディーズ』に収録されているレス・バックが行ったインタヴューでも話されているが、[1] 筆者がこの昔話を聞いたとき、ホールは次第に中産階級化していく北ロンドンのカリブ系移民と南ロンドンとの階級差を子どもたちの目線と声から知ったと述懐している。ホール自身、自分の生徒たちに話を聞き、その子たちの振る舞いを知るまで、いったいノッティング・ヒル周辺で実際何が起きようとしているのかわからなかったという。これがストリートを知るということであり、ストリートを「聞く」ということである。

2．還元ではなく分節化の結果としての「具体的なもの」

ホールは批判しようとする相手の言い分もよく聞く人だった。それが資本主義であろうと、保守党の政治であろうと、合理化とリストラを進めようとする大学当局であろうと、それらの批判の対象もまたどれだけ努力し、エネルギーを費やしているのかを聞き出そうとした。「政治は多数派を反映しない。それを形成するだけだ」[2] とホールが言うとき、社会の批判諸力が現実的な政治勢力を創出することができない諸条件、その前提となる環境――「敵」の計画や決定過程を含めた――に徹底的に耳を傾けなければいけないということを示唆している。これは、労働党が政権奪回かという選挙前の予想を覆して保守党が勝利し、マーガレット・サッチャーが第三期政権を担うことになった一九八七年に、イギリス共産党機関誌『マルキシズム・トゥデー』に掲載された「憂鬱な選挙、選挙のブルース」におけるホールの言葉である。

この論考のなかでホールはこういう現状分析を提示している。意思決定過程はより煩雑で日常生活とはかけ離れたものになり、一方で生活自体は巨大な官僚制と強力な市場によって管理されている状況では、政策決定への参加や市場経済の規制が現実的に可能であるとは考えないことの方がむしろ「合理的」選択となってしまう。有権者がメディアによる断続的な情報の改ざんや政治家による情報の意図的取捨選択にさらされることにより、政治的判断は印象操作のゲームに組み込まれることになる。そのとき有権者にとっての「選択」はもはや民主主義とは対立するものになりうる状況が現れつつある。民主主義とは公的で社会的なものである一方、「選択」は私的で個人的であるという対立図式のもとで争点が設定されるからである。

同時代に練られた政治学者のエルネスト・ラクラウやシャンタル・ムフによる理論的著作に比べれば、大雑把でざっくりとした印象はぬぐえまい。しかし何が決定的に重要かと言えば、ホールの言う印象操作のゲームは、投票する人や政治的意識の高い人ではなく、そうではない「合理的選択」をする人をこそその参加者として措定しているということだ。このときの労働党を、資本主義の全般的危機に際して権力ブロックを形成しようとする批判勢力と言い換えてもいいだろう。いずれにせよそいつらは、このゲームのルールをわかっているか、もしくはゲームがそういうルールに代わったということを聞き取れているのかと、ホールは問い続けてきた。我が身を振り返れという教えである。

教えという名辞を所有格でつなげた場合、あたかも特定の人物に固有の、その人にのみ必然的に属する何かがあるかのように見える。そこでは教えられたことと教えた人物との必然的一致があるという前提、もしくは思い込みが力を発揮するだろう。ある人物が書いたり言ったりしたことが、すべてその人物の完全な管理下に帰せられるということは、逆の過程をたどれば、書いたり言ったりしたことの最終的な責任の所在としてその人物が特定されるということでもある。その所有主は何かの源泉として考えられると同時に、しばしばその何かをつかさどるものとして正典化の対象となることもあるだろう。その源泉にはいろいろな言い方が当てはめられるだろう。神、世界、主体、経済など、これらから時には機械論的に、またときには表出的に導き出されがちな「具体的なもの」。ホールはこの「具体的なもの」を理論化するやり方をマルクスから教わった。しかしその教わり方は、資本主義の運動法則を一般化された抽象の水準まで高めて普遍化しようというマルクス主義者とは、少し違うものだった。

ホールの教えは、彼が「重層状況（conjuncture）」の思考者であったということと切り離すことはできない。ホールは、あくまでも機会論的な偶発性（contingency）や分節化（articulation）の結果現れる「具体的なもの」に関心を抱き続け、同時にその結果を生産する社会的諸力、諸関係、諸状況の必然的ではない照応関係が「具体的に」どのように規定されているのかを描き出し、理解し、その規定のされ方自体もまた必然的ではないことを示そうとした。この二重の具体性への徹底したこだわりこそがホールの方法であり、かつ特定の理論の適用に躍起になるのではない、むしろそのような意味での「主義者」であることを自己否定していく、理論への開かれた対峙の仕方であった。だが同時に、必然的ではないにもかかわらず、特定の「重層状況」は諸力や諸関係の間に何らかの分節化された関係性が具体化されたものであるということを、そしてそうでなければ歴史的に種別的なその状況は実現されないということをマルクスから読み取っているという意味で、彼は理論的にマルクス主義者であった。▼3 ホール「の」教えは、教えるものと教わるものとの間に、大きくも見過ごされがちなマルクスという伴走者を介在していたのだ。この意味で、ホール「の」という所有格の密度は、ホールとマルクスとに適宜分散されねばならないだろう。

雑誌『ニュー・レフト・レヴュー』の編集長を辞してのち、リチャード・ホガートに請われて教鞭をとることになったバーミンガム大学に来て一〇年目の一九七四年、現代文化研究センターの所長になっていたスチュアート・ホールは、一遍の読書ノートを「カルチュラル・スタディーズと理論」という特集を組んだセンターの論文集に発表する。「方法に関するマルクスのノート――一八五七年の「序説」を読む」（以下「「序説」を読む」と記述）と題されたそれは、文字通りマルクスの残した『経済学批判要綱』の「序説」（以下「序説」と記述）を頭から読んでいった軌跡であり、実に地味な作業の手の内をそのまま明かしたものである。[4] 一九七八年にアントニオ・ネグリが「不確定性に基づいて」[5]読むべきだとしてパリ高等師範学校での講義の題材としたこのテクストは、一九七三年に英訳されており、ホールはそれを用いて数度のセミナーを行っていた。この読書ノートはその一連のセミナーのまとめであり、そこにホールが終生こだわり続けた、理論との緊張関係に裏付けられた彼の方法を読み取ることができる。

ホールは、「序説」において経済学の方法の再検証へと立ち返るマルクスの次のような記述から学ぼうとした。

具体的なものはそれが多くの規定を統合したものだからこそ、具体的である。したがって、具体的なものは現実の出発点であり、それゆえまた直観と表象の出発点であるにもかかわらず、思考においてそれは多くの規定の統合のプロセスとして現れ、出発点としてではなく結果として現れる。[6]

これは経験的事実や「具体的なもの」を、何らかの反映とはみなさないということである。例えば「人口」。「人口」とは具体的な生産の担い手として、それがいなくては生産が不可能になってしまうという意味で観察可能な「具体的なもの」である。少なくとも経済学の成立はそのような前提に立っていた。だがマルクスは、ここから出発するのは間違いだと言う。その理由は、「人口というものは、たとえばわたしが人口を構成する階級を略してしまうなら、一個の抽象物[7]」だからである。具体的に見えるものも、それを構成する諸契機を見過ごしてしまえば、それはただ単純な「空虚な言葉」であり「全体の混沌とした表象」にすぎない。

「人口」という一見単純なカテゴリーは、より具体的な歴史的諸関係によって矛盾を抱えたまま構成されるものとして再構築されねばならない。その再構築とは、「歴史における具体的なものを思考のうちに再生産する[8]」ことである。マルクスの説明はここまでだ。だがホールはこの箇所を独自に読み進める。例えばその再構築は、「奴隷の主人と奴隷、地主と小作、主人と使用人、資本家と労働者[9]」というように、歴史的に種別的な分業と階級分化を「重層状況」としてとらえ返すことによってはじめて可能になるというのがホールの読みだ。この場面でこそ理論が必要とされるのである。理論は、何か高次の抽象から単純に統一されたものとして導き出されるカテゴリーを抽出するためのものではなく、現実的で矛盾をはらんだ、時には敵対的でさえある諸関係へと分解する作業そのものを可能にする装置なのだ。

歴史において、社会生産において、また概念において具体的なものが具体的であるのは、それが単純で経験的だからではなく、ある種の必然的な複雑さを吐露しているからにほかならない。[10]

先のマルクスからの引用をホールの語彙で書き換えるとこうなるが、そこで次の問題は、この現実的で具体的な歴史的複雑さを考えるためには、その複雑さを構成する諸規定をもまた思考の内部に再構築せねばならないということである。

3．常に「場違い」な「関係性」の知識人

ある歴史的段階において多重に規定され、統一されたもの、つまり「結果」は、思考と理論の内に「私たちが出発するべき地点」としてではなく、「生産されるべきもの」として立ち現れる。マルクスはこの立ち現れを、「思考の道程における具体的なものの再生産」と呼んだが、ここに思考の法則、つまり方法を見出すことはできるだろう。この段階で方法が歴史の論理からは区別されているという点は重要である。「歴史における具体的なもの」は、今度は思考という地下水脈を経由してもう一度姿を現す。思考以前にあった「具体的なもの」と「思考の道程」を経て現れる「具体的なもの」は似て非なるものである。マルクスはここで、思考それ自体が「具体的なもの」を生み出し、歴史の過程から絶対的に自律していると考えることにより両者を統合しようとしたヘーゲル批判を挟む。しかしあくまでも思考とその外部というカテゴリーを前提としており、「具体的なもの」が思考において再生産されるシステムと「具体的なもの自身が生じてくるシステム」とを対置したまま、連結概念を生み出せなかったし、おそらく生み出す必要性を認めていなかったのではないか。

ホールはないものねだりをするわけではない。「歴史における具体的なものは理論展開にとっての出発

点とはなりえないが、あらゆる理論構築のための絶対的前提条件となる。それは現実の出発点であり、それゆえに観察と概念化の出発点でもある」[11]と述べることによって、二つの「具体的なもの」の関係性を解消するのではなしに、「具体的に」見極めようとするのだ。両者を分節化する行い、それが「理論的実践」である。そのためにはバフチン、バルト、フーコー、デリダを吸収して、思想の「言語論的転換」という波に乗る必要があった。その「波乗り」の試みの端緒となったのが、この読書ノートとほぼ同時期に書かれた「エンコーディング／ディコーディング」だったのである。またその作業と並行して行った調査をもとに一九七六年に刊行された『危機を取り締まる』[12]において、ホールは、戦後福祉国家の協調主義が崩壊する過程で労働運動、移民問題、人種差別といった「具体的な」現象が湧きあがってくる状況を、「戦後資本主義の全般的危機」への社会的諸力による各々の対応として分析したが、そこで次のように述べている。

文脈化とは背景を探るということではなく、時代を通じた現実的運動としてその分節化された過程を取り扱うということであり、その歴史的種別性を視野に入れながら様々な水準の間にある関係性を見出すことである。[13]

「序説」を読む」「エンコーディング／ディコーディング」といった論文や『危機を取り締まる』には通底した方法があり、必要とされる理論があった。しかしカルチュラル・スタディーズは、その理論と方法にどれだけ関心を払ってきただろうか。これらに通底する「教え」を、どれだけまともに「教わって」きただろうか。

教えを教えとして身に受けてしまえば、それはやがて学び捨て去られねばならない。おそらくは厳しい批判という形をとって、その教えという梯子を外し、一度学び捨てたならば、後ずさりするという選択肢すらも想定されないかもしれない。だとしたら、まだホールから教えを受けたことにはなっていないのではないか。この四〇年前の読書ノートが問いかけるものは決して小さくはないからだ。ホールが最後までこだわり続けた理論と方法を目にしたならば、例えば「ロックの文化社会学」であれ「韓流ドラマの受容研究」であれ、いわんや恵まれた好事家が密やかに楽しみあう「現代風俗研究」であれ、「思考の結果として現れたもの」を考察の出発点として解釈を披露しあい、その解釈共同体の新規性や多元性の源泉を差異に求めることを、そう簡単にカルチュラル・スタディーズとは言えなくなるはずである。順序が逆だ。そろそろ目を覚ますべきだろう。

イギリスのマス・メディアは、差異と多元性を擁護する姿勢を崩さなかったホールを、しばしば「多文化主義のゴッドファーザー」と呼んだ。そこでは困難な時代を生き抜き、実際多くのカリブ系やエスニック・マイノリティに、生き、考え、乗り切るきっかけを与えてきたホールへのリスペクトの真裏に、新たな形で噴出する人種間対立やエスニック・マイノリティのゲットー化を目の当たりにして、「多文化主義の失敗」をあげつらう意図が見え隠れする。その根底には、差異ばかりを強調し統合性を失った社会のありように対する全般的な危機の意識が働いている。草の根というスタイルを借りた新たなナショナリズムや、福祉から資本を保護しようというグローバル資本のネオリベラル戦略が、それを批判するはずの左翼政治と共有しているカルチュラル・スタディーズ批判の槍玉となっている語彙、それが差異である。カルチュラル・スタディーズを、差異を尊び、多元性を確保し、文化相対主義というそしりを恐れずアイデンティティを再構築すべしというお題目主義だとみなす立場からは、差異そのものが例えば「肌の色＝人種」や「民族=宗教や言語」、さらにはセクシュアリティやジェンダーの話にハイジャックされていると映るようだ。

しかし本章で検証してきたように、ホールが差異について学んだ最初のきっかけは、いわゆる『一八五七年の要綱』とか『経済学批判要綱』の「序説」と呼ばれる中期マルクスのテクストだった。そこでホールが学んだことは、差異の実体化でも絶対化でもなく、それぞれの差異が関係性においてのみ差異性を保証され（マルクスにおける「媒介」）、その関係的なつながりが明らかになるその瞬間に、それぞれは歴史的に種別性のある別の存在だということが「経験的に」認識されるということだった。単独単体で成り立つ差異はなく、単独単体で考えられる差異もなく、単独単体で認識される差異もない。この立場を「急進的《ラディカル》文脈主義《コンテクスチュアリズム》」と呼ぼうが「関係主義《リレイショナリズム》」と呼ぼうが、差異はフリーハンドで勝手に戯れるわけではないのである。時にはポストモダンのキャッチ・ワードであるかのように槍玉に挙げられる差異を、ホールが近代資本主義社会の生産諸関係に関する考察を展開する端緒において思考していたということは重要である。

ホールは、差異をマルクスの理論に引きつけて思考するそのやり方を、自分より一世代前に同じカリブからイギリスに渡ったマルクス主義知識人C・L・R・ジェームズにも学んでいる。イギリスの政治過程、階級関係、経済状況と、植民地主義やポスト植民地主義とのかかわりで人種を考えた最初の知識人として、ホールはジェームズを「自分のモデル」だと公言し、ジェームズの晩年には幾度もインタヴューを聞き取っている。そのジェームズは、共産党や「ニュー・レフト」の若手知識人と階級問題や労組問題をいくら喧々諤々議論していたとしても、心はいつも「他のどこか」にあったのではないかと、ホールは言う。ジェームズにとって、想像上でも現実生活でも、トリニダードを含む西インドの島々は決定的に重要だった。その中でもクリケットは、西インドのコロニアルからポストコロニアルにかけての状況を理解する糸口となるものであり、ジェームズにとってスポーツ文化を政治や文学と同等もしくはそれ以上に真剣に考えるきっかけを与えてくれた。ジェームズにとってクリケットのゲームは、一人の選手が、彼に有声無声の声援を送る「民衆＝popular」のエネルギーを象徴的に表現する現場なのだった。そこでは、その時その場の〈現在〉を形作る歴史の諸力が凝集し、新しい階級や新しい人間の概念が生み出された。クリケット選手に限らず、シェイクスピア、メルヴィル、「カリプソ・キング」マイティ・スパロウ、みなあらゆる矛盾を含みながら新しい言語や新しい文化を世界にもたらした。だがそれは特定の個人、強烈なカリスマや強力なリーダーである必要はなく、そのような仕組みによって文明が刷新されてゆくということがジェームズの思考の核心だったのだ。

しかし、カルチュラル・スタディーズという新しい言語、新しい社会的構え、新しい集合的で創造的な知性の営みにとって、「それ」は誰であってもよいというわけではなかった。少なくとも、まだ「それ」はスチュアート・ホールでなければならない。状況と方法の関係について、筆者との会話の中でかつてホールはこう言った。

重層状況というのは、「いま」の歴史は「いま」この瞬間にも変わっているということだ。だから、それに突っ込むやり方が変わってゆくのもしかたなかろう。

時に目の眩むようなホールの理論的跳躍やトリックから卒業するのは、まだなかなか難しい。ホールが次にどこに向かうのか誰も知らなかった。でも彼はさっさと次に行く。立つ鳥後を濁して、先に行く。今ここに考えるべき社会の現実問題や介入すべき政治争点を見つけると、それらを理解するための道具立てを、まるで一番下っ端の召使《パントリー・ボーイ》が食材や調味料を探しに行くように、理論や思想の食料庫《パントリー》に向かっていった。名誉教授になったり、学会長になったり、王立協会のメンバーにならないかと誘われたり、自分の生涯をテーマにした学術会議が開かれたり、その名を冠にした図書館が開館したり、学術界のみならず、アートや社会運動の世界にも彼を師と仰ぐ教え子を数多く残したあとでも、一九七〇年代のバーミンガムでの共同作業においてそうであったように、彼自身が率先して窓を開け、場所を創ろうとした。そのやり方は時にかつての同志から叩かれ、あちらから批判され、こちらから揶揄された。一度も話にオチをつけようとせず、常に次の一手を模索し、どこか違うところへ動き続けていた。ホールはジェームズと異なり、西インドへ帰ろうとしなかった。しかしイングランドにも「馴染みきる（fits in）」ことはなかった。アカデミズムにも社会運動の世界にも決して定住しようとしなかったホールの生涯には、そこでいいという場所はなかったのだ。これは悲劇だろうか？　そして二度目には安っぽいコメディとして繰り返されるのだろうか？　いや、老獪なモグラはまだまだ地面には出てこないだろう。話を、そう簡単に終わらせてはいけないのである。

▼1　Stuart Hall and Les Back, "At Home and Not At Home: Stuart Hall in Conversation with Les Back", *Cultural Studies* 23 (4) (July, 2009), p. 661. 一部改変された翻訳が『現代思想』第四二巻第五号、二〇一四年四月（総特集＝スチュアート・ホール　増補新版）に掲載されている（スチュアート・ホール＋レス・バック「ホームの居心地、場違いな場所」栢木清吾訳、xviii–xxxii 頁）。

▼2　Stuart Hall, "Blue Election, Election Blues", *Marxism Today* 37 (7) (July, 1987), p. 30.

▼3 「重層状況」という概念について、ホール自身がグラムシではなくマルクスからの影響が強いと発言している（ホール＋バック前掲記事、xix頁）。

▼4 Stuart Hall, "Marx's Notes on Method: A 'Reading' of the '1857 Introduction'", *Cultural Studies* 6 (Autumn, 1974).

▼5 アントニオ・ネグリ『マルクスを超えるマルクス――「経済学批判要綱」研究』清水和己ほか訳、作品社、二〇〇三年、一〇頁。

▼6 カール・マルクス「経済学批判要綱〔序説〕」木前利明訳、『マルクス・コレクションIII』筑摩書房、二〇〇五年、一六九頁。

▼7 同書、一六八頁。

▼8 Hall, op.cit., p. 148.

▼9 Ibid.

▼10 Ibid.

▼11 Ibid., p. 151.

▼12 Stuart Hall *et al., Policing the Crisis: Mugging, the State, and Law and Order*, Macmillan, 1978. ホールによって新たに序文が書き足された第二版が二〇一三年に出版されている。

▼13 Ibid., p. xiv.

II

スチュアート・ホールの理論的実践

第四章　文化と文化を研究することの政治学――スチュアート・ホールの問題設定

「カルチュラル・スタディーズ」がマス・メディアを研究した理由は、それがただ二〇世紀の文化産業だったというだけのことです。[1]

1. はじめに

本章において筆者は、一人の社会学者、それも移民として、マルクス主義者として、〝黒人でも白人でもないもの〟としてユニークな軌跡を描いてきた社会学者の理論的実践の展開を概観してみたい。[2]その人、スチュアート・ホールは一九五一年にジャマイカからイングランドにやってきて以来、一貫して文化を研究してきた。彼の言う文化とはいかなる領域であり、対象であるのか。本章はまず、ホールが「文化主義（Culturalism）」と呼ぶマルクス主義的な文化研究の系譜を採り上げ、その問題設定を検討する。次に、そうした文化研究では何が見えないのか、もしくは何が見えなくさせられているのかを、現代の文化状況の政治性を明らかにしていくホールの位置取り《ポジショニング》という点から検証していきたい。

ところで、本論に入る前に、ホールの文化論をどう読むかという問題にも触れておかねばならない。思想や理論、もしくは様々な言説に対し、「正確な理解」を絶対的なものとし、「誤読」という言葉を用いて、ある解釈の仕方を一刀両断に切り捨てるテクストの「読み」を追求する人もいるだろう。その場合「正統な」読みはその特権的地位を確保され、そうではない「読み」との階層化された位置性《ポジショナリティ》が再生産される。ホールの文化論は、古典的かつ「正統」な読み方の強要に対して反旗を翻したところに第一の特徴がある。言い方をかえればその最大の敵は、有機的社会論でも、自由主義的多元主義でも、社会システム論でも、行動科学でもなく、マルクス主義にほかならないということだ。文化という対象と方法をめぐって展開されてきたマルクス主義とその様々な変異体、とくにアルチュセールに対する理論的闘争／逃走（「天使との格闘」）、これがスチュアート・ホールの理論的実践の軌跡である。ホールは言う。

> 保持すべき価値のある理論は、あなた方が戦わねばならないものだけであり、決して能弁に語ることのできるものではない。▼3

しかし、戦略的な「誤読」、つまり読みの多様性ばかりではなく、是認された誤読に対する反論も当然用意されるべきものである。理論に対する解釈もまた言説である。したがってその編成は社会的なもので、時間と空間の地図／目録に位置づけられ、それ自身を構成し、かつ拘束される。そしてその存在条件もまた根本から批判されなければならないだろう。

　そこで、ホールが既存のアカデミズムの言説群にどのように組み込まれてきたかを、さしあたって以下のようにまとめてみたい。第一に、日本のアカデミズムに顕著な傾向だが、ホールの理論、およびホール以降に登場してきた文化研究の言説を、マス・コミュニケーション研究という専門化された学術領域に押し込めて摂取しようという姿勢がある。しかし、理論の特殊性と歴史性に触れることのない紹介や導入は無意味である。あくまでもマス・コミュニケーション研究だという「閉ざされた」解釈は、「効果研究と批判研究の相補的応用」などという美辞麗句で飾られることによって無罪放免になることはない。ホールにとって、心理学的なマス・コミュニケーション研究への反駁は理論とイデオロギーの闘争の一部でしかなく、「効果研究」が理論イデオロギーとしての「自省性(reflexibility)」を欠いていたことを批判したということでしかない[4]。

第二に、後の現代文化の解釈方法に大きな影響を与えたイデオロギー論と記号論との分節化を「マルクス主義メディア研究」として読みとる様式がある[5]。確かにホールの言説は「ネオ・マルクス主義」と言われてきた。その理由、及びホールの文化論がある意味で特殊であり力を持ってきた理由は、以下の通りである。

①社会のあらゆる権力関係を経済構造や階級構造に還元して説明する言説の批判
②土台/上部構造という図式によって社会編成を説明する方法に対する批判
③イデオロギーを有利な立場が不利な立場をだます意識操作の手段、つまり虚偽意識ととらえる思考の批判

これらはもう広く知られた問題群であろう。だが「マルクス主義メディア研究」という類型化がもたらしたのは、結局はホールもまた、メディアは資本主義的生産様式の再生産のためのツールであるとする「陰

謀理論」に留まっているという批判であった。しかし、資本と国家イデオロギー装置としてのメディアとの間に「陰謀」があったとして、それは誰の利害のための陰謀なのか。その利害が特定の行為主体の意図に起因するとされるとき、そのような説明は簡単に階級還元論や虚偽意識論に逆戻りする。こうした批判は、ホールが乗り越えようとした地平に立ち戻ってしまうのだ。このトートロジーが、ホールにおいていかに乗り越えられてきたかは、本章の中で明らかになるだろう。

第三に、ホールをポストモダニストととらえる言説がある。記号論を大胆に援用し、主体を脱中心化し、周縁化された言説に政治的力を与えようという試みは、確かにポストモダンなのかもしれない。そしてこういう解釈を進めていけば、ポストモダニズムに与えられる典型的な批判、つまり全てを関係性で説明しようとする文化とアイデンティティの相対主義、という批判が生まれることも不思議ではない。しかし広い意味での記号論、もしくはポストモダンの言説が、それ以上分散化も浮遊化も不可能な文化とアイデンティティの本質――性、人種といった――を主張してきた近代《モダニティ》の本質論を否定し、いっさいの本質を認めない反本質論を基幹戦略としているとするならば、ホールの方法論はそれとはかなり異なった位置にあることは明らかである。そして反本質論を貫く関係性の概念が、実は関係を構成する本質的な対抗物の設定を前提としていたというトートロジーに対して、どのような理論的介入がなされてきたのかが、従来のホール解釈では明らかにされてこなかった。ホールのポストモダン批判は、社会的境界からの逃走は不可能だが、闘争は続けなければならないという認識から始まっているのである。

ホールはジェンダー、エスニシティ、階級といった社会的境界を再生産するモダンの言説でも、境界そのものの消滅を跡付けしようとするポストモダンでもなく、既存の境界をアイデンティティ編成の不可欠な要素として組み替えていこうという戦略を採っているのである。▼6

2. 文化論の系譜

文化を政治や経済との密接な関係から分離して語ることができないということは、マルクス主義、自由主義、多元論など定式化された言説においてもしばしば語られることである。一方、文化の変容と構成を、経済構造の変動や政治変動の歴史的展開の効果として説明する言説が、もはや有効性を持たないことも明らかであろう。問題は、文化と諸々の実践の関係がいかなるものなのかということにある。

文化は、とくに複製技術の発達によって文化的商品の大量消費が可能になり、資本主義市場メカニズムの下で文化産業が大きな経済的、政治的力を及ぼすようになった一九二〇年代以降、経済力と余暇を芸術作品の鑑賞に投資できた一部の特権的な階級だけが持つとされていた文化よりも、より広い定義を必要とするようになる。こうした現代文化は「マス・カルチャー（大衆文化）」として特徴づけられたが、拡大された文化の概念は同時に、サブ・スタンダードとしての「マス・カルチャー」とそうではないもの、例えば古典的な芸術作品の鑑賞や創造といった文脈で想像される、高級ブルジョワ文化との区別化／階層化を生むことになった。

このような文化の階層化と「マス・カルチャー」の勃興に注目した文化論が、アドルノやホルクハイマーに代表されるフランクフルト学派であり、アーノルド、およびリーヴィスらの「スクルーティニー派」である。フランクフルト学派、およびアーノルド、リーヴィスともに「マス・カルチャー」を攻撃するためにそれに注目した。ところが前者が「マス・カルチャー」への人々の志向が政治的な無力化を生み、社会的権威が強化されていずれファシズムに至ると考えたのに対し、後者は、「マス・カルチャー」の勃興こそ社会的権威への脅威であるとみなした。アーノルドやリーヴィスにとって、大衆社会の出現によって失われた人々の「有機的統一性と連帯」を回復できる文化の創造が必須だったのである。[7] もちろん前者がナチスのファシズムを、後者がヴィクトリア朝イングランドの自由主義を念頭に置いていることに注意しなければならないが、この両者の構えが具体的な文化のテクスト分析に道を開くものになったということは確認しておくべきであろう。

ホールは、文化の階層化／区別化を強調するこれらの議論に対して、ではそのような「区別化を規定する諸力と諸関係」の差異を「積極的に制度化する過程」はいかなるものかと問い、その分析こそ文化論に求められているものだと主張する。[8]

ホールのこのような視座は、イギリスの社会史研究——とくに「労働史」と呼ばれる系譜——とリーヴィスらの文芸批評の手法を融合した「文化主義」の言説に、すでにある程度具体化されていたと考えられる。そこでひとまず文化主義における文化概念の系譜を追ってみよう。

リチャード・ホガートが著した『読み書き能力の効用』は、文化概念の質的変容を示す決定的に重要な書物である。ホガートは、一九五〇年代の北部イングランドの工業都市コミュニティでの参与観察を基に、コミュニティでの相互扶助に依拠して成り立ってきた労働者階級の日常生活が、文化商品の大衆消費によって破壊されつつあることを警告した。[9] リーズ郊外の労働者家庭に育った自身の体験が色濃く反映しているこの書物の序文において、ホガートは、「全体的生活のなされる場所のモデル、セットを試みに設定し、極力労働者階級に特徴的な社会関係と生活態度を記述していくことにした」と述べている。[10] そしてミルク・ホールに集い、ジュークボックスから流れるポピュラー音楽に日がな一日耳を傾けるようになる労働者階級の若者の描写に見られるように、実体的な「労働者階級文化」を類型化し、「労働者の生活状況をテクスト化して、特権化されたある種の文化的証拠として解読する文芸批評」が一つの文化分析の手法として練り上げられたのである。[11] 文化が類型化可能で実体的に記述できるものであること、これがホガートの文化概念の第一の特徴である。

第二にホガートは、文化を区別化しつつ、芸術や文芸作品を越えて、教育環境、大衆小説、ポピュラー音楽の視聴行動にまで分析の視野を拡大し、受動的な「大衆」を積極的な独自の文化を持つ主体へと「教育」しなければならないと考えた。こうした構えはリーヴィスらのある種啓蒙的な自由主義に通じているが、その「教育」を通じて、バラバラな諸個人の集合としての大衆が、イングランドのコミュニティという限定された空間の内部とはいえ、積極的に文化を創造する主体として規定されている。

しかし、ホガートは社会生活の変容過程を、変容そのものの解釈をするのではなく、資本主義的社会の商業組織の巨大化の効果として読みとっている。

現在では大衆を経済的に低下させることは許されていないので、自由競争を商業論理の結果、外からは時代の全体的雰囲気に支持され、内からは労働者自身の自由を前にしての疑惑と不安に支えられ、労働者は文化の領域で搾取されている。……この形態は旧来のものより強力になることが約束されている。なぜなら、文化的従属の連鎖は、経済的従属の連鎖よりも纏うのは容易で駆逐するのは困難だからだ。[12]

ホガートにおいて文化は、労働者の伝統的コミュニティからの逸脱の欲望を喚起し、生産諸関係における階級差を再生産する領域なのである。文化の変容が経済によって決定されるということだけではなく、文化が人々を商業主義へと規律化していくのだ。これは経済還元論を脱していないとも、文化還元論に陥っているとも言えるだろう。重要なのは、伝統的コミュニティの実体化であり、そこに文化的実践の固定化された起源を設定しているということである。ホガート以後も、土台／上部構造の比喩に基づいた還元論と失われた起源の実体的な模索は、マルクス主義文化論の克服すべきテーマとして残されていたのである。ついで、一九五〇年代から「マルクス主義と文芸批評を融合する試み」を展開し、イギリスの左翼知識人の象徴的存在として、ホールの文化研究のみならず、サイード、イーグルトンの批評活動、音楽社会学のサイモン・フリス、ニュース・メディア研究のジョン・エルドリッジらに圧倒的な影響を与えてきたのがレイモンド・ウィリアムズである。一九五〇年代から六〇年代にかけて『ユニヴァーシティ・アンド・レフト・レヴュー』、そして後の『ニュー・レフト・レヴュー』に集った比較的若い世代にとって、レイモンド・ウィリアムズの文化論は、全てを経済システムの原則で説明するドグマ化したマルクス主義を克服するための象徴的な言説だった。ウィリアムズの文化概念を系譜的に追うことは、ホールにおける〝文化〟を導く補助線となるであろう。

ウィリアムズは文化の分析について以下のように述べている。

文化の理論を、生活様式全体の中にある様々な諸要素の間の関係の仕方の研究と定義したい。文化の分析は、この様々な関係の複合体である組織の性格を見つけだそうとする試みである。個々の作品や制度の分析は、個々の作品や制度の本質的な組織のあり方、全体としての組織の部分として持っている関係のあり方の分析である。▼13

さらにウィリアムズは、文化を、理想、記録（ドキュメント）、社会生活の様式という三つに類型可能な実践の総体と考えた。ウィリアムズが「伝統」と呼ぶ、社会経済および政治状況によって歴史的に選択され、維持され、継承されてきた意味と価値の「共有」のパターンは、それぞれのパターンが複雑に関係を取り結ぶことによって、ある社会の「感情の構造（structure of feeling）」を表象する。ウィリアムズにとってこの「感情の構造」を読みとり、批判的に解釈することが文化の研究である。個々の文芸作品（実際ウィリアムズは「感情の構造」をほとんど小説を題材にして説明しているのだが）を解釈する際にも、文化を内的に類型化することによって、「生きられた文化」の分析を社会分析に連接させることができるというのがウィリアムズの主張であった。芸術の特権を否定し、文化を「日常的なもの」に拡大するということを方法論的に確立したという点で、ウィリアムズはホガートの問題設定を先に進めたと言える。

ホールは、文化が「他の実践から外化されて分析されることはありえない」ことを方法論的に指摘した点でウィリアムズを評価する一方、「生活様式」の強調は文化を政治的に無化された「人類学的な」定義に戻してしまうおそれがあるとし、さらに「共有」を前提とするあらゆる実践間の相互作用から導き出される「感情の構造」という概念は、階級、エスニシティ、ジェンダーなどの社会的境界を、特定の時代の特定の場所の文化という総体に融解させ、なぜ特定の境界が弁別化されるのかという意味での決定の問題を隠蔽するおそれがあるとして批判している。[14]

ウィリアムズの文化論のキーワードである「共有」は、同じくマルクス主義の内部で独自の文化分析の手法を確立したエドワード・トムソンとの比較によっていっそう明らかになる。トムソンによれば、文化は階級形成という歴史的現象と不可分である。「社会的文化的構成」としての階級は、「対立する利害に対する共通の自覚的な意識の形成」によって編成されるものであった。[15] トムソンの言説には、近代資本制に対する「抵抗の側面」としての「ポピュラー・カルチャー」の生成過程を、現代の労働者階級の意識、すなわち文化に連動させようという方向性があることは見逃せない。それはエリート主義的な文化観に対する抵抗はもちろん、時代と社会という自明視された時間と空間の意識に生活様式をあてはめてしまうウィリアムズの視点にも異議を唱えていたのである。

トムソンが主張したのは文化の歴史的種差性、その単一ではない多元的な定義——cultures でありCulture ではない——、とりわけ複数の文化間の必然的闘争、緊張関係と競合、階級文化、階級構成、階級闘争との連携であった。文化は「生活様式」ではなく「生活の様々な様式間の闘争」となる。[16] 支配的な文化に回収不能な別の文化が常に存在しているということ、それをトムソンは、一九世紀前半のラッダイト運動の時代を中心に、近代社会が資本主義の論理を中心にシステム化されていくに従って消滅していく民衆生活の独自の実践様式を指摘することによって、歴史の表舞台に出そうとしたのである。「モラル・エコノミー」という問題設定はこうした構えの具象化である。

しかし「文化様式間の闘争」を理論化する企ては、後にウィリアムズ自身によって請け負われることになった。ウィリアムズは、理想、記録、社会生活の様式といういわば水平的な文化類型から、支配文化とその外部としての被支配文化という垂直的な類型に移行していく。支配文化の外部はさらに二つに区別化される。第一に、支配文化の状況においては「立証も表現も不可能な経験、意味、価値の総体」として表される「残余文化（residual cultures）」、第二に「新たに創造される経験、意味、価値、意味生成」としての

「創発文化（emergent cultures）」である。しかし「創発文化」の実践は、特定のヘゲモニーの下で文化的エンクレーブ（飛び地）として取り残され、顕在的な対抗文化とはなりえない。その結果特定の支配文化が再生産されることになる。[17]

このように見てくると、トムソンから読みとれる文化の複数性は、ウィリアムズにおいてはむしろ文化の「重層性」として概念化されたという方が適切であろう。特定の時代の特定の社会空間における文化のあり方を規定する実践の形態を、ウィリアムズは「共有」に、トムソンは「闘争」に求めた。もちろん「文化主義」の政治的構えが、経済還元論と階級本質主義に対する異議申し立てであったことは評価されるにしても、両者とも、「共有」と「闘争」の行為主体の実践、すなわち主体の「生きられた経験」を全体的で不可分な文化の表象としてとらえていたことは否定できないだろう。この「生きられた経験」の重視は、トムソンがアルチュセールによる「審問」の概念、主体形成とイデオロギーとの関係の説明を、「主体と構造との急速な二項対立理論」として批判する論考の中で展開した論理に明白である。

還元主義は、政治的・歴史的出来事が行為主体の階級関係という点から説明される、歴史的論理における過失である利害と信念との関係性は、……人々自身を通じて構築されるものである。[18]

トムソンにとっては、政治、経済、イデオロギーの三審級の相対的自律性と社会編成の過剰決定性を述べたアルチュセールもまた、構造への「経験」の還元という意味で「還元主義」なのである。一見違うように見えるウィリアムズとトムソンの文化概念は、主体的な経験のユートピア的な希求、すなわち文化的実践の全体化という点で一致を見る。

具体的には、第一に、土台／上部構造の比喩はなんら変形されず、土台と上部構造の枠組みを維持したままその間の相互浸透性が指摘されるのみである。ウィリアムズが社会的実践を全て文化へと全体的に収斂させ、ある意味では最終審級における文化決定論に陥ったと同時に、トムソンは「生きられ」「経験された事実」を出発点として、あらゆる生産様式を文化様式に、階級闘争を文化様式間の闘争に置き換えている。

第二に、両者ともに「経験」は存在意識との必然的な照応関係の結果「生きられた」形で表象されるものであり、特定のヘゲモニー状況の下で存在と意識との間にズレが見られるとき、そのズレはイデオロギー、言説、実践を本質論的な連鎖の中に実体化してしまう。つまり、真の「経験」とは本来今の「経験」とは違うもののはずだが、ヘゲモニー状況のために歪曲されて表象されているのだ、というように。支配、残余、創発という類型に見られるように、様々な文化的実践が混在しているにもかかわらず、ある特定の時代と特定の空間における文化様式に支配されている環境の下では、主体的実践としての経験は不可能となる。イデオロギーを「意味、価値、信念が定式化され、発現されるシステム」と定義するウィリアムズの論理に従えば、この本質的な「経験」を疎外しているのは他ならぬ虚偽意識としてのイデオロギーということになってしまう。[19]

では、「経験」を生成する力そのものはどのように説明されるのだろうか。簡単にまとめるならば、ウィリアムズとトムソンは、文化を土台――上部構造の比喩から相対的に自律した実践として説明しようと試みた。にもかかわらず、「自律性」の強調が結局は文化の特権化／外化を導き、他の実践との分節化のメカニズムを解明できなかったのはなぜか。彼らにとって文化とはテクストとしての対象に留まったままだったのか。その対象とは実際のところ何を意味していたのか。そもそも対象化という実践はいかなる言説戦略を内包しているのか。ホールと「文化主義」との系譜は、このような問題設定に対する漸進的な取り組みを視野に入れることで分節化することができる。分節化の第一段階をイデオロギーの再概念化として、第二段階をイデオロギーが生成するヘゲモニーとの「折衝」的実践の分析として設定し、この問題を考察してみたい。もちろんこの段階設定/断片化は、全く別の読解の仕方を生成するための戦略的な介入であることを明記しておかなくてはならない。

3. 意味生成の場としての文化――ホールによる文化概念の再編成

(1)イデオロギーの再概念化

ホールがレヴィ=ストロースによって展開された「脱中心化された主体」という概念を取り入れたのは、「経験」という実践をあくまでも政治的なカテゴリーとして提示するためであった。つまり、「経験」とは、その生成原理が主体に還元されるものではなく、イデオロギーによって文化の可能域が展開されるような場として考えられるのである。もちろんホールのこうしたアプローチでは、イデオロギー概念は異なった意味を与えられている。それは資本主義的生産様式の下で被支配階級に現実の社会関係を見させないための言説を再生産する虚偽意識ではない[20]。そうではなく、「経験」を主体にとって「意味あるもの」として編成し、文化に主体を配置する――アイデンティティの位置を定める――ために不可欠なものとして、イデオロギーは機能しているのである。

イデオロギーを生成的なものとして再概念化するこの企てには、それまでのイデオロギー概念への批判と同時に、イデオロギーそのものの対象化の方法に対する批判も含意されていることを見逃してはならない。

どんな社会的実践も、記号の領域——意味作用実践（signifying practice）の領域——の外部にはあり得ない。これは必然的に二つの立場の変容を要請する。一つは伝統的マルクス主義の物質／観念、土台／上部構造という対立図式、もう一つは社会的実践の総体の中でイデオロギーを孤立させて論じる立場である。[21]

ホールはここで、イデオロギーは経済的な力関係をそのまま反映するものだとするアプローチと、テクスト内在的な読解に閉じこもるアプローチを批判しつつ、第三のアプローチを展開しようとしている。それは言説の領域でイデオロギー作用を読みとるという方法である。この点を確認してみよう。

すでに「イデオロギーの再発見」と題された現代文化研究のマニフェスト的論文の中で、ホールは、現代の資本主義的社会の文化の中で主体に文化的位置取り《ポジショニング》を与えること、すなわちアイデンティフィケーションとは、特定の「イデオロギー的閉止」の言説的効果であり、そこには常にすでに閉止され得ない残余を「不在」として「共示」するメカニズムが働いていることを指摘していた。[22] このメカニズムを指摘し、それに介入することが「イデオロギーの再発見」なのである。このホールのイデオロギー論がアルチュセールの問題設定を奪用《アプロプリエーション》しているのは確かである。しかし、これもまたラカンの「誤読」の産物である「審問」概念では、イデオロギーによって可能となる表象が、あらかじめ支配的に付与された意味の再現ではなく、積極的な生成的実践形態であることが説明できない。言説イデオロギーにからめ取られたままで主体が自己を認識し、その「作者」として発話できるのはなぜなのか。「世界について妥当とみなされるものと真実とみなされるものとの間に妥当性のシステムを形成」し、知と言説の内部で自己の観察者＝発話者が創出されるのはいかなる言説戦略によるのか。[23] このような問題群は、イデオロギーを、何かを覆い隠し別の何かを想像させる観念のからくりと考える限り説明できない、とホールは述べる。

　言説の独立した編成（もしくは言説の規則性を通じて作用するイデオロギー編成）は、自らの知識の対象と自らの主体を形成する。その対象と主体は、自らの諸概念のレパートリーを持ち、自らの論理で動き、何が真実かということに対する自らの解釈様式を構築し、自らの真実の機構《レジーム》の中で虚偽を排除するのである。[24]

この「真実の機構」が張り巡らされている言説空間では、何が虚偽で何が「真実」かという問いは無意味なものにならざるをえない。むしろ、このレジームが意味の妥当性を可能にしていく力の作用を見届けることが重要なのである。

　このレジーム自体も、内的に一貫した充足性を与えられるものではない。ポストコロニアル理論家の陳光興とのインタヴューで明らかにされているように、また「イデオロギーの再発見」においてすでに指摘されているように、ホールはバフチンの「多方向アクセント」という概念に依拠しイデオロギーを再解釈する。それは意味するものと意味されるものとの関係は本来的に非決定であり、組み替えの契機を常にはらんでいるという記号生成の論理である。

ここで提示される分析は、階級はそれぞれ自らの、固定化された、典型的なイデオロギーを持っているという考え方に異議を申し立て、イデオロギー闘争とは、完全に構成済みの自己充足的な「世界観」の衝突だという考え方に異議を申し立てようということだ。私はそうではなくて、イデオロギーの言説的概念を適用したい。つまりイデオロギーは（言語のように）諸要素の分節化という点から概念化されるのである。[25]

イデオロギーは論理的に同質でも構成的でもなく、同時にまた、「主体」を政治的に配置したり、統合された構造の「奴隷」を作り上げる力を持つのでもない。イデオロギー作用というのは「常に進行中（in process）」なのだ。[26]この点に気づくことのない教条的マルクス主義に対するホールの批判には手厳しいものがある。

（左翼の、もしくはマルクス主義の）再考と再編に関して、私の立場はしばしばペシミズムだと評されてきた。ある意味ではそうである。しかしそれが不可能であり、かつユートピア的だということではなくて、左翼が旧来の方法ではやっていけないということを納得していないことが問題なのだ。前衛と称する人の多くは、政治戦略のヘゲモニックな概念も歴史的な転換点に来ているという感覚も持ち合わせてはいない。彼らは達成されてしまったきわめて有意義なものを守るのには長けている。しかし自らを社会や文明を再形成する勢力とみなす力はない。矛盾するようだが、「歴史と変革の党」は、歴史の運動によって麻痺させられ、変革にたまげているようだ。[27]

『ニュー・レフト・レヴュー』以来、一貫して教条的マルクス主義を批判してきたホールが、改めて左翼の政治的潜勢力を強調するのは、一九七〇年代後半からの労働党政権の行き詰まりと保守党の巻き返しに直面してからである。それまであまりにも使いふるされ、過剰な意味を施されていたイデオロギー概念と言説とを分節化する試みは、実際的な政治状況に対する介入と不可分な関係にあることを確認しておかねばならないだろう。

つまり、ここで強調されなければならないのは、サッチャリズムが巻き起こした新保守主義の言説戦略との闘争は、ホールだけではなく、同時代の文化分析を解読していくためには絶対不可欠の次元であるということだ。すでに引用した文章の副題に「理論家たちの中のサッチャリズム」とあるように、イデオロギーの言説的概念が提示された政治的条件として、サッチャリズム下での新たな政治主体の生成に関する考察は欠かすことができない。

ホールにとって一九七九年のサッチャー政権誕生は、従来の教条的左翼の言説では全く説明できないものであった。ホールによれば、物質的生産諸関係への強制的な動員ではなく、従来の社会的境界では分節化されることのない旧来の保守的テーマ（国家、国民、家族といった伝統的カテゴリー）とネオ・リベラリズム的言説（反労働党キャンペーンとしての反集産主義的言説）との分節化――「権威主義的ポピュリズム」――が、サッチャー政権を支持する新たな主体を生み出したイデオロギー編成として把握されなければならない。[28]ホールが強調するのは、「権威主義的ポピュリズム」という言説編成が、すでに労働党政権期からの軌跡に則っていたということだ。ホールの説明によれば、サッチャリズムの下で「階級に人民を、生産者に消費者を、労働者のセクト主義に国益を、暴力的なサンディカリズム（組合主義）に生活基盤としての家族という表象を」一つ一つ対置することによって、政府を調整役とする、階級的な個別利害からより「一般化」された利害を前面に押し出す政策が推進された[29]。そして増加する移民、一向に減少しない失業率などが複合的に組み合わされた「モラル・パニック」という言説のキャンペーンが、「民衆からの社会の規律化要求」という名の下に力を持ったのは、ネオ・リベラリズムに則る合理化によって経営難を打開しつつあったタブロイド紙という「ポピュラー・メディアの言説による意味作用の結果」であったことも見逃せない[30]。

このようにサッチャリズムという権威主義的体制は、組合、労働者階級、移民といった「内部の敵（enemy within）」を創出し攻撃することによって、イングランドの「国民／民族アイデンティティ」を下からの要求によって凝集し復権させようというポピュリズムの形態をとったプロジェクトであった[31]。それはきわめてイデオロギー的な現象であり、それゆえにイデオロギー実践自体の説明のための理論を用意する必要があったのである。

サッチャリズムとは、既存の社会体制の危機状況に対する複数の勢力のせめぎ合いの結果立ち現れた言説の総体であった。つまり、サッチャリズムのヘゲモニーの可能域は、民主主義という既成価値を新たな妥当性を付与された言説編成へと置換していこうとする、左右両側からの積極的なイデオロギー的働きかけによって生み出され、変容させられ、いずれまた危機の状況に陥っていく「有機的」領域なのである。政治思想家のシャンタル・ムフは、この「危機」においてヘゲモニーを求める複数のイデオロギーの対立を「民主主義的な抗争性（antagonism）」として概念化する[32]。民主主義を奪用《アプロプリエーション》しようとする「多方向」な言説編成間の闘争を意味する「抗争性」からは、セクシュアリティやジェンダーもまた無縁ではない。例えば、移民に対する論理と同様に、「男性の失業は女性が仕事を持つようになったため生じた」というように。この「抗争性」の持つ「多方向性」は、民主主義が反動右翼の言説戦略に分節化される可能性を否定するものではない。むしろサッチャリズムは、代議制民主主義に積極的に意味付与しながら支持基盤を確立したという点で、この分節化の成功を示したと言える。

それに対して、有効な政治勢力のみならず、旧来の説明原理を脱しきれなかった左翼の実践を根本的に批判し、イデオロギー論を再構成することがホールの主眼だったのである。

⑵文化における折衝的実践（negotiating practice）

繰り返しになるが、言説イデオロギーという概念の特徴は、イデオロギーの質的一貫性を認めないというところにある。イデオロギーは常にすでに複数のせめぎ合いのさなかにあって意味を生成しているのである。そのせめぎ合いは、イデオロギー領域を解読するという共時的な実践によって生産され付与される意味の連鎖を、文化を生成する肯定的／積極的な力へと分節化していこうとする営みと、相補的かつ不可逆的関係にある。つまりどちらが欠けても双方のダイナミズムは作動しないし、意味の変遷をたどっていけば特定のイデオロギーにたどり着くことができるというわけでもない。イデオロギー効果としての意味の決定は、古典的なメタファーを使うならば、意味されるものに分節化されうる意味するものの他の部分――過剰の部分――を「共示」し、過剰な部分が「不在」であるがゆえに特定の意味が表象されるメカニズムとして説明される。[▼33] もちろん表象は他の意味（文化と言い換えてもいい）を排除する全体化作用だということもできる。

このような表象のメカニズムを解読するための方法として、「エンコーディング／ディコーディング」のモデルがある。このモデルは当初、テレビメッセージの読解様式が、社会的な力作用によって多層化されていることを示す言説分析を進めるための方法として受け入れられた。このモデルは、受動的な大衆概念を批判し、テレビのメッセージを積極的政治的に読み換えていく視聴者の実践を豊富なエスノグラフィ調査によって解釈する、アクティヴ・オーディエンス論に大きな影響を与えた。そこでは、意味を付与するコード化のパターンが三つ想定されていた。すなわち、ヘゲモニーに逆わらぬよう支配的な意味を優先的に付与する「支配」コード、反ヘゲモニーの構えが顕在化され全く異なった意味を付与する「対抗」コード、そして優先的な解釈に対して一方で「対抗性」を、他方で「適合性」を「特殊状況的論理」によって使い分ける「折衝」コードである。

第三の「折衝」コードについて、いささか使いふるされた事例だが、「労働者たちのストライキによってイングランド経済が停滞している」という報道メッセージを考えてみよう。ここには本来あるべき経済活動が妨げられているという意味が読みとられ、この意味が妥当性を得るためには、資本主義の総体的な言説が「常識」として受け取られているという前提がなければならない。職場や組合では同僚たちとの会話の中で報道のメッセージを否定的に解釈する一方で、家庭や街角では、生活状況の悪化を憂いて経済の好転を願う。後者の状況では、経済と国益という「常識」の言説が優先的に解釈されている。

ところが重要なのは、「支配」的解釈も「対抗」的解釈も、あらかじめ定められたアイデンティティを持つ主体が、固定化された意味をそのままメッセージに自由に当てはめる実践を示すのではないということである。言説イデオロギーの理論においては、ヘゲモニーもまた不断の刷新を必要とするのであり、そこでは無条件に本質的な「啓蒙的主体」は意味そのものを生成できないということになる。[34] 実践の矛盾とせめぎ合いは、全ての実践そのものに可能域を与えるのであるから、「支配」コードと「対抗」コードは、表象されたイデオロギー効果としてのみ類型化できるものとなるのではないか。逆にもしもこれら二つの実践を前提視してしまうと、一方では支配構造の絶対化／本質化に、他方では下からの抵抗を無批判に設定するロマン主義的ポピュリズムのトラップにはまることになるだろう。意味作用実践とは、常にすでにヘゲモニーとの「折衝」的実践なのである。

ところで、文化の政治性が、意味作用実践によるアイデンティティ位置の分節化をめぐる言説戦略として理解されるならば、このモデルがマス・コミュニケーション研究を越えたところに射程を置いていたことは明白であろう。記号と意味は必然的に照応するものではなく、その関係には常にズレと差異の可能性が内包されている。もし支配的な意味の読みとり（優先的読解）とその解釈様式の固定化（コード化）に基づく支配文化が想定されているとしても、それに対する「誤解＝誤認（mis-recognition）」の可能性は常に残る。[35] ホールの言説分析の光はここに当てられるのだ。ホールは、このような特定の意味の可能域に対する合意を獲得しようとする実践間の「折衝」を「意味作用の政治学」と呼んでいる。[36]

ホールにおいて「意味作用の政治学」と文化の理論的関係は明白である。優先的で妥当な意味の表象としての「常識」は、大文字の文化（Culture）として表象される諸実践／諸過程の内部に、「不在」の諸文化（大文字の文化によっての他者性）を自らへの接近可能性に基づいて階層化する。つまり、常に既存の文化の中で「経験」しなければならない諸個人は、大文字の文化との示差的な距離を基準にして自己の位置性《ポジショナリティ》を「経験」するのである。この位置性《ポジショナリティ》は、人種、エスニシティ、ジェンダー、階級などの諸々の社会的境界の、大文字の文化との距離という点からみた相対的な有利／不利に応じて設定される。

例えば、労働者階級の子どもたちがとる反学校的な態度や、特定の若者集団が、その内部でのみ通用する社会的儀式によって社会への反抗を示すことが、差異と境界を際だたせるぶんだけ、支配的な文化に接近しそれを浸食することができないということは、ウィリスの『ハマータウンの野郎ども』とヘブディッジの『サブ・カルチャー』の中でもはっきりと描かれている。[37]

支配文化に反抗すること、すなわち対抗文化《カウンター・カルチャー》の実践は、「常識」に距離をとるということだ。しかし距離をとればとるほどヘゲモニーは浸食されず、「優先的意味」が保存され、ある種の支配的言説が再生産されるという皮肉な結果を招いてしまう。[38]

しかし強調しておくならば、我々の「常識」もまた他の「常識」との示差的な関係性に基づく言説として全体化されている表象にすぎない。とすれば、文化の言説分析そのものも、積極的な介入という言説戦略を採らなければ「常識」のパラダイムに吸収されてしまうということになる。

文化において我々は、最も根底的な高度にイデオロギー的な構造の支配、すなわち常識の、「自明の」状態にいる。意味とは表象のシステムの生産物だという事態を見失うと、我々は自然の中にではなく自然化された幻想の中に、つまりイデオロギーの深みにはまる。結局我々がイデオロギーを経験と対比し、また幻想を美的真実と対比してしまうと、その文化的イデオロギー的カテゴリーの外部の、ある特殊な社会的現実的諸関係を検証する方法などないということに気づかないのだ。[39]

このように、支配文化の内部に閉ざされたイデオロギー作用を前にして、文化分析には次のステップへ進むことが要請されている。つまり、支配文化とは本当に閉ざされているのか、言い換えれば、文化分析は大文字の文化の支配性を同質的な全体としてしかとらえられない方法論にとらわれてはいないか、という問いかけが必要なのである。

メディア・オーディエンス研究の中で「エンコーディング／ディコーディング」モデルが様々に応用されていくにしたがい、ホールはこのモデルにあまり言及しなくなる。もちろんこのモデルをあまりにも単純な理念型として批判することはできる。しかしむしろ、文化の多層性や「ハイブリディティ」が主題となり、グローバライゼーションとローカライゼーションのせめぎ合いの中で複数の文化間の「文化的翻訳」が、それらの「通約不能性」を含めて議論される状況では、意味を生成し文化を生み出す「折衝」的実践の豊穣性を生産的に解釈していくことが肝要であろう。▼[40] このように整理してみると、ホールの文化概念は、常なる「折衝」の言説空間として定義できるだろう。

4. 文化的アイデンティティの政治

複数の言説イデオロギーの「折衝」によって生成され、特定の意味に分節化されるアイデンティティは、その生成のための構成的他者との関係性を固定化してしまうのではない、相互否定性＝「抗争性」による差異の産物である。さらには、近代性《モダニティ》の言説の中で統一化されたものとして位置性《ポジショナリティ》を与えられてきた諸々の文化的アイデンティティは、近代における優先的意味である国民／民族文化として、その「他者」たる複数の「不在」の文化を取り込みながら全体化され表象された、意味のシステムの生産物と考えられる。この「不在」の文化、「不在」でありつつ近代の国民／民族文化の内部に現前する文化、そして他方で複数の不在の現前によって「想像」されてきた国民／民族文化と文化的アイデンティティこそ、ホールにとってポストコロニアルの理論的実践における主題となる。

ホールにおいてポストコロニアルの言説は、ポストモダン思想流行の後に現れた「新たな」パラダイムでも、批評の「新たに構成された」方法論でもない。それは対象の様相であると同時に、それを通してしか見えてこない対象を語る言説戦略であり、文化分析の系譜にすでに刻印されていた問題なのである。

ウィリアムズが「モダニズムとはいつだったのか」[41]の中で、「それ（モダニズム）を乗り越えるものは何もない。なぜなら今ここがモダニズムだからだ」と述べているのを十分意識しながら、ホールは「ポストコロニアルとはいつだったのか――境界において考える」において、「ポスト」という接頭辞が「なにかの撤廃や消滅ではなく増殖によって導かれる」ものだと述べている。[42]

「主体」と「アイデンティティ」は、一貫した本質主義的な形式に根元的に浸食されてしまったことによって、それらの脱中心化された形態が新たな言説的位置性《ポジショナリティーズ》を取るのではないか、というわれわれの突飛このうえない期待を通り越して増殖してしまった唯一の概念なのだ。[43]

アイデンティティは増殖する。しかし増殖の結果生じるのは、永続的に浮遊するアイデンティティなるものの戯れではない。アイデンティティは常に増殖しながら、なおかつどこかに位置づけられなければ、「発話の位置」そのものを失なってしまう。同時に、アイデンティティと文化とは必然的な対応関係にはないこともすでに明らかだ。権力という概念を分散させることによって、同時にそれを散逸させてしまう「差異のユートピア」に陥らぬよう、「過剰決定と差異、凝集と散種という鎖の両端」を同時に視野に入れておかなければならないのである。[44]

決して統一されることはないにもかかわらず、近代性《モダニティ》の言説戦略の中では「統一化されたものとしてのみ表象されていた」文化的アイデンティティは、生成的な「新たなアイデンティティ」の政治的認識を武器に、モダニズムという全体化の論理の中に潜む部分／断片を介入的に再編成するホールのプロジェクトの中心課題となっている。白人社会への対抗的言説主体としての黒人という表象が、いつのまにか政治性をはぎ取られて「イノセントな」文化的偶像として意味付与されてしまったのは、移民であり黒人であり下層階級であるというエスニシティとアイデンティティが、モダニズムの論理から同時並行的に引き出されていたためであった。[45] 支配文化もサブ・スタンダードな文化も、同時に「ハイブリッド」な要素からなる常に組み替えられ翻訳されていく言説編成なのだ、ということを見逃してしまうと、いかなるアイデンティティもモダニズムの柔軟な論理の中に固定化された位置性《ポジショナリティ》を与えられてしまうのだ。

したがって、「ハイブリディティ」というキーワードも、ただの多元主義の相対主義の言説として解釈されかねない危険性を十分意識した概念であることを確認しておかねばなるまい。

> 「ハイブリディティ」という概念は、古い国際主義者のグランド・ナラティヴとも、そこではどんな境界も交差することのない旧い様式の多元主義の皮相さとも、グローバルな同質化の、ポストモダンで極端に単純なバージョンとしてのはやりのノマド的な航海、つまり次々と入れ替わる取るに足らないもの、もしくは差異を生成しない差異とも全く異なるものだ。[46]

「ハイブリディティ」という言葉に顕著なポストコロニアルの言説の問題設定は、すでにニューレフトの中でホールが与えられていた位置性《ポジショナリティ》から読みとることができる。そこにすでに潜んでいた「ポストコロニアル」の問題、決して時間的なものでも最新の思想でもない「差異の政治」をホールがどのように意味化し問題化しているかを確認する必要があるだろう。

ホールが語るところでは、ニューレフトの形成は植民地諸国から来た留学生、しかし決して支配的なイギリス左翼の位置を占めることができなかった知識人の運動を必要とした。伝統的なイギリス左翼の体質（ホールはトムソンの名を挙げているが）と自分と同じように西インド諸島諸国からやってきた反植民地主義の留学生との間には、イギリスの政治状況といわゆる労働者階級との「折衝」の仕方に大きな隔たりがあったのである。ホールはそこに「文化的質」の違いを感じ、左翼の政治的構えに従うのではなく、それを奪用《アプロプリエーション》しようと試みた。

ウィリアムズが伝統的左翼としてではなくニューレフトにおける「媒介者」となり得たのは、「白人男性労働者階級」という過剰な意味を付与されてきた象徴、言い換えればステレオ・タイプにしかなり得ない境界に自己の起源を設定する一方で、イングランドにとっての他者としてのウェールズとその文化的伝統にアイデンティティの起源を設定したからである。そしてケンブリッジという、自分が本来いるべき所ではない別の場へ移動したウィリアムズは、アイデンティティというものが構成的なものであること、そして常に政治的な中心と周縁の階層的関係の流動の中で構成されることを十分理解していた。

例えば一九七〇年代以降増加してきた「外見の異なる」移民労働者に対する白人労働者の人種差別的言説に対する反論として、「それでも彼らはあなた方と同じイギリス人でしょう」という「標準的なリベラルな答え」がなされたとする。これに対してウィリアムズは以下のようにコメントしている。

> （こうした回答は）何が英国民かということの純粋に法的な定義を用いることでしかない。社会的アイデンティティの諸問題が法的な公的定義によって解決されると考えるのは、全ての社会関係が問題となっている場合の深刻な誤解である。というのは、……社会的アイデンティティの実際の意識は、現実的で限定された関係しだいだからだ。社会的アイデンティティを国家レベルでの公的な定義に還元

してしまうことは、「国民」という疎外された表層と共謀することと同じである。……すなわちそれは近代世界の支配階級の限定的な機能的用語である。[47]

人種差別は法的用語の問題ではなく、「生きられ形式化される社会的アイデンティティ」の差異の問題なのだとウィリアムズは主張する。しかしそれは「近代支配階級の限定的な機能的用語」として説明されるのだろうか。確かに社会的アイデンティティを公式的法的定義に還元することができないのは当然である。しかし、それを単に〝支配階級の機能的文脈〟に帰するのも「重大な判断ミス」を犯すことになる。[48] 例えば黒人女性がコミュニティに正当な社会保障を適用してもらおうと請願していたり、英国在住のアジア人家族がヒースロー空港の入国審査で係官の詰問を受けているとしたら、「法的な公的定義」は根本的な問題である。ところがともに制度的には問題ないと判断された場合でも、文化的な同化を認められたということにはならない。それどころか、そのような「同化」はそもそも近代のアイデンティティの言説にはあり得ないものだ。

ポール・ギルロイは、「文化的人種差別」という言葉を使って、ウィリアムズが従来の左翼知識人と同じく、国民＝民族と人種の共謀関係に一切注意を払っていないと指摘する。「黒人」とは人種の階層の下位のものとして位置づけられてきただけではない。それは国民／民族アイデンティティと深く結びつき、結びつくことによって、国民／民族アイデンティティの代補としてのそのフィクショナルな力を明らかなものにしようという視点をぼかしたのである。[49]

とすれば、ウィリアムズのいう「生活様式全体」という文化概念、「諸要素間の関係の分析」という文化分析の方法は当初から見えない難点を含んでいたということになりはしないだろうか。それは「誰の様式なのか」「誰の生活なのか」「一つの様式なのか、それとも複数なのか」。無意識の理論イデオロギーの作用として、ウィリアムズは「生活様式全体」をまさに文化として全体化してしまったのだ。その結果、実践そのものが文化に因果的に回収されてしまうのである。[50]「近代世界では、生活様式の全体を検証すればするほどそれらはより分散化され、類似型と差異の複雑な複合によってより切り貼りされているように見えるのではないか」とホールは問いかける。[51]文化は構造的な「折衝」の効果として表象されてしまってきた。しかしそれは他の実践との因果関係に必然的に組み込まれるのではなく、常に何ものにも還元されず「折衝」を続けるという特殊性を持つ実践なのである。諸個人は、この「折衝」によって近代の言説空間の内部で「経験」を生み出してきた。

あらゆる種類の、そしてあらゆる条件の下に暮らす近代の人間は、一つの生存条件として、同時にいくつかの重複する「想像の共同体」の構成員であったように思われる。そしてこのような複雑な境界の間で、そしてそれらを交差して行われる「折衝」は近代性《モダニティ》そのものの特質なのである。[52]

冷戦というフィクションの構造が崩壊した後に顕在化されてきた世界各地の「エスニック絶対主義」は、アイデンティティの表象そのものが「折衝」の過程であることを隠蔽する、国民／民族アイデンティティの「イデオロギー的閉止」の適用であって、差異の政治を生きることを拒絶している。そこには「文化的翻訳」が別の言説編成としての文化を生み出す余地は立ち現れてこない。ホールにとってこのような実践は「後期近代における退行」なのだ。[53]

5. おわりに――「新たな政治」の領域

例えば白人イングランド人として、またはジャマイカ移民として主体位置が固定化され、アイデンティティが獲得されたように見えるとき――文化とアイデンティティが必然的に対応しているように見えるとき――、「自己」はある種の「フィクション」としてある。[54] 自己同質性を強要する共同体、例えば国民、エスニシティ、家族、ジェンダーが文化の絶対的なあり方として語られる場合、そこにはホールが「恣意的な閉止」と呼ぶ言説編成が有効に作用している。さらにはそれらを前提とした政治活動（運動であれ、政党であれ）も暫定的で部分的で恣意的なものにならざるをえない。このことを認めなければ、示差的関係のみを通じて編成されるアイデンティティを認めていくこともできない。

いわゆる脱構築《ディコンストラクション》や脱中心化という言説群がモダニズムの語彙をただの空虚な外枠におとしめてしまい、あらゆる概念の拘束性および生成性を認めない反本質主義に向かったことは、ホールからみて全く有効な戦略とはなり得なかった。

文化が政治的構成の産物であるという観点から、文化レベルからの社会変革を遂行しようとした「文化主義」もまた、国民やエスニシティ、もちろんジェンダーまでも「恣意的な閉止」という関係的、構成的概念であるという地点には達していた。しかし、その「閉止」もまた本質的なものではなく「フィクショナルなもの」として常に刷新され、「政治」として全体化されることを目指すある種のプロジェクトとして読み換えられる必要をホールは主張している。

すでに指摘したように、ホールにとってこのプロジェクトは、『ニュー・レフト・レヴュー』への参加の時代から始まっていたと考えられる。それが、伝統的なイングランド左翼との「文化的質の違い」を感じざるをえなかった移民の知識人たちの活動、つまりディアスポラの実践である。今や、国民／民族文化の言説編成に不可欠な現前となってきた複数の「不在」は「ディアスポラ」のアイデンティティとして再概念化されるのだ。▼55

「ディアスポラ」は外圧によって故郷を喪失した民族——ユダヤの民であれパレスチナ人であれ——の離散の状態を示す言葉として使われてきた。しかしホールにおける「ディアスポラ」アイデンティティとは、離散と分裂の共通の記憶を復活させて再構成し、旧植民地やいわゆる第三世界や周縁諸国に起源を設定して、いずれそこへ帰ることを最終目標とする主体の文化的アイデンティティを意味するものではない。このようなアイデンティティの捉え方は、植民地支配に対する抵抗の基盤としては一定の有効性を持つものとも考えられるが、こうしたアイデンティティの起源探しそのものが、植民地的な言説編成の内部で、宗主国との支配と従属の関係の図式の上でのみ可能なことになるというパラドクスに陥ってしまう。「ディアスポラ」のアイデンティティとは、元来「あるもの」の再生だけを意味するのではなく、過去との「折衝的」語りによって位置性《ポジショナリティ》を与えられ、必然的な差異を通じて「ディアスポラ」と「なるもの」なのである。▼56

ホールはイングランドに暮らす黒人・カリブ移民の「ディアスポラ」アイデンティティを、アフリカ的、ヨーロッパ的、アメリカ的という差異化された三つの「不在」の現前によって表象可能となる言説編成として説明している。回帰すべき場所としてのアフリカから導き出されたものとしての、例えば「ジャマイカ人らしさ」を具体的に表象する、奴隷制の記憶、ラスタファリアニズム、そしてレゲエ。これらは抑圧されていたものの復活ではなく、再創造なのだ。それらは植民地システムの進展の中で生成されたフィクションでしかない。次に、ヨーロッパ人自身が自己を「発見」するための他者として植民地的帝国主義的言説のマトリクスに配置した、黒人という表象がある。植民地のアイデンティティは時間を奪われ、不変の「過去」として、ヨーロッパに対して常に遅れていなくてはならない。数々の旅行記やエキゾチシズムあふれる冒険と探検の文学がこうした表象を可能にしてきた。だが同時に、この現前は、非ヨーロッパ人としてのカリビアンに、自らをヨーロッパ人の他者として「経験」させる知と権力の格子《グリッド》を編成する。黒人・カリブ移民の「ディアスポラ」にとって、アメリカ的現前（ホールはこれを「新世界的現前」と表現するが）は、「旅し流浪しいずれまたどこかに回帰する「移民《エグザイル》」」という表象そのものを意味する。そして「アメリカ」は、混交化、同化、雑種化が可能な「折衝」空間として設定されるのである。カリビアンのアイデンティティは少なくともこれら三つの「不在」の現前が編成する政治的なフィクションなのである。つまり、カリビアン、さらには黒人というカテゴリーも、統一的なものとしては存在しえないのだ。しかしそのフィクションはファンタジーとして政治的に無化されるのではない。それが政治的潜勢力を付与されることが、アイデンティティの必然的な政治性を物語っているのである。▼57

「ディアスポラ」は失われた起源への回帰、始まりを求めるが、それには決して到達できない。この満たされなさ、報われなさが欲望する異質な文化との「折衝」によって促進される文化の混淆性、つまり「ハイブリッド」な文化的ダイナミズムを美術批評家コビーナ・マーサーは「ディアスポラの美学」と呼ぶ。▼58それはヘゲモニーに介入し文化を生成する実践なのだ。しかしだからといって、「ハイブリディティ」は全く新しい文化的実践が必ず立ち上がってくるということを保証しない。その意味ではポストコロニアル文芸批評家のホミ・バーバが「第三の空間」と表現した、既存の社会的境界と資本制の連動に対する新たな文化的抵抗の可能域は、「ディアスポラ」アイデンティティの表象そのものがヘゲモニーへの抵抗力となるわけではないということを見落としているように思われる。[59] 例えば社会学者のアヌープ・ナヤクは、「引っ込み思案」と言われていたパキスタン人の男性が、ジムに通い黒人の「マッチョ」なスポーツマンに自分を近づけることでアイデンティフィケーションしようとしたり、黒人女性の小学校の先生が、同僚よりも一生懸命働くことによって「知的な劣等さ」というステレオタイプを跳ね返す代わりに、教え方に「リズムのある」「ユニークな」先生として「再規定」される様子を描き出している。[60] これらは、「新たな人種のステレオタイプと人種差別の言説」の再編成に他ならない。ナヤクはこう結論する。

> 俺たち（*Us*）と奴等（*Them*）の境界線は、ときにぼやけて見えるけれども、いつも移行し続けている。しかしこの二項対立を破壊するためのハイブリディティの潜勢力は、権力の人種的関係によって、白人優勢の社会の内部に限定されてしまっている。[61]

「ディアスポラ」がアイデンティティのハイブリッドな局面だけを示す用語だとしたら、それは政治的抵抗の源泉とはなりえない。階層化された人種という境界が、より洗練されたステレオタイプを通じて再創造される可能性もあるのだ。

　すでに述べたように、ホールが「ハイブリディティ」という概念に注意を促し、「ディアスポラ」アイデンティティの常に「進行中の」創造性を強調して、反本質論を批判する理由のひとつはここにもある。人種やエスニシティの境界は消滅しないし、既存のヘゲモニーの現実性《リアリティ》から引き離されて語られることもないのである。

　その意味では、ホールが「ディアスポラ」アイデンティティを現代文化の文脈で語るとき、それが常にロンドンにおける黒人やアジア人の映画監督や脚本家によって制作された映画やテレビ番組とそれらの解釈に言及したものであることを見逃すことはできない。[62] アフロ・カリビアンというアイデンティティの形態は、映画を含めた既存の文化装置、つまり「何らかの媒体なしには形成されなかった／されえない文化的発見」なのだ。[63]

我々は、アイデンティティを表象の外側ではなく内側で構成されるものとして理論化を試みている。映画は、すでに存在するものを映し出すために設定された副次的な鏡ではなく、新たな主体としてわれわれを構成し、それによって我々が語る場所を発見できる表象形態なのである。[64]

様々な「ディアスポラ」アイデンティティの表象は、映画、音楽、ダンス、ホップ・アートから、メディア・イベント化されているスポーツまで、現代のポピュラー・カルチャーの表現形態と不可分に結びついているといってもよいだろう。すでに文化は、拡大された意味を付与されているだけではなく、まさにアイデンティティの政治が闘われている場を示す概念となっているのである。

現在、近代という全体化のプロジェクトは、グローバライゼーションという戦略によって文化的実践の交流／交換を加速度的に可能にしてしまっている。労働力や商品の移動だけではなく、メッセージの変換と交換が、現実性《リアリティ》と言説の境界が、恣意的に閉止されたイデオロギー的主体と主体との「折衝」が、それぞれ複雑に絡み合って「文化の政治」を作り出している。そのダイナミズムを検証していくこと、そしてその検証という政治的構えがすでにそのダイナミックなメカニズムに介入する実践となっていること、この点を見落として文化の種別性を強調することはある種の「文化還元論」に逆戻りすることと変わらない。

こうした議論は、もちろん日本の文化論の状況とも無縁ではない。「文化の重層性や多層性を読む」という題目の下に、大文字の文化ではなく小文字の「不在」の現前を読み解いていくことを主張するだけならば、つまりただ小文字の文化を分析するのだというだけならば、すでにそのような「カルチュラル・スタディーズ」は日本にも見ることができる。それはいわゆる日本文化の「ユニークさ」（種別性ではなく）とその柔軟な変容の仕方（雑種性）を肯定的に論じ、結果的に「日本文化」なるものを言説的に編成していき、その一貫性を後付けしている。しかし文化の政治性を明らかにし、「不在」が「不在」であり続けてきたメカニズムを解きほぐすためには、こうした「日本文化論」との政治的差異を積極的に顕在化させていかなければならない。この作業を怠るとき、「カルチュラル・スタディーズ」は、ジェンダー、エスニシティ、またはポストコロニアルなどの流行の諸言説を多用することで成り立つ文化社会学の「新たなフロンティア」の一つとして既存の学術領域に取り込まれ、それを補強する新たな「文化決定論」に成り下がるだけである。「ディアスポラ」宗主国との闘争の歴史を記憶として共有する人々の文化的実践を意味するだけでなく、同質性と一貫性というヘゲモニックな論理から距離を取って現代文化を論じるための概念装置だということを、ここでいま一度強調しなければならない。

マルクス主義との「折衝」を続けてきたホールの文化論は、文化の研究と研究する実践自体が不可分なのだということを視野に入れた、理論的かつ政治的介入の試みを続けてきたといえるだろう。このような「政治的構え」を抜きにして、文化も、ホールの理論も議論の場に乗せることはできないのである。

▼1 一九九六年二月一一日に行われた筆者とのミーティングにおけるホールの発言から。

▼2 スチュアート・ホールの生い立ち、移民としての体験、研究者としての実践の軌跡は、陳光興によるインタヴュー "The Formation of the Diasporic Intellectual: An Interview with Stuart Hall by Kuan-Hsing Chen", in David Morley and Kuan-Hsing Chen eds., *Stuart Hall: Critical Dialogues in Cultural Studies*, Routledge, 1996（「あるディアスポラ的知識人の形成」小笠原博毅訳、『思想』第八五九号、一九九六年一月）を参照。この中でホールは、幼少期に肌の色が他の家族の誰よりも濃かったことを述懐し、彼の姉がそのため自分を家族の一員として認識しなかったと述べている。

▼3 Stuart Hall, "Cultural Studies and It's Theoretical Legacies", in Lawrence Grossberg *et al.* eds., *Cultural Studies*, Routledge, 1992, p. 280.

▼4 Stuart Hall, "Ideology and Communication Theory", in Brenda Dervin *et al.* eds., *Rethinking Communication Vol. 1*, Sage, 1989.

▼5 Stuart Hall, "Encoding/Decoding," in Stuart Hall *et al.* eds., *Culture, Media, Language: Working Papers in Cultural Studies*, Unwin Hyman, 1980.

▼6 Stuart Hall, "Old and New Identities, Old and New Ethnicities", in Anthony D. King ed., *Culture, Globalization and the World System: Contemporary Conditions for the Representation of Identity*, Macmillan, 1991.

▼7 John Storey, *An Introductory Guide to Cultural Theory and Popular Culture*, Harvester Wheatsheaf, 1993, p. 110.

▼8 Stuart Hall, "Notes on Deconstructing the 'Popular'", in Raphael Samuel ed., *People's History and Socialist Theory*, Routledge, 1981, p. 234.

▼9 リチャード・ホガート『読み書き能力の効用』香内三郎訳、晶文社、一九七四年（Richard Hoggart, *The Uses of Literacy*, Chatto and Windus, 1957）。

▼10 同書、一二頁。

▼11 Stuart Hall, "Cultural Studies: Two Paradigms", in Richard Collins *et al.* eds., *Media, Culture and Society: A Critical Reader*, Sage, 1986, p. 19.

▼12 ホガート前掲書、一九三頁。

▼13 レイモンド・ウィリアムズ『長い革命』若松繁信ほか訳、ミネルヴァ書房、一九八三年、四八頁（Raymond Williams, *The Long Revolution*, Chatto and Windus, 1973）。

▼14 Hall, op. cit, p. 30.

▼15 Edward P. Thompson, *The Making of the English Working Class*, Penguin Books, 1991, p. 213 (originally published in 1963). またトムソンのウィリアムズ批判は、Edward P. Thompson, "The Long Revolusion", in *New Left Review* 9 (May/June, 1961) and 10 (July/August, 1961) を参照。

▼16 Stuart Hall, "Cultural Studies and the Centre: Some Problematics and Problems", in Stuart Hall *et al*. eds., *Culture, Media, Language: Working Papers in Cultural Studies*, Unwin Hyman, 1980, pp. 19–20.

▼17 Raymond Williams, *Problems in Materialism and Culture*, New Left Books, 1980, pp. 40–41.

▼18 Edward P. Thompson, *The Poverty of Theory, and Other Essays*, Merlin Press, 1978, p. 80.

▼19 Williams, op. cit., p. 38.

▼20 イデオロギーを、虚偽意識としてではなく生成的なものとして再概念化する最も先鋭的な企てとして、ラカン以後の精神分析理論があるが、ホールの精神分析との距離については機会を別にして論じたい。

▼21 Stuart Hall, "The Toad in the Garden: Thatcherism among the Theorists", in Cary Nelson and Lawrence Grossberg eds., *Marxism and the Interpretation of Culture*, Macmillan, 1988, p. 50.

▼22 Stuart Hall, "The Rediscovery of 'Ideology': Return of the Repressed in Media Studies", in Tony Bennett *et al*. eds., *Culture, Society and the Media*, Routledge, 1990, p. 77–78 (originally published in 1982).

▼23 Stuart Hall, "Signification, Representation, Ideology: Althusser and the Poststructuralist Debate", *Critical Studies in Mass Communication* 2 (2) (1985), p. 100（この論文は James Curran *et al*. eds., *Cultural Studies and Communication*, Arnold, 1996 に再録）.

▼24 Hall, "Toad in the Garden", p. 51.

▼25 Stuart Hall, *The Hard Road to Renewal: Thatcherism and the Crisis of the Left*, Verso, 1988, p. 9.

▼26 Ibid., p. 10.

▼27 Ibid., p. 11.

▼28 Stuart Hall, "Popular-Democratic vs. Authoriterian-Populism: Two Ways 'Taking Democracy Seriously'", in Alan Hunt ed., *Marxism and Democracy*, Lawrence and Wishart, 1980.

▼29 Ibid., pp. 169–170.

▼30 Stuart Hall and Martin Jaques, *The Politics of Thatcherism*, Lawrence and Wishart, 1983, p. 29.

▼31 Ibid.

▼32 Chantal Mouffe, "Hegemony and New Political Subjects: Towards a New Concept of Democracy", in Cary Nelson and Lawrence Grossberg eds., *Marxism and the Interpretation of Culture*, Macmillan, 1988, p. 96.

▼33 Hall, "Signification, Representation, Ideology", p. 112.

▼34 Stuart Hall, "The Question of Cultural Identity", in Stuart Hall *et al.* eds., *Modernity and Its Futures*, Polity Press, 1992.

▼35 Hall, "Encoding/Decoding", p. 131.

▼36 Hall, "Rediscovery of Ideology", p. 69.

▼37 ポール・ウィリス『ハマータウンの野郎ども――学校への反抗、労働への順応』熊沢誠・山田潤訳、筑摩書房、一九八五年（Paul Willis, *Learning to Labour: How Working Class Kids Get Working Class Job*, Saxon House, 1977）。ディック・ヘブディジ『サブカルチャー――スタイルの意味するもの』山口淑子訳、未來社、一九八六年（Dick Hebdige, *Subculture: The Meaning of Style*, Methuen, 1979）。

▼38 このメカニズムを検証したのが、一九七〇年代を通じてバーミンガム大学の現代文化研究センターでなされたサブ・カルチャー研究のプロジェクトであることは広く知られている。ここで述べた「大文字の文化」は国民／民族文化として強力なアイデンティティの動員を可能にする（Stuart Hall and Tony Jefferson eds., *Resistance through Rituals: Youth Subcultures in Post-War Britain*, Hutchinson, 1976）。「大文字の文化」（イギリス文化ということになる）のヘゲモニーの再生産をイデオロギー的に検証することは現代文化研究センターの中心課題だったが、いわゆる若者サブ・カルチャー研究だけではなく、一九七〇年代を通じた移民増加と社会変動を国民／民族文化の揺らぎと排他性という点からポール・ギルロイを中心に行われた研究も、エスニシティ研究の重要なプロジェクトとして挙げておかねばならないだろう（Centre for Contemporary Cultural Studies ed., *The Em-*

pire Strikes Back: Race and Racism in 70s Britain, Hutchinson, 1982)。メタファーとしての「大文字の文化」は、対象としてのイギリス文化と、対象化の言説（方法の問題）としてのマルクス主義という二重の意味が刻印されていると考えられる。

▼39 Hall, "Signification, Representation, Ideology", p. 108.

▼40 Hall, "The Question of Cultural Identity", p. 309.

▼41 Raymond Williams, "When Was Modernism?", in *The Politics of Modernism: Against the New Conformist*, Verso, 1989, p. 34.

▼42 Stuart Hall, "When Was the Post-Colonial?: Thinking at the Limits", in Iain Chambers and Lidia Curti eds., *The Postcolonial Question: Common Skies, Divided Horizons*, Routledge, 1996, p. 248（「ポストコロニアルとはいつだったか――境界にて思考すること」小笠原博毅訳、『思想』第九三三号、二〇〇二年一月）.

▼43 Ibid., p. 248.

▼44 Ibid., p. 249.

▼45 Stuart Hall, "New Ethnicities", in Kobena Mercer ed., *Black Film, British Cinema* (ICA Documents 7), Institute for Contemporary Art, 1987.

▼46 Stuart Hall, "Culture, Community, Nation", *Cultural Studies* 7 (3) (October, 1993), p. 361. この論文はカーディフ、バーミンガム、オクスフォードでホールが行った講演の記録を基にして書かれている。草稿の段階で"Our Mongrel Selves: The Raymond Williams Memorial Lectures", *The New Statesman* 5 (207) (June, 1992) として発表されている。

▼47 Raymond Williams, *Towards 2000*, Chatto and Windus, 1983, p. 195.

▼48 Hall, "Culture, Community, Nation", p. 361.

▼49 Paul Gilroy, *There Ain't No Black in the Union Jack: The Cultural Politics of Race and Nation*, Chicago University Press, 1991, p.50 (originally published in 1987)（『ユニオンジャックに黒はない――人種と国民をめぐる文化政治』田中東子ほか訳、月曜社、二〇一七年）.

▼50 一方、上野俊哉の指摘によると、サイードは彼の「旅する理論」の中で、ウィリアムズがリュシアン・ゴルド

マンを経由してルカーチの全体性の理論を再解釈する際に、マルクス主義的概念の教条化された使用から距離を取り、「実践の全体化からも理論の絶対化からも距離をとった批評的な認識を手にした」と評価している（『シチュアシオン――ポップの政治学』作品社、一九九六年、一一九頁）。

▶51 Hall, op. cit., p. 359.

▶52 Ibid.

▶53 Ibid., p. 361.

▶54 Stuart Hall, “Minimal Selves”, in Lisa Appignanesi ed., *The Real Me: Postmodernism and the Question of Identity* (ICA Documents 6), Institute for Contemporary Arts, 1988, p. 45.

▶55 Hall, “The Question of Cultural Identity”, p.310. また Hall, “Cultural Identity and Diaspora”, in Jonathan Rutherford ed., *Identity: Community, Culture, Difference*, Lawrence and Wishart, 1990（「文化的アイデンティティとディアスポラ」小笠原博毅訳、『現代思想』第四二巻第五号、二〇一四年四月〔総特集＝スチュアート・ホール増補新版〕）を参照。

▶56 Hall, “Cultural Identity and Diaspora”, p. 225.

▶57 Stuart Hall, “Negotiating Carribean Identities”, *New Left Review* 209 (January/February, 1995).

▶58 Kobena Mercer, “Diaspora Culture and the Dialogic Imagination”, in Mbye B. Cham and Claire Andrade-Watkins eds., *Blackframes: Critical Perspective on Black Independent Cinema*, MIT Press, 1988, p. 15.

▶59 Homi Bahbha, “The Third Space: An Interview with Homi Bhabha”, in Jonathan Rutherford ed., *Identity: Community, Culture, Difference*, Lawrence and Wishart, 1990.

▶60 Anoop Nayak, “Narratives of Racism”, *Cultural Studies from Birmingham* 2 (1993), p. 148.

▶61 Ibid.

▶62 ここで念頭にあるのは、アイザック・ジュリアン（Isaac Jurien）やハニフ・クレイシ（Hanif Kreishi）らである。彼らの作品とホールの解釈についてはすでに引用した Hall, “New Ethnicity”, “Minimal Selves”, and “Cultural Identity and Diaspora” に加えて、Stuart Hall, “Black and White in Television”, in June Givanni ed., *Remote Control: Dilemmas of Black intervention in British Film and TV*, British Film Institute, 1995 を参照。

▼63 Hall, "Cultural Identity and Diaspora", p. 231.

▼64 Ibid., pp. 236–237.

第五章　文化政治における分節化──「奪用」し「言葉を発する」こと

……彼らは真剣に、そしてとても情緒的に、彼らが目にする諸悪に対する処方箋を与える仕事に従事しようとします。しかし彼らの処方箋はその状況を癒すことにはならない。ただ単に長引かせるだけなのです。そう、彼らの処方箋はその悪状況の一部なのです。例えば、彼らは貧しいものたちを貧しいままにして貧困という問題を解決しようとします。少し進んだ場合だと、貧しいものたちを楽しませることによってそうしようとするのです。しかしこれでは解決になりません。困難を増幅させるだけ。真の目的は貧困が成り立たないような基盤でもって社会を再構築しようとすることなのに。改良主義的な美徳はこの目的を阻んでしまう。ちょうど最悪の主人というのが彼らの奴隷たちにとても親切な主人であるように……。

──オスカー・ワイルド

「白目＝白人の目（white eyes）」はいつもフレームの外にある。けれどもあらゆるものをその内部に見、そして位置づけている

──スチュアート・ホール

1. はじめに

本章は、イデオロギーと文化についてスチュアート・ホールが一九七〇年代後半から八〇年代初頭にかけて展開した理論化の構えについて考察する。主として論及されるホールのテクストは、「あまりにも感動的で正しい＝右《ライト》向きの見世物（The Great Moving Right Show）」（一九七九年初出）、「権威主義的ポピュリズム（Authoritarian Populism）」（一九七九年初出）、「やつらの白目＝白人の目（The White of Their Eyes）」（一九八一年初出）、そして共著である『危機を取り締まる』（一九七八年）である。この時期のホールに対しては、すでにイギリスの左翼知識人からいくつかの批判が提示されている。それらをまず検証し、基本的には反批判の立場からホールの視座を継承していくきっかけを探ることが本稿の目論見である。しかしこの試みの限定された視野はすぐ明らかになるであろう。なぜなら、ここではマス・メディア批判から文化的アイデンティティに関する議論までを、全て包括して論じることはできないからだ。このそもそもの限界をまず始めに明らかにしておかねばなるまい。具体的には、第一に、ホールの理論一般というものはありえないということ。第二に、この時期はいわゆるサッチャリズムとして実現する新保守主義の台頭を中心に、様々な問題が論じられているわけだが、それらは一貫して体系的に理論化されているわけでも、ホール自身がそれを目指しているわけでもなく、むしろ特定の時間と場所において対峙する政治、社会、文化の状況に応じて考えなければならない類のものだということ。第三に、筆者自身の物理的能力的限界。第四に最も大事な点として、ホールを包括して論じてしまうことによる理論的緊張の弛緩を避けたいということ、言い換えれば、特定の人物の活動を整理して提示することによって生じるであろう、その人物を理論の緊張から脱出させてしまいかねないトラップと同時に、「整理する」役割を負うことによって筆者に課されるかもしれないいわれなき責任を、ともに回避すること。これは、書き、発話し、提示したことに対するフィードバックを受け取る責任から逃れようということでは、もちろんない。ある理論なり思想なりを紹介した人物を、あたかも紹介された人物のコピー（もちろんできの悪いコピーだとされるわけだが）のように扱う連中に時間を与えることほど不快なことはないからである。

ホールが一九七〇年代後半のイギリス社会の「有機的危機」の検証を通じて行ってきた文化研究は、しばしば「ネオ・マルクス主義的メディア論」といわれることがある。例えば、国家の言説空間の内部でのみ活動し、そうすることによって国家による究極的な正統性を保証されているマス・メディアが、意図的にせよ無意識的にせよ、どのように人種差別のイデオロギーを再生産しているか、という具合に。ところがむしろ筆者がホールから抽出したい理論的な可能性は、ヘゲモニックな人種差別の再生産の企図に対してどのようなカウンター・アタックが可能なのか。誰も問うことのできていない人種差別の「前提」を明るみに出すためにはどのような戦略と戦術が求められるのか。特定の社会構造の下では「発話の位置」を持ちえていないものたちが、場所をこじ開けるための理論を組み立てること＝理論化、それが知識人の状況への「介入」ではないのか、というある種の転換の論理についてである。むろん、状況への「介入」という美しすぎる言葉に常につきまとうリベラル多元主義の誘惑がここには常につきまとっている。単に「読みの多層性」や「意味の重層性」を指摘することが、どれだけ具体的で、危険で、物質的なヘゲモニーとの折衝の経験を抽象化された「理論」に押し込めてしまうことになるのか。この誘惑を無視するのではなく、じわじわと前線を拡大していくこと。この時期のホールには、こうした錯綜する、しかし特定の問題構制に徹底的にこだわる姿勢を見いだすことができる。それは再生産から「発話」へ、というある種の転換の実践の理論化である。ところが、その理論化の過程には、イングリッシュ・ナショナリズムとのギリギリの折衝が見て取れる。ここではその危うさを批判的に見極めると同時に、可能性に対する試論を提示してみることにしたい。

2. ホール批判

(1)「イデオロギー主義」?

ホール本人が最近のインタヴューの中で言っているとおり、彼の名と仕事の存在感が注目されるようになった一九八〇年代中期というのは、一方で英語圏だけではなく、フランス、ドイツ、イタリア、スペインなどの西ヨーロッパ諸国、台湾、日本などのアジア太平洋諸国へとカルチュラル・スタディーズがグローバル化した時期に、他方でより直接政治的な論争――サッチャリズムと新保守主義批判――の渦中に彼が身を置いていた時期と重なっている。[1]

このころから徐々に出始めたイギリスの――より正確にはイングランドの――知識人たちから放たれているホール批判は、当然、主として一九七〇年代後半から八〇年代にかけての彼の作業に向けられたものである。[2] ここで一旦、必要な迂回としてこれらの批判者達の論点を簡単に整理してみたい。なぜならば、それらは相互に連関し、反響し合い、増幅し、現在カルチュラル・スタディーズが対峙しているバック・ラッシュを促進することにもなっているからである。

とはいえ、「フランスかぶれ」「くずれポスト・モダニスト」といったどうしようもないレッテルはそれこそどうでもよい。[3] 問題は、ポスト・フォーディズムとも脱組織化された資本主義とも言われる現代社会と文化に対する批判の武器であるはずの、ヘゲモニー、イデオロギーといった諸概念や、知識人とは、理論とは何かという自己の「発話の位置」に直接関わる諸問題について、ホールと彼の批判者たちの間にどのような相違が読みとれるかということである。

　このような批判の最も初期のものとしては、ホールが行ったサッチャリズムの政治状況と言説戦略の分析に対する、「イデオロギー主義」[4]というレッテルがあげられる。ボブ・ジェソップらが展開したこの批判は、ホールがサッチャリズムの政治的企図全体を新保守主義のイデオロギーの成功とみなしている、という点に集約される。彼らが批判する「権威主義的ポピュリズム」[5]という概念は、タブロイド紙から公共のシンクタンクまで、様々なイデオロギー装置によるキャンペーンを通じて獲得された「下からの」合意がサッチャー政権を生み出したとするホールの論理だが、それによってホールは、イデオロギー装置を動かす原動力たる土台＝資本のロジックを軽視しているというのである。[6]その結果、この概念は、新保守主義の成功例を後付けし、それと理論的に共謀するものであり、批判的知識人として十分状況を捉え切れていない、というわけだ。読者は、これがすでに過去の認識であり、保守党も労働党のトニー・ブレアに政権を譲り渡し、政治とイデオロギーの審級と経済の審級をどのように論じることが可能かという点において理論的諸装置も数段洗練されてきている今日、古くさい「正統マルクス主義者対修正主義者」の論争を想起するかもしれない。それどころか、ジェソップその人がエルネスト・ラクラウらとヘゲモニーに関する研究会を組織し、『ヘゲモニーと社会主義の戦略』に則ってヘゲモニーと言説の分節化《アーティキュレーション》という視点から一九八〇年代の政治状況分析を試みていたことを加味するならば、さらに論争点を明確化する作業に手間取るかもしれない。ところが次のような文章を目にするとき、これが昔話でないことが分かる。

　一九九四年、労働党議員でもあるデニス・マクシェーンは、近い将来新たに生まれるであろう新労働党政権と知識人、メディアの関係を、新保守主義とその批判勢力との拮抗を参照しながら以下のように述べている。

……左翼ジャーナリストたちは、一九八〇年代イギリスの政治経済のトリッキーな特色に惑わされ、何がどうなっているのかを描き出し分析することがほとんどできなかった。最も注目すべきこの種の失敗は、イギリス共産党誌『マルキシズム・トゥデー』である。例えばスチュアート・ホールのようなその最良のライターたちでさえ、かつて二〇世紀の首相の誰も経験しなかったような、「イズム」をその苗字につけられるというやり方で、彼らが「サッチャリズム」と呼ぶものについて書いてきた。ところが、彼らがいったいどんな条件の下で生きているのかという、理解可能で包括的な絵柄もナラティヴも描かれなかったのである。

書かれ、語られ得ないもの、それにも関わらず存在するものは、ミステリーと戸惑いの対象となっている。こうしてサッチャリズムはカルト、信仰、迷信となったのである。[7]

あたかも、「権威主義的ポピュリズム」のテーゼが出されてから、ホールらのサッチャリズム批判は、イデオロギー、言語、幻想のレベルに留まり、いたずらにその有効性と強大さを増長させてきただけのような印象を与える。「サッチャリズム」と名付けられたイデオロギーの総体は、ホールをしても「どんな条件の下で生きているのか」――すなわち現実の存在条件――を描き出させることはなく、巨大な幻想となってしまったというわけである。

⑵「無批判なポピュリズム」[8]?

また一九九〇年代に入り、ホールというよりも、彼を大衆文化（popular culture）批判を中心とするカルチュラル・スタディーズの代表者に仕立て上げたうえで、「消費文化礼賛」[9]、その結果としての「無批判な感情的ポピュリズム」[10]、そのため知識人の機能を放棄して文化商品の「売り上げに貢献」[11]しているなどの批判が相次いで出されてきた。ここでこれらのレッテルが、ホールと同じ政治ブロックを構成しているはずの白人男性左翼からのものであるということは書き留めておいていい事実である。

その一人、マス・メディア研究者のニコラス・ガーナムは、文化の政治経済学的分析とカルチュラル・スタディーズの実践を対照して後者の批判的力の「不十分さ」を指摘しているが、彼の批判には、ジェソップとマクシェーンに連なる系譜がポイントよくまとめられている。

「カルチュラル・スタディーズの内部において必然的に延期され続け、なおかつ未だ終わりを見ていない虚偽意識という概念に対する異議の申し立ては、真実を言説の一時的な効果としてではなく世界の状態として理解する様式の拒絶である」というホールからの引用を用いてガーナムがはじき出す疑問は、「根拠ある真実という概念がないならば、解放、抵抗、進歩という概念は無意味なものにならざるをえないのではないか」というものだ[12]。このようにカルチュラル・スタディーズへの違和感を表明した後、彼は大衆の消費行動の中になど抵抗も解放もありえない、と力強く宣言する。消費の積極性を自己実現／表現として肯定的に評価することは、その対象がポップ・ミュージックであれ、古着であれ、「逃避主義と社会主義的美学」の「古き悪しき伝統」の掘り返しに過ぎないと言うのである。

現代の文化政治に関する政治・経済学的アプローチといわれる傾向は、社会経済的諸資源の再分配と、そのための機能を担う公共空間と国家の領域との折衝にその重点を置くことを主眼としている。そしてその闘争の行為主体として階級が想定される。いわば全てが流れ込む最後の堰としての階級であり、階級が諸矛盾を代表＝表象するというわけだ。人種は？　ジェンダーは？　その結果彼ら（あえて彼ら――男性形――と表記しよう）がその他の社会的境界に向ける眼差しは以下のようにならざるをえない。

北アメリカにおける奴隷貿易とその後の展開という形態をとろうが、西欧での移民労働者という形態をとろうが、直接間接に植民地主義の様々な形態をとろうが、人種差別の現代的形態が経済支配に基づいているという議論に疑問を差し挟むのは難しい。そうした支配体制を知覚しそれに対して闘争するというその諸形態はかつて、そしてこれからも文化的に様々な変容を遂げる一方で、もし黒人が美しい（black is beautiful）と認識されても、経済発展の過程、不均衡貿易、グローバルな分業、労働市場からの排除や周縁化について何もなされなければ、支配体制は全く影響されないであろう。[13]

ジェンダーについても全く同じ論理が適用されているが、ここでまた引用するのはとても気の重い作業である。このあまりにも単純化された黒人表現主義の扱い――まるで「ブラック・イズ・ビューティフル」が人種に関する諸矛盾を代表＝表象しているかのようだ。奴隷制、移民、植民地主義の痕跡の中から、文学、音楽、映画、スポーツ、パフォーミング・アートなどの文化諸形態を通じて社会経済的構造変革への道を切り開いた点で、ブラック・イズ・ビューティフルという本質主義的なフレーズが、一時的にではあれ有効であった歴史を私たちは知っている。ところがガーナムの論理は、こうした痕跡を元々イギリス固有のものと考えられていた白人男性労働主義の様々な語彙へと還元させてしまうことになりかねない。

政治・経済の審級――すなわち生産諸関係に収斂される諸実践――の軽視が、サッチャリズムに凝結された市場先導型社会システムの分析を誤った形で進行させたとする点において、文化社会学者のジム・マックギガンのホール批判も「イデオロギー主義批判」の系列に属する。しかしそれ以上に彼が強調するのは、ホールには「文化的ポピュリズム」が見て取れるということだ。マックギガンの目には、大衆文化市場に巻き込まれたままの「普通の（ordinary）人々」が消費と余暇、家庭生活の内部でさえも経験する「快楽」は、資本によってあらかじめ決められた様式通りではなくとも、消費という実践形態をとる以上結果的に資本の増殖に対してなんの抵抗力にもなっていないというものである。したがって、大衆を「積極的な文化の実践者」として規定しその「判断力を信用」するホールの論理は、支配と従属、権力の諸関係をいつのまにか捨象し、大衆の判断力にどうしようもないほど信頼を置き、一方で決して大衆にはアクセス不能な知識人としての位置から語る「文化的なポピュリスト」であるというわけだ。[14]「システム」に対する「生活世界」の擁護、国家に対する公共領域の確保、マックギガンに見られる厳密に区切られたパラレル・ワールドの措定——もしくはユートピアの希求？——は、彼の発話がどこでなされるかを考えたときにより明らかな輪郭を描き出す。すなわち、知識人と民衆という境界の厳格な設定であり、自分は知識人として発話しているのだという、あらかじめ位置取りを固定化したうえでの語りだということである。

一方カルチュラル・スタディーズにおける「批判的言語の喪失」を最大の論点とするサイモン・フリスと音楽批評家ジョン・サベッジの論考は、「真珠とブタ」と題され、「カルチュラル・スタディーズがどのように大学のカリキュラムの中で場を得るかということを明晰に説明するには、大衆文化の研究がその無批判な称揚になってしまったということに焦点を当てればよい」という扇動的な文で始まっている。[15]知識人は、批判的言語を忘れ、「商品ゲーム」に肩入れして、大衆文化産業だけではなく、それとタイ・アップした半公共の文化機関——彼らはイギリス各地のアーツ・カウンシルを念頭に置いている——の「セールスとスタイル」のイメージ・アップに貢献している。[16] もちろんこのような批判の背景には、カルチュラル・スタディーズの学位を獲得して大学を出たものが実際のメディア産業に就職し、ジャーナリストやプロデューサーとして制作活動を開始しているという状況がある。そのようなメディア産業における活動と知識人の批判的言語との間に、フリスとサベッジは明確な線を引きたがる。実際その線があるにも関わらず見かけ上ぼやけているところに、近年の「文化的ポピュリズム」が生じる場ができているというのだ。

ところが彼らが何者としてこの文章を書いているかを見るのは興味深い。フリスはグラスゴーにあるストラスクライド大学の社会学教授であると同時に英文学部の主任教授であり——そしてこのポストが「学際的な」文化の分析を制度の中で可能にさせている、と彼はいう——、『ローリングストーン』『ニュー・ミュージカル・エクスプレス』などに寄稿するロック批評家でもある。サベッジは現在フリーランスとなっているが（そして多少保守的な論調に傾いてはいるが）、かつてはウォーリック大学などで教鞭を取り、最近では作家のハニフ・クレイシと共編で現代イングランドのポップ・カルチャーに関する論文集を出しながら『ガーディアン』や『オブザーヴァー』にも不定期に寄稿を続けている。[17] つまり、彼らは二人とも「ロック・ファンが長じて批評家となった」立場から知識人を批判し、返す刀で知識人として文化産業と知識人との共謀を批判しているのである。[18] このような彼らの構えをフットワークの軽さととらえてうらやましがるだけでは論点は見えてこない。彼らはいつ知識人でいつロック・ファンなのか、ここがポイントである。彼らがカルチュラル・スタディーズを批判する際、そのときだけ、彼らは「ロック批評家」としてジャーナリスティックになる。そのように振る舞える実践的な立場、すなわち言説空間の一つの位相から別の位相へと自己の意志のままに転位できるという実践は、実は知識人だけに許されている特権的なフットワークであることに何も言及せず、彼らはこう締めくくる。

ポップをポピュリストから取り返すときだ。やつらは全く何も言っていないのに、やつらの小生意気なおしゃべりはまだ空気を汚しまくってる。[19]

フリスとサベッジの苛立ちは、実際はホール個人でも、カルチュラル・スタディーズという集合的かつ学術的なプロジェクトだけにでもなく、ホールとジャーナリストのマーティン・ジャックスを中心とした左翼知識人が繰り広げた、「新時代（New Times）」というキャンペーンに対して向けられているものである。[20]このキャンペーンはサッチャー再選を招いた政治状況を柔軟に理解して、左翼の側から対抗政治を打ち立てようという試みだった。しかしそれへの批判は、実はホールたちが批判してきた左翼の固定観念そのままの「硬直性」を反映しているとも言える。その「硬直性」こそ、旧来の左翼知識人が当たり前のように踏襲してきた知的環境に対してホールが感じる「文化ギャップ」なのである。[21]すなわち、消費資本主義における市場の作用は、人々が多様な選択をすることができる代替的な効用や、フォーディズム以降の大量生産システムの発展を全体的に決定できるわけではない。もしも消費という実践が人々の社会生活のあらゆる主体的諸行為を既存の生産諸関係へと凝集させていくだけならば、それらの諸行為やそれらを通じて人々（popular）が獲得する快楽によって維持・保存される市場システムそのものも、いつのころからか全く変わらない生態的なモデルへと還元可能なものになってしまう。もちろん市場はそう考えられる以上に柔軟で拡張し続けている。ところが「そのシステムが拡張し、新たな生産物を促進して発展し、新たな選択を最大化する矛盾に充ちた能力は、かなり過小評価されてきた」。[22]ゆえに左翼は、「市場は大多数の普通の人々の心の中に、公平でも寛大でも社会的に責任あるものでもないにしても（決してそんなことはなかったが)、拡張的ななじみのあるシステム(popular system)として埋め込まれ、確証される力があるということを決して理解してこなかったのである」[23]。

ここに見られる「消費」「市場」「快楽」「ポピュラー」といった諸概念のオン・パレードがフリスらをしていらつかせ、あたかもカルチュラル・スタディーズ一般というものがあるかのような批判を導かせ、その代表としてホールを矢面に立たせてきた。ここでイギリスの文化論をめぐる知識人たちの地政学を考えても仕方がないが、少なくともフェミニストとしてカルチュラル・スタディーズを引っ張ってきたアンジェラ・マクロビーによる彼らへの批判を引いておけば、ホールが提示しようと試みている視点の転換という意図がよりはっきりするであろう。

……重要なのは、〔これらの批判者たちが〕商品という形態をとり文化的な生命線として、批評、分析、理解を拒むのではなく許すものとして、たまたま偶発的に現れている快楽の必要性を、全く取るに足らないものとみなしているということを示すことだ。これは、スヌープ・ドギー・ドッグがいかに私たちを私生活主義的存在として規定しているかということとは違う。音楽が好きだからギャング・スタ・ラップを褒めそやすんだということとも違うのである。真の問題は、(パート・タイムの仕事しかない若者、黒人、女性を含めた)「サバルタン」の人々が、様々な方法に、音楽に、政治にそして理論に、イメージに、言語に、メロドラマに、「レズビアンの探偵もの」の中に文化を求め主張するがゆえに、そしてまた、さらに多くの人々が家庭で、教室で、政治の領域においてでさえも文化について語りたいと思っており、はっきりとそして徐々に自信を持ってそうするようになったために、左翼の側の文化の正統性を信じる旧態依然派は、物事に線引きをしなければいけないような感覚におそわれ、彼らのコントロールの範囲を超えて動き出してしまっていると彼らが感じている状況に、ある程度の秩序を課そうとするのである。[24]

消費活動を批判し、大衆文化を批判し、サブ・カルチャーを批判することによって、知識人と「そうではないもの」の境界線を再規定しようとする試みがある。しかしそうした自称知識人もまた、複雑なイデオロギーの網の中でしか発話することはできない。そこには、階級だけではなく、人種も、性も、世代も、エスニシティも地域という空間的な位置取りも、常に偶発的で、境界線を時には固定し、差し替え、組み替えていく力として作用している。この意味では、発話の位置を定めるということと、あらかじめ「自分は知識人なのだから」と開き直ることとは全くの対局にある構えだといってよい。マクロビーが言う「文化について語りたい」欲望を時には共有し、時には距離を取り、語りの連続性と遂行性の動きの中で言葉を発し続ける（articulate）することが、少なくとも最も政治的に不安定な時期にあったイギリス社会でホールが取った構えであった。自分が発した特定の言葉が何に由来するのかということは、あくまでも事後的にしか動機づけられないものだとしても、文化を語ろうとする――作ろうとする――この欲望を喚起する力は、一方で特定の文化生産物への中毒現象と、他方では同時にその生産物に対する批判的接触を続けることの間に生じる。例えば、ブラック・ミュージックを誰よりも愛するからこそ、その生産と消費の実践の間に横たわる矛盾、商品化による音楽と黒人の現前の物象化に対して誰よりも鋭い批判の眼差しを向けることができるのである。

3. ホール批判の陥穽

七〇年代、まさにアルチュセールの時代ですよ、まさにね。私は確かにマルクス主義者でした。つまり、むろんアルチュセーリアンだったという意味においてですよ。

――スチュアート・ホール

(1) ホール批判の袋小路

ジェソップからフリスに至るまで、個々に登場してくる大衆文化批判の系譜は、実はそれほど特異でも奇異でもなく、トムソンやペリー・アンダーソンといった「イングランドの知識人」が陥ってきた傾向を見事なまでに踏襲していると言っても過言ではない。[25] 彼らのポイントを簡単にまとめれば、第一に政治とイデオロギーの審級を言語のレベルで分析することに対する不信感が挙げられるであろう。これは経済の審級に対するノスタルジックとも言える同一化と、その同一化の確証手段としての政治・経済への優先性の主張の裏返しであると同時に、社会の理論と理論化が現実の物質的諸関係に常に先行し続けている、と思い込んでいる彼らの苛立ちの現れである。[26] 第二に、大衆文化を論じる際に、階級という社会的境界が特権性を失い、その構成的外部、もしくは代補として機能するその他の境界との相互作用、相互境界侵犯、過剰決定性の磁場に置かれて論じられてしまうことへの恐怖感がある。もちろんともに相互に関連する問題域であるわけだが、ここではまず第二の点から検討してみたい。

階級、より直截に言えば彼らが依って立つところの階級とは誰か。それはポピュラー（popular、以下カタカナ表記）とどのように区別化され、分節化されるのか。アルチュセールが「イデオロギーと国家のイデオロギー諸装置」論文の後半部で論じた、イデオロギーによる――いや、支配イデオロギーによると言い換えてしまおう――主体の「審問」概念がここでのキーになる。すでにイデオロギーに対する認識の転換、すなわち、物質的現実を観念の歪曲を通して認識させる虚偽の意識の総体から、「物質的諸関係に対する想像上の関係の表象」であるというテーゼ――第一のテーゼ――への転換を経ている限り、イデオロギーが実践のレベルで言語化され、身体化され、具体的な諸個人の経験を形作るものである――第二のテーゼ――ということは受け入れられる仮説であるに違いない。ラクラウは、この定式にしたがって階級とポピュラーの分節化の仕組みを以下のように説明しようと試みている。

民主的ポピュラーへの審問はまさにその通りの内容があるわけではなく、とりわけイデオロギー的な階級闘争の磁場となっている。あらゆる階級が階級としてと同時にポピュラーとしてイデオロギーのレベルで闘争しており、その階級的な諸目的をポピュラーの諸目的の最終目標として示すことによって、そのイデオロギー的言説に首尾一貫性を与えようとするのである。[27]

生産様式における階級的矛盾と階級的審問（「呼びかけ」による主体の再認＝形成）は、社会編制の水準における「民主的ポピュラー」の抱える矛盾、審問に必然的に照応するわけではない。それどころか時のヘゲモニーによる作用によっては、階級的審問は民主的ポピュラーの審問を階級的なイデオロギー的言説に分節化させようと試みることによってのみ作用することがある。

ホールがサッチャリズムのイデオロギー分析に適用したのは、このイデオロギーの審級における階級と「民主的ポピュラー」との必然性のない偶発的な照応関係――分節化《アーティキュレーション》――の様式についてであった。階級的言説と民主的ポピュラーの言説は、旧来の保守党的な伝統的諸価値を表象しようと試みる言説と、自助力ある諸個人が参加する市場の原動力によって社会的資源の配分を決定しようとする新右翼の言説にそれぞれ照応されて考えられ、両者の分節化がなされる契機を、右派権力ブロックへの支持を動員するポピュリスト的契機として考えることがホールの提示した「権威主義的ポピュリズム」という概念のエッセンスであった。こうしたイデオロギーの言説的概念化は、以下の二つの対象の検証を可能にした。第一に、社会的諸力の権力関係を視野に入れたうえでの言説の編制、分節化、変容、置換の諸作用とその過程である。第二に、思想や哲学の重層性――特定の時代において思想や哲学は常に複数の重層的な様相で存在し、過去の全ての時代の諸要素を痕跡としてとどめているという考え方――と、「常識化」――支配的な思想が特定の場所と時代に共通の思考モデルとして認識されてしまう作用――の効果である。イデオロギーという手垢だらけの概念は、こうしてより力動的で変容する社会編制を説明できるツールとして質的変化を遂げたはずであった。

(2)イデオロギーの理論化と知識人の「位置性《ポジショナリティ》」

政治理論家のジョルジュ・ララインは、こうしたイデオロギーの言説的な再定義に対して異議を申し立てる一人である。彼のホール批判は、このイデオロギーの変容論的側面が、ホールのイデオロギー概念を「中立なバージョン」として措定してしまっていると指摘することから始まっている。[28] 彼の立論は、マルクスが『ドイツ・イデオロギー』によって定式化したイデオロギーの「否定的概念」は、『ルイ・ボナパルトのブリュメール十八日』から『フランスにおける内乱』において「拡張させた」イデオロギーの諸機能についての見解――つまりいったい誰がプロレタリアートの階級利害を政治、経済の審級においてそれぞれ代表＝表象しうるのか――を補完することによって、未だに資本主義社会システムがその存続のために機能させる、一定の観念の「歪曲」を批判する場合に有効であるということの論証に賭けられている。ラライン によると、サッチャリズムが合意を獲得したように見えるのは、民主主義というイデオロギー的言説を奪用しようとする左右両側からのヘゲモニー闘争に優勢だったからだというホールの説明は、民主主義が左右の政治ブロック双方にとって適用可能なものであるという前提に立っている点においてイデオロギーを「中立的」にとらえているという[29]。そしてその結果、ホールは「サッチャリズムのイデオロギーがイギリス社会の様々な諸利害を分節化できた成功例」を検証することはできるが、「その失敗と不十分さを批判的に示さなければならない。そうでなければその分析はサッチャリズムの政治的成功をただ称えるだけになってしまう[30]」。

ヘゲモニーという概念が、あたかも数字を代入すれば解が自ずと導かれる公式のような構造であるならば、ララインの主張は妥当かもしれない。つまり、今回はサッチャリズムのレパートリーの中から数字を代入したから解はマイナスになっているが、もしもより民主的なレパートリーから数字を選びさえすれば答えはプラスになるはずだ、というように。ところが、ホールがイデオロギーの「言説的」な再定義に到達している限りにおいて、ララインが指摘しているような意味での中立性はもはや介入する余地がない[31]。なぜならば、第一に、ヘゲモニーは作用する力関係によって随時方向転換可能な権力形態を意味しない。第二に、特定のイデオロギーは意味の記号現象としての言語に刻印され、意味作用の実践の水準で初めて作用するからであり、複数のイデオロギー作用の複合的で全体的な効果であるヘゲモニーから、特定のイデオロギー素へと遡ることはできないからである。イデオロギーは、そもそも「多方向的な」意味に特定の可能域を定めることによって特定の意味に妥当性を付与し、特定の契機ごとにスライドし続ける意味をくい止め、しかしその契機においては、イデオロギーの物質存在条件を遡行して追求することは不可能な、不可逆的な様式で作用するからである。このように、ラインのホール批判は、最も理論的な段階で、再びジェソップらの提示した水準に立ち戻ってしまった。

ところで、ここに整理した諸批判に見られる共通の論点がもう一つある（いる、と言うべきか）。それは彼らが、ホールに対比させてレイモンド・ウィリアムズを評価している点である。

特定の歴史的時点での資本制の地政学的進展と、その時空間での「感情の構造」との必然的照応を強調するガーナムは、『田舎と都会』におけるウィリアムズが、「自然の意味と政治目的のためのその文化的動員とが、農村社会から都市手工業へと生産様式が推移するにしたがいどのように段階的に移項していくか」を論じているとして評価する。[32] 一旦はその「文化的ポピュリスト」的傾向を批判する一方で、マックギガンは、ウィリアムズがすでに一九五八年の論文「文化はありきたりなもの（"Culture is Ordinary"）」の中で文化政策的な提案をしていることを指摘し、ホールの「民主的ポピュラーなポピュリズムと単純なポピュリスト政治との頑強な二項対立」とは異なり、より代替的で民主的な議論を展開しているとする。[33]

フリスとサベッジはより直截である。彼らは、右のようなマックギガンによるウィリアムズの再評価は、「ウィリアムズのラディカリズムを、彼の特異な労働者階級のルーツを、彼の歴史感覚を、そして抜け目のない商業用語に対する彼の頑強な不信を思い起こさせてくれる」と述べる。[34] ウィリアムズは「今日のカルチュラル・スタディーズによって、学者たちの売り上げ（商業的成功）に対する新たに発見された敬意によって、消費の悦びの理論的追求によって、きれいさっぱり忘れ去られている」。[35]

一九八九年、バーミンガムでのウィリアムズ追悼レクチャーの中で、フリスは各自治体のアーツ・カウンシルが陥っているポピュリズムを批判し、文化の空間を「公共圏」として再構築し、文化産業からの自律性と人々のアクセスの保証を政策的に遂行するためには、ウィリアムズがすでに約三〇年前に示していた「教育、芸術、メディア」を不可避の要素とする文化政策への提言が必要だと結論づけている。[36] フリスは、「公共圏」の明確な定義を欠いたまま、ウィリアムズの文化の概念が各アーツ・カウンシル（といってもフリスはシェフィールドとグレーター・ロンドンしか採り上げていないが）の提示する文化の概念とどのように関連づけられるかという疑問から議論を始め、ウィリアムズの「文化はありきたりなもの」から「社会の普通の（ordinary）構成員に満たされた共通の意味とその意味を修正できる技巧を、彼らの個人的かつ共通の経験に照らして与えること」という部分を引用して、あまりにユートピア的であるにしても、文化を高級でも低級でもなく「普通のもの」として作り上げようとするウィリアムズの「分析的手法」を見直すべきであると主張する。[37]

ウィリアムズの言う「共有」という概念が持つ問題についてはすでに本書第四章で論じてあるが、一九五〇年代後期のイングランドにおいてさえ、「普通の」生活様式に回収され得ない、言い換えれば、「普通の生活としての文化」には表象され得ない――当時の常識化された公共圏においては不在であることによる――人々の現前があったという歴史を、「分析的手法」に照らしただけだという理由で見過ごすわけにはいかないだろうし、まして現在の状況を見ればその感はなおさら強まるばかりである。そもそも、ウィリアムズが考え、また三〇年の時間を圧縮してフリスが意味を付与しようとした文化の担い手たる人々とはいったい誰のことなのだろうか？

今まで述べてきた批判に対して、ホールは一つ一つ反批判となりうるべき論点を提示している。[38] しかし筆者が本章のこの先で提示したい論点は、これらの批判が未だ批判していない／できていない点、にもかかわらず文化政治における表象という問題設定に照らしてホールが陥ってしまっていると思われる難点についてである。

(3)「ポピュラー」とは誰のことか?

これまでの本章の流れの中で未だ問われていない社会境界とアイデンティティの範疇、ホール批判を展開をした誰もが直接は突いていない問題、すなわち国民(nation)もしくは国民的なもの(the national)がここで主題化されるべきであることはあまりにも見え透いているかもしれない。ところが、フリスが肯定的に引用したウィリアムズを、ホールがやはり同じウィリアムズの追悼レクチャーの中で、この国民と人種の相互規定的な代補関係の様相に照らして批判したことを考慮すれば、左翼知識人の中でポピュラーと国民の相関関係がそれほどしっかり議論されてきた問題ではないということがうかがえるのではなかろうか。

この文脈で注目したい点は、ウィリアムズにおける「共通の」「実際の普通の生きられた経験」という範疇が含む近代に対する認識を批判することによって行った国民概念への批判的言及は、新保守主義の「小イングランド主義」や「イギリスらしさ(Britishness)」の再構築を批判するという文脈以外では、ホールにとって初めての明確なナショナリズム批判の試みだったということである。問題は、ウィリアムズ批判と、新保守主義批判およびサッチャリズム批判において展開された「イギリス人らしさ」の批判とのあいだにある違いであり、そこに至るホールの理論化の過程である。ポピュラーとは誰でありうるのか。政治的諸言説がなんとか分節化しようとした「人々(people)」とはどこにいる誰のことか。

しかし「ポピュラー」という言葉、そしてそれが指し示す集合的な主体――「人々(people)」――というのは、かなり議論の余地がある。それは例えば、サッチャーがこんな文句を発言することができるというその能力によって問題化されるのである。「私たちは組合の力を制限しなければなりません。なぜならばそれが人々の望むことだからです」。これによって次のようなことが思い浮かぶのだ。「ポピュラー」という範疇にぴったりと当てはまる固定された内容などないのとまさに同じように、「人々」という言葉に当てはめられる固定化された主体などいないのだということが。[39]

大衆文化を対象に定めたときのホールの認識の出発点はここにある。この引用の中でサッチャーが試みている階級的言説と「人々」との脱分節化の働きかけは、発話と同時に、「こちら」と「あちら」の厳格な、相互に排除し合う二項対立図式を描き出し、保守党の政策的言説の中に正当な位置を与えられるために再分節化される。ここで「ポピュラー」と「人々」のそれぞれの的確な定義を論じることは全く意味がない。今のところは、少なくともそれまで左翼の政治認識の中で自明視されるか、またはそのように意味を授けたいという左翼知識人階級の欲求に引きつけられていたように、「ポピュラー」を労働者階級として措定し、「人々」をブルジョワ高級文化から自律した、本来それに対抗する文化を創造する担い手として理想化してしまうのではなく、いわば浮遊する記号表現《シニフィアン》として位置づけることが出発点である。

ここに見られるサッチャーの叙述の戦略、つまり「人々」を「常識」の発話者として社会に関する支配的言説の側に分節化しようという試みは、ヘゲモニーが安定し、一定の合意を常に獲得し続けているように見える場合はそれほど顕在化されない。ヘゲモニーそのものが危機を迎えているときほど、合意獲得のための様々な戦略が採られうる、ということがグラムシからホールが摂取したポイントである。グラムシをこのように引いてくるきっかけとなったのは、イギリス社会のみならず、様々な社会矛盾がグローバルに可視化された一九六〇年代から七〇年代にかけてであった。その期間を中心にイギリス社会の「危機」を浮かび上がらせようとした『危機を取り締まる』に結実される、「政治構造におけるヘゲモニー・ブロックによる合意の再獲得過程」に関する研究の基礎となっているのは、以下のような状況認識であった。

不同意‐の‐政治（politics-of-dissent）の要素が戦線を拡大したが、そこには多くの諸側面が見られる――しかし一九五〇年代のCND（核兵器廃絶運動）マーチから六〇年代後期の大デモンストレーションへと、警察は公的秩序の強度を試すことになった。これは、一九六〇年代の臨時議会の議題になるような政治事項（シット・イン、デモ、スクウォッティング）によってさらに進展した。さらにカウンター・カルチャーの勃興によっても。後になって、左翼の政治セクトの増殖、学生運動、究極的には国内テロの脅威によっても。他方では、戦闘的労働争議の増発、そして国内での爆弾テロをともなった北アイルランドの危機、それらがともにより強固で可視的な警察力を要請した。▼40

アルチュセールによる「国家装置」と「国家のイデオロギー諸装置」の区別化図式を当てはめれば、ヘゲモニーの創出・維持・再生産のために、国家イデオロギー装置だけではなく、国家装置全般の作用が不可欠な状況が生まれていたということになるだろう。というよりもむしろこの引用の中には、あからさまな国家の暴力装置の作動要因が描かれている。『危機を取り締まる』における主題の一つは、市民社会の領域における「通常の生活（ordinary life）」の内部から合意を作り上げるためには本来顕在的に出現してはならない暴力装置が、当時のイギリス社会で強力な現前をともないつつあったということである。危機に際するこのような最大の矛盾は、あらかじめ用意された「国家」イデオロギー装置の機能からではなく、市民社会の領域において一見何の関係もなく併存し、それぞれ個別の存在条件に則って機能しているはずの様々なイデオロギー装置が次第に制度化されていく過程、そしてついには「国家」の領域に分節化される過程から理論化される必要があること、これがホールの力説するところであった。

そこで初めて、この諸過程に収まりきらない諸実践を「意味化」していくメカニズムを見る手続きが整うわけである。このようにアルチュセールを勝手に作り替えようとするホールが、理論的にはより洗練され「美しく、読む人を納得させる」、「イデオロギーと国家のイデオロギー諸装置」論文ではなく、「矛盾と重層的決定」におけるアルチュセールに常に立ち返っている理由はここにある。この論文からホールが最も頻繁に引用するのは、アルチュセールがレーニンの言う階級闘争の「具体的で特殊な布置」——社会経済的な水平的諸活動と各国ごとに異なる垂直的様相の組み合わせ——の重層決定性について述べている箇所からである。

この矛盾が、強い意味で「活発に」なり、破壊の原理となるためには、その起源と方向がいかなるものにせよ（そして、その多くは起源と方向から見れば、必然的に、革命に対して逆説的に無関係であり、さらには革命に「絶対的に対立している」）、それらが「融合して」一個の統一された破壊力となるような、「状況」と「潮流」の蓄積が必要である。その時こそ、これらの状況と潮流は、支配階級が防衛力を失った体制に対する攻撃に人民大衆の大多数を結集するという結果に至るのである。[41]

各国民に特殊な歴史的状況を貫いて普遍的妥当性を持つような、「資本主義一般の理論」を想定することはもはやできない。先の『危機を取り締まる』からの引用にもあるとおり、ホールらはあくまでも行政的、制度的な意味でイギリス国内の特殊性に言及しているだけである。したがって、諸矛盾の蓄積によって現出する重層状況を作り上げる「状況」や「潮流」は、当時のイギリス国内社会の大きな変動と転換へと分節化されうる「有機的危機」（グラムシ）を、政治、経済、社会、文化の各領域で構成していたというふうに読めるはずである。

一九六〇年代、七〇年代の労働党政権期からサッチャリズムの合意獲得までの過程をこのようにとらえていくとき、ホールはさらにグラムシから「トランスフォルミスモ」という概念を引いてくる。一九世紀中期のイタリア統一運動の中から生まれてきた「歴史的に構成された」左右両ブロックが、その既存の構成諸力を組み替え、入れ替え、新たな政治ブロックの形成を試みる過程として概念化される「トランスフォルミスモ」という理論装置を用いることによって、ホールは「あるイデオロギー編制における諸要素の中立化の、それらの吸収と新たな政治的布置に至る受動的な奪用の過程」の理論化を試みる。[42]「トランスフォルミスモ」は「生きられた経験」であり歴史であり実践である。常識の変容過程をこのようにとらえずに、もしサッチャリズムによる有権者への呼びかけを虚偽意識の注入と考えてしまうと、その呼びかけのポピュリスト的構成が位置づけられるべき合理的な核――もちろんこれは中立な法則などではなく、政治的言説のどこかに位置づけられて初めて意味を持ち、あたかも中立な原理のように作用する――と、それらの現実的な、虚偽などではない物質的基盤を見過ごしかなねい。このような理論様式では、「ポピュラーな諸利害」と「介入国家（interventionist state）の実際の抑圧的な構造――資本主義の発展の独占的局面である国家――のあいだにある矛盾の物質性を見逃してしまう」。

ここで注意したいのは、ホールはイデオロギー諸要素の「中立化の過程」と述べているのであって、中立な状態というものを、どちらの政治ブロックも分節化可能な、停止したものとしてあらかじめ想定しているわけではないということである。先に述べたラクラウのホール批判のポイントはここの取り違いにある。加えてラクラウは、「イデオロギーの批判的」類型の積極的評価を押し進めるだけで、彼が同じく定式化を試みた「中立的」モデルそのもののダイナミズムを批判的に検証することをしなかった。そこで、彼の批判をもう少し敷延させて、この時期のホールのイデオロギー論を少し違う角度から検討することにしよう。

疑問点をまとめると次のようになる。極めて運動論的な性格を持つトランスフォルミスモの過程において押し進められた諸イデオロギー素の「中立化」とは、どのような意味の分節化‐脱分節化‐再分節化という実践的過程の契機を指し示すのか。何をもって労働党政権下の危機が、サッチャリズムへの合意へと転換したといえるのか。サッチャリズムが虚偽意識の注入による生産諸関係の再構築の戦略ではないとしたら、本来異なる多様な政治ブロックに属するはずのポピュラーが、どの時点で、ポピュリストとしてサッチャリズムのイデオロギー素となり、自発的な発話の可能域を与えられるのであろうか。これらの疑問にとりかかるうえでまず注目しておきたいのは、サッチャリズムによる主体位置の転換の働きかけと、そのダイナミズムを理論化するために用いられる「トランスフォルミスモ」の概念が、アルチュセールの「イデオロギーと国家のイデオロギー諸装置」論の中にホールが見出したある種の「隙間」を埋めることを期待された装置だったということである。次にこの点に触れてみよう。

4. 奪用=転換の論理

だから私はアルチュセールをチェックするためにグラムシを使っているんです。
——スチュアート・ホール

(1)「国家イデオロギー装置」の作動過程に生じる隙間?

「権威主義的ポピュリズム」の概念化そのものは、「イデオロギーと国家のイデオロギー諸装置」論の後半部——イデオロギーの審問による主体形成の理論——のみを用いることによって始められている。[43] そこには、社会関係の再生産についてのアルチュセールの定式化(国家イデオロギー装置論の前半部)への言及はない。その理由は、一九八三年にイリノイ大学で行われた「マルクス主義と文化の解釈」についてのレクチャーの中で明らかにされた「国家イデオロギー装置」論の読み方の中に見つけることができそうである。

ポピュラー・イデオロギーから権威主義的なポピュリスト・イデオロギーへの主体位置の転換、どこか茫漠としたこの主体位置の転換の論理、この点に対するホールのアプローチをとらえるには、ホールが「国家イデオロギー装置」論を、その前半部と後半部をそれぞれ別個のテクストとして読んでいることを確認しておく必要があるのではなかろうか。ホールによれば、「国家イデオロギー装置」論は、生産諸関係の再生産に関する理論化である第一部と、主体の構成、およびイデオロギーがいかに想像界の領域で私たちに働きかけるのかという、主体化に関する理論化である第二部とを別々の問題設定として扱っている。そしてアルチュセールは、そもそも根本的に矛盾しているイデオロギーの作用の二つの側面を無理に一つの問題設定の内部で理論化しようとしたため、その結果、「元来イデオロギーの一般的な理論化の批判的な要素――主体の理論化――として考えられていたものが、理論そのものへと換喩的にとって代わられた。[44]この論文が与えた衝撃は、一方で特定の言説編制における言表の諸条件――フーコーの問題設定――についての理論化へ、他方で主体と主体性がまさにそのような主体として構成される無意識の過程――ラカンの問題設定――の理論化へと結実していく。ポスト構造主義以降の極めて洗練された理論的展開は、実質的に、全て第二部の問題設定の内部で発展してきたのである。イデオロギーについての最も困難な問題の二つの局面は、「国家イデオロギー装置」論の中で「分裂したままずっと、両極にとどめおかれ続けている」のである。[45]つまり、イデオロギーを資本主義における社会関係の再生産過程で一定の機能を果たすものとしてとらえる立場と、イデオロギーを主体性の構成に不可欠な要素としてとらえる立場とが、一つの論題の下にありながら完全な溝を作ってしまったまま、それを埋める努力がなされてこなかったというのである。その結果のトラップを想像するのはそれほど難しいことではない。つまり、ここから導かれる結論は、主体は常に資本主義の社会関係の内部でイデオロギーによって生成され、その社会関係の再生産を保証する不可欠な構成体として位置づけられる、というように。主体が生産され続ける限り、現状の社会関係は維持・再生産され続ける、というように。これを称して社会学は、一定のシステムが一定の方向に沿って維持されることを理論的に後付けているものとして、機能論と名付けるわけだ。第一部と第二部のあいだにホールが認めた隙間に、機能論という明らかに否定的なニュアンスが介入する余地が残ってしまったのである。[46]論文の第一部を受けてアルチュセールが、いやアルチュセール以降の理論的挑戦が試みるべきだったもの、それは、いかに社会的諸関係の再生産が、完全に諸要素の照応関係によって保証される「決定」という状態に収まることがないか、ということでなければならなかった。[47]

主体は生成され続けている、だから社会的諸関係は再生産されている。このような読み方がいわゆる機能論である。そうではなく、主体は生成され続けている、しかし社会的諸関係も再生されている。もしくは、社会的諸関係は再生産されている。にもかかわらず主体もまた生成され続けている。順接ではなく逆接の関係。決定されえない部分を常に過剰であると同時に過小として残したままで、決定されているものとして表象される社会的諸関係。ホールがこの部分の理論化に本格的に取り組むことになるのは一九八〇年代の半ば以降のことであるのだが、本稿では今少し七〇年代に留まってホールのこの読み方を追ってみよう。[48]

以上のような「国家イデオロギー装置」論の読みにしたがうならば、「権威主義的ポピュリズム」の主体位置、すなわちポピュラー・イデオロギーがポピュリスト・イデオロギーに転位する、まさにその瞬間に立ち現れる発話の可能域は、諸個人への「審問」という特定のイデオロギーの実践的物質的作用によって開示されるわけである。この応用としてラクラウは、諸個人のイデオロギー的構成要素は階級への必然的帰因性を持たない、というテーゼを導いた。[49] 問題は、様々な言説を通じて、その内部で、イデオロギー的構成要素が分節化される様式であり、同時にそれらの諸言説が様々な階級的実践によって、様々な階級的実践へと、分散的に分節化されるその傾向である。主体形成のための「審問」はたった一回、たった一カ所で行われる類のものではなく、「審問」の過程を通じて、社会的諸個人を言説的な主体の「位置」へと導く/召喚する。したがって、民主主義的言説とポピュリスト的言説が組み合わさり、一つの説得力ある階級的なアピールをしたことは全く不思議なことではなかった。[50]

言い換えれば、イデオロギー闘争とはイデオロギーの審級における既存の諸素の分節化と脱分節化の作用だということになる。ところがその反作用、ホールが最終的にたどり着きたい理論化の段階、すなわち民主主義が「権威主義的ポピュリズム」の不可欠なイデオロギー素となっている状況から、それをポピュラーの側に再分節化しようとする場合が問題になる。例えばこういうことだ。民主主義という概念は、西欧的な議会政治システムを意味する場合支配階級のイデオロギーとなるが、同時に支配階級の政治に対する対抗的なイデオロギーを意味する場合もあり得る。さらには、実際誰が誰に対して民主主義という言葉を突きつけるかによってイデオロギー的な効果は大きく異なってくる。さらには階級という範疇の一貫性についても疑問が生じてくるはずである。

当然、自助的な中産階級的エートスという点から見れば、イギリスの基幹自動車メーカーであるローバーの工場でパーツをとりつけている人間よりも、街角の商店の店主のほうがより階級的な属性を備えているかもしれない。さらに店主もハンドルをとりつけている労働者も白人であるとしたら、組合や左翼知識人が期待しているとおりの構図ができあがることだろう。ところが、これは第一に歴史的なコノテーションの効果として考えられなければなるまい。自動車産業の工場で働くことのできる熟練工場労働者の大多数が白人であり、特に都市部においてはコーナーショップの小店主にインドやパキスタン系の人々が占める割合が大きいという事情を考慮するならば、階級という参照軸だけでは社会的な階層を理論化していくことができないのは明らかである。階級による権力関係と人種による権力関係は、照応しない。しかしにもかかわらず、イギリス社会は複数の境界を交差して支配的に構造化されている。

階級社会であると同時に人種差別社会でもあるという構造。この構造に強力に訴えかけたポピュリストの言説。ラクラウは、むろんラテン・アメリカの歴史的経緯をふまえたうえでだが、ともかくも民主的ポピュラーの諸言説の構成のされ方を理論化しようとした。しかしむしろホールは、このようなイギリス社会にポピュリスト的言説がいかに有効性を発揮しているかという点から、まず分析を始めようとする。一旦ポピュリスト的に分節化された民主主義は、その歴史的作用から自由になることはない。いずれポピュラーに奪用＝転換されうるとしても、支配的な政治的言説の一部を構成したという「痕跡」を消すことは不可能である。この意味で、民主主義の「中立性」はありえない。政治的に支配的な、つまり階級的、人種差別的に構造化された社会の中で「常識化」された語彙として、まず民主主義は考えられなくてはならない。それゆえホールはまず、ポピュリスト的な語彙としての民主主義を分析することから始めるのである。この方向性こそホールの政治分析の強力な「知のペシミズム」が高く評価されるきっかけになるわけである。[51]

⑵ 階級社会、人種差別社会、性差別社会における国民

ホールの理論化の中心となる課題は、ラクラウとは異なり、まずはポピュリストの諸言説の側である。ポピュラーな諸イデオロギー素を権威主義的ポピュリズムに分節化し、様々に矛盾する言説の領域を、究極的に資本主義の社会関係の再生産を遂行する実践の可能域にするためには、まずは社会的諸関係の再生産についての理論化の局面を取り入れればよいだろう。実際ホールの一九七〇年代後期の論考の多くは、あくまでも再生産の論理という色合いが強いものとして理解されてきた。ところがそうした理解では、権威主義的ポピュリズムから民主的ポピュラーの諸言説の脱分節化を企てるための理論化に際して、積極的な新たな主体の構築や、既存の社会関係の周辺には見つけられない発話の空間の創出を探求しようという姿勢を見落としてしまいかねない。というのも、「サッチャリズムは新たな諸主体の出現によって可能になった」というホールの考え方から明らかなとおり、権威主義的ポピュリズムもまた単純な諸要素の再生産ではなく、全く新たな主体位置の編制であり、その諸位置への主体の召喚であったのだから。

もしもサッチャリズムの呼びかける国民が、単なる復古主義的な「小イングランド主義」の反動的文化

主義者であることを期待されているだけだったならば、対立の構図はそれほど難しくはない。つまり、宗教的にはイギリス国教会で、人種的には白人で、階級に関わりなく王室を支持していたりすれば「イギリス人」というわけにはいかない状況を重々承知の上で政治戦略を立てていたのだが、当時の保守党政権だったのである。そうではない人々、例えば、黒人。彼ら／彼女らの支持を集めるためには、「イギリス人」の範疇をより柔軟に、多様に、重層的に広げる必要がある。

この一つの例が、一九八三年の総選挙時に保守党があるエスニック・マイノリティの雑誌に掲載させたポスターに見られる。[52] こざっぱりとしたスーツに身を包んだ一人の黒人青年が腕を組んで立っている写真の横には、「労働党は彼が黒人だというが、保守党にとって彼はイギリス人（British）」というコピーが与えられていた。さらに、「保守党にとって、黒人も白人もいないのです。ただ人々（people）がいるのみなのです」と続く掲載文は、法的制度的な根拠に照らして構成されうる国民性とは、肌の色とは関係がない（colour-blind）イギリス市民（British citizen）の名の下に保証された範疇であることを主張している。いわば内的な差異を取り込んだより大きな範疇として、違いを越えて共有できる価値としてのイギリス市民、イギリス文化、イギリス国民であることが、黒い肌を通じて表象されようとしている。それまで黒人青年といえばおきまりだった、ドレッドロックスでも強盗でもはたまた白いセーターに広唾帽のクリケット選手でもなく、ビジネス・スーツに身を包んで、これから金融資本の正当な市場活動に従事する一員になろうとして「採用の面接に望むような」一人の青年黒人。[53] 特定の人種であり、国民であり、階級であることは、なるほどあらかじめ決められたものではなく、それらの意味は、この黒人青年の身体の図像を通じて、流動的で、多方向で、様々な読解を私たちに可能にする。しかし彼のスタイルは、「文明化された」イギリス人の記号表現そのものであり、過剰な男性性や黒さ自体が持つ白さへの脅威をスーツの中に押し込める白人中産階級のヘゲモニーによって構図化されたものであることも明らかであろう。そしてなおかつ彼は、ポピュラーが指し示す集合的な主体——「人々」——なのである。

「トランスフォルミスモ」が単純な意味の転換を意味するのではなく、どちらにしても対立する政治ブロック間の既存の社会的歴史的諸関係、諸要素、その時点までにすでに常識化された歴史的な諸言説の奪い合い——奪用——の過程でもあるということを今一度確認しておきたい。つまり、既存の言説的な諸要素としてのポピュラーは、権威主義的な国家秩序の諸要素と分節化される場合にも、そこから民主的ポピュラーへと奪い返される場合にも、常に-すでに特定の意味を付与されてしまっているのである。サッチャリズムの呼びかけ以前に編制された労働党政権下——「介入国家」の下——でのポピュラー、イギリス社会の全般的危機が訪れ始めたころのポピュラー、そのような状況の下で様々な左翼知識人のイデオローグが展開したポピュラーに関わる諸言説によって編制されるポピュラー。これらの記号表現の結節点を見つけだすのはそれほど難しい作業ではない。本章で論じている時期のホールが言うように、「その帝国主義の歴史のために、イギリス人という観念をナショナリスト的なコノテーションから引き離すのは極めて困難」だからである。▼[54]

5. おわりに

ホールは「アルチュセールをチェックするためにグラムシを用いている」と言っていた。その通り、ホールは「国家イデオロギー装置」論の前半と後半のテーゼを埋め、特定の言説の意味の転換を説明するために、グラムシの「トランスフォルミスモ」を、いわば強引に、一九世紀中期のイタリアについて一九三〇年代に書かれたテクストの中から引き抜いたわけだ。ところがその概念装置を用いて行ったポピュリスト批判の試みは、同時に別のトラップを作動させることになった。すなわち、ポピュリストの言説を重視するあまり、特定の意味の布置の中に位置づけられているポピュラーの「多方向的な」分節化の可能域の中で、イギリス人というコノテーションが果たす決定的な力を正面から論じようとはしなかった。いや、この言い方はあまりにも乱暴かもしれない。すでにホールがポピュラーを浮遊する記号表現として再構築しようとしていることを私たちは知っているし、今まさに「ナショナリスト的なコノテーション」に言及しているホールを引用したばかりではないか。ところが、そのホールの試み自体が、既存のポピュラー――まさにホール自身が批判している既存の左翼の言説が長きにわたって自らの発話の根拠としてきた表象の対象――とどのように分節化される可能性があるのかということについては、問いそのものが放っておかれているとしか思えない。

　サッチャリズムの最も強力なイデオロギー素としての機能を果たすのは、先に例示したポスターが示すとおり、国民というフィクションである。とすれば、権威主義的ポピュリズムから民主的ポピュラーのイデオロギーへの転換は、まずこの国民という想像的な言説編制を組み替えることであり、近代の全ての政治的諸言説に刻印されている国民化の欲望を置換するところから始めるべきではなかったのか。確かにホールは「権威主義的ポピュリズム」論文において、ポピュリストの言説批判のためには、まず「国民‐ポピュラー」と「常識」の概念を批判的に奪用していく必要があることを明確に述べているにも関わらず、その試みはそれ以上追求されず、中断されているように思われる。▼[55] 筆者はここで、「トランスフォルミスモ」がイタリアの国家統一運動《リソルジメント》の過程の中での局面であり、そこに登場するポピュラーとは、イタリア史において未だ一度も現れたことのない「国民 - ポピュラー」であるということを根拠として、ホールによるこの概念の引用を批判するつもりはない。またすでにこの概念は、グラムシに確かに認められる理想主義、歴史主義、そしてポピュリズムの傾向を明確に表すものとして批判されてきているということを根拠にしてグラムシの限界をまことしやかにほのめかすつもりもない。そもそも、少なくとも本章の問題設定の下では、「正しいグラムシ」を探し出すことほど無駄な作業はないからだ。ただし、この概念が何よりもファシズムの下で想起された概念装置だということは思い起こすべきことである。グラムシが呼びかけたポピュラーとは、「ヴァナキュラーな共通言語も、一九世紀のロマン主義的国民化の運動も、共通のポピュラー文学もない」、いわば帰るべき起源をでっち上げる材料も未だ出そろわない「枝分かれした」人々の実践の積み重ねであった。[56] その積み重ねを回収しながらムッソリーニによる国民の創世が進む過程で、グラムシは他のヨーロッパ諸国の言語では国民とポピュラーとは「ほぼ同義語」であるにも関わらず、イタリアでは知識人の集合的実践の欠如のため、知識人とポピュラーとの距離がそのまま国民とポピュラーとの意味の乖離を示していると述べている。[57] その乖離にファシズムは強引に入り込み、陣取り、二つの概念装置のあいだの照応関係を暴力によって築き上げようとしていた。

端的に言って、このような特定の歴史を持つ概念を、批判的な言説戦略の中で用いることには相当のリスクがともなうはずである。国民であるという発話の位置性と支配階級の言説的な位置とが必ずしも照応しない以上、ホールの言説自体が既存のナショナリズム的言説とどのように折衝しているのかを考察しなければ、例えば、トムソンが一九世紀前半のミッドランドの前 - 労働者階級（preworking class）に期待したように、ホガートがリーズ近郊の労働者階級コミュニティに語らせようとしたように、ウィリアムズが文化資本の小ささにも関わらず学ぶために夜間学校に通ってくる労働者階級の人々に託したように、あからさまな支配階級ではなく、そうではないからこそ普通の（common または ordinary）イギリス人を代表＝表象できる国民‐ポピュラーを積極的に構築していくことになりかねないのではないか。少なくとも、その可能性を初めから否定できるものはおそらくいないだろう。これはホールが概念の移植に必然的にともなうリスクを見過ごしているからなのだろうか。イギリスの状況では逆の介入の仕方が、すなわち国民とポピュラーのあいだに割って入り、照応関係を置き換え続ける機能こそが知識人の担うべきものだと、ホールは考えていたにもかかわらず。

なぜなら、イギリスでは、誰が国民かという疑問は「常識」の中に沈潜しており、国民化の「審問」は常に強力にその再認効果を発揮しているからである。そして保守主義の言説のみならず、国民‐ポピュラーがイギリス一国の、内部で完結した、その完結性を積極的に再生産していくような問題設定による装置であることは、旧タイプの左翼がいかにして白人男性の労働者階級を政治的実践の主体に位置づけようとしたかを見れば明らかである。国民‐ポピュラーは、人種とジェンダーを他者の領域に追いやることによって国民の位置を特権化し、あたかも国民という境界の位相では、分節化を通じたイデオロギー闘争は解決済みであるかのような言説を作り上げてきたのである。[58] そのひとつの到達点がサッチャリズムだとすれば、ホールの批判者が糾弾したように、やはりホールは自らが批判しようとした諸言説との共謀関係に陥っているのだろうか。権威主義的ポピュリズムからポピュラーへと民主主義を奪用し返す契機は、こうした国民の言説に簡単に分節化されてしまうような、意味の中立性を生み出す瞬間なのであろうか。この点について、章を改めて考えてみたい。

▼1 Stuart Hall, "Culture and Power: Interview with Peter Osborne and Lunne Segal", *Radical Philosophy* 86 (November/December, 1997). もちろんカルチュラル・スタディーズのグローバル化やそれにともなう知識産業市場の増殖と、ホールの国際的評価・受容とは、相互に関連する別次元の問題として考えられるべきであることは言うまでもないだろう。

▼2 本章ではBritainは「イギリス」、Britishは「イギリス人」または「イギリスの」と訳し、England, Englishはそれぞれカタカナ表記にしてある。もちろん単純にBritainとEnglandが示す地政学的、人口的布置の違いを明らかにするという意味もあるが、それ以上に、二〇一四年に独立を問う投票を行ったスコットランド、ウェールズへの権限委譲、イギリスのEU離脱（Brexit）によって再び緊張が高まりかねない北アイルランド情勢など、かつてトム・ネアンが「イギリスの解体」（Tom Nairn, *The Break-up of Britain: Crisis and Neo-nationalism*, Verso, 1977）と呼んだ文化、政治、経済、社会全般に及ぶ危機の再燃をもう一度確認しておかなければならない。

▼3 注目しておきたいことは、ペリー・アンダーソンがホールから『ニュー・レフト・レヴュー』編集長の役割を引き継いでから、ルカーチ、ブロッホ、ゴルドマンからサルトル、アルチュセールに至るまで、積極的に「大陸の」マルクス主義思想の英訳の掲載に務めたということ。またそれとほぼ時期を同じくして、レヴィ＝ストロース、バルト、ブルデューそしてウンベルト・エーコなどが初めて本格的に紹介・英訳されたのが、ホールが『ニュー・レフト・レヴュー』をあとにして移籍したバーミンガム大学現代文化研究センターの研究リポートにおいてであったということである。そしてこれら「フランスもの」に至るまで、センターではありとあらゆる近代社会思想の古典がグループ学習という形で読まれてきた。その学習の基本テクストとなった"The Hinterland of Science: Ideology and the Sociology of Knowledge", in Center for Contemporary Cultural Studies, *On Ideology*, Huchinson, 1977にあげられている理論家、思想家は以下の通りである。アドルノ、ホルクハイマー、アルチュセール、バルト、ベンヤミン、バーガー、ブロッホ、リュックマン、ルカーチ、ブルデュー、デュルタイ、デュルケム、ガーフィンケル、グリュックスマン、ゴルドマン、ヤコブソン、ソシュール、レヴィ＝ストロース、ルカーチ、ヘーゲル、マルクス、マンハイム、マートン、パーソンズ、サルトル、シュッツ、

ウェーバー。

▼4 Bob Jessop *et al.*, "Authoritarian Populism, Two Nations and Thatcherism", *New Left Review* 147 (January, 1984).

▼5 Stuart Hall, "Popular-Democratic vs. Authoritarian-Populism: Two Ways of Taking Democracy Seriously", in Alan Hunt ed., *Marxism and Democracy*, Lawrence and Wishart, 1980.

▼6 ここでのタブロイド紙とは、例えば『ザ・サン』『デイリー・メール』『デイリー・エキスプレス』など、シンクタンクの中ではキース・ジョゼフ主催の「政策研究所（Centre for Policy Studies）」などが挙げられる。

▼7 Denis MacShane, "Ou sont les idees d'antan ?", *Critical Quartery* 38 (3) (1994), pp. 66–67.

▼8 この先本稿ではpopularとpopulistという、どちらもなかなか日本語には訳しにくい単語が頻繁に登場する。原則的にはカタカナ表記で通したいが、ところどころ「人々」と訳して原語を挿入していく場合があることを断っておきたい。ホールにおける使い分けを簡単に説明しておくと、populistまたpopulisticとは特定の歴史的状況において優勢な政治ブロックに分節化され合意を形成する人々の様態をさす。それに対してpopularはそのような支配的合意に回収されない人々の様態をさす。例えばpopular-democraticのように。「権威主義的ポピュリズム対民主的ポピュラー」の対立はこの違いを明確に示している。またpeopleという語は非常に曖昧に用いられているが、本稿で断りなく「人々」と訳されている場合の原語がpeopleだと考えていただければよい。popular cultureは不十分だとは思われるが、本稿に限って「大衆文化」と訳してある。

▼9 Nicholas Garnham, "Political Economy and the Practice of Cultural Studies", in Marjorie Ferguson and Peter Golding eds., *Cultural Studies in Question*, Sage, 1997.

▼10 Jim McGuigan, *Cultural Populism*, Routledge, 1992.

▼11 Simon Frith and Jon Savage, "Pearls and Swine: The Intellectuals and the Mass Media", *New Left Review* (198) (March/April, 1992).

▼12 Garnahm, op. cit, p. 67.

▼13 Frith and Savage, op. cit, p. 70.

▼14 McGuigan,, op. cit, p. 38.

▼15 Frith and Savage, op. cit, p. 107.

▼16 アーツ・カウンシルは、各地方自治体の地方税（council tax）収入と政府補助金（政府振興宝くじ導入後はナショナル・ロッタリーの売り上げ）によって設立されている公共の文化行政機関である。音楽、絵画から映像、パフォーミング・アートに至るまで、会場の提供や公演誘致だけではなく、若いアーティストへの資金提供や作品発表の機会の提供、コンクールやコンペティションの企画、地域ごとの芸術祭の主催などを主たる活動としている。第二次メージャー政権以降、次第に活発な活動ができるようになり、各地に新たなカウンシルが設立され始めた。

▼17 彼の最も重要な仕事は、一九七〇年代後期の社会情勢とパンクの勃興、およびファンの形成・出現・自己表現の過程を、ファンジンの出現という観点から緻密に実証的に検証した *England's Dreaming* であろう（Jon Savage, *England's Dreaming: Sex Pistols and Punk Rock*, Faber and Faber, 1991）。

▼18 Frith and Savage, op. cit.

▼19 Ibid., p. 116.

▼20 このキャンペーンについては『マルキシズム・トゥデー』誌が主とした媒体になっていたわけだが、一九九一年に廃刊が決定したとき、ホールは最終号にサッチャー自身に寄稿してもらおうと提案し、実際サッチャーに打診された。「海外遊説につき多忙のため」断られたが、こんなことを真剣に試みてしまうことこそ「ポップ」の一つの極みではなかろうか。フリスとサベッジがこれをどう考えているかは筆者には預かり知らぬところではあるが。

▼21 Stuart Hall, "The Culture Gap", in Stuart Hall, *The Hard Road to Renewal: Thacherism and the Crisis of the Left*, Verso, 1988; *Marxism Today* 28 (1) (January, 1984).

▼22 Ibid., p. 215.

▼23 Ibid.

▼24 Angela McRobbie, "Looking Back at New Times and Its Critics", in David Morley and Kuan-Hsing Chen eds., *Stuart Hall: Critical Dialogue in Cultural Studies*, Routledge, 1996, p. 259. こう述べた後にマクロビーは、ギルロイによる黒人ミュージシャンのレコードジャケットに関する批評を引用して文章を閉じている（Ibid., p. 260）。「アウトサイダーにとっては黒人音楽のレコード・ジャケットがどんなにありふれたつまらないものに見えよ

▼25

うとも、それは、商品としてのレコードが具体的な快楽の上にさらにつけ加えさせられてしまう美学的哲学的な民衆知識を示しているのだ」(Paul Gilroy, *Small Acts: Thoughts on the Politics of Black Culture*, Serpent's Tail, 1993, p. 246)。ここにグラムシの哲学と常識に関するノートが見えかくれしているのを読みとるのはそれほど困難ではあるまい。ついでに指摘しておけば、例えば日本でアイス・キューブを聞きながらロス・アンジェルスの白人警官への怒りをたぎらせ、ここぞとばかりにベル・フックスを引っ張ってきて自らの議論の正統性を固めた気になっている「知識人」が、一方でブラック・コリアンのナラティヴに全く無頓着であったりするのはどういうわけだろうか(スパイク・リー監督の映画『ドゥ・ザ・ライト・シング』のあの八百屋さんは忘れられてしまっている!)。それは、実は人種による範疇化が最も困難な「混血」でありながら、肌の色が「白くない」という理由で「マスターズを制した初めてのブラックプレイヤー」といわれてしまったタイガー・ウッズのかぶっているナイキのキャップを競って買う「知識人ではない日本の人々」とどう違うのだろうか。実は彼らはともに、「ミスター・ソウルマン」か、ひどい場合には「シャネルズ」ノリとたいして変わらない「ブラックネス」の想起の仕方にまみれているのではないだろうか。もちろんともに、「アジア」が表象されえない語彙の中での語りに過ぎないという点も確認しておかなければなるまい。

ホールに肩入れするあまり、ここで取り上げた諸批判を全て却下するかというと決してそうではない。少なくともイギリスにおける近年のカルチュラル・スタディーズの展開を省みるとき、以下の点についての彼らの批判は真剣に受けとめる必要がある(北アメリカを視野に入れるならば、さらなる自省の姿勢が求められるに違いない)。第一に、カルチュラル・スタディーズにおける「国家嫌い」の傾向。国家の機能と領域について、または文化的に媒介される国家領域のバーチャルな伸縮について、近年のカルチュラル・スタディーズは何も有効な理論展開を示せていない(Nicholas Garnham, “Political Economy and the Practice of Cultural Studies”, in Marjorie Ferguson and Peter Golding eds., *Cultural Studies in Question*, Sage, 1997, pp. 68–69)。スターリニズムの官僚制的全体主義への嫌悪が未だに尾を引いているなどという断りは今さら通用しないだろう。第二に政治経済的な制度的諸力の諸関係を無視することによってのみ成立する「ラディカルなテクスト主義」に対する批判(Jim McGuigan, “Cultural Populism Revisited”, in Ibid., P. 152)。これへの回答の一つがオーストラリアを中心に展開している「文化政策研究」であり、フーコーの「統治性」概念の最近の見直しも、このような系譜の中で考えることができる。つけ加えれば、「間学術領域的（interdisciplinary）」という謳い文句の下に展開したカルチュラル・スタディーズだが、実のところそれが最もヘゲモニックになったのが既存の英文学部の内部であったという事実が、ここに来て大きなしっぺ返しとなってのしかかってきている。つまり「お手軽」で「ファッショナブル」で、「ディアスポラ」とか「ハイブリッド」という響きのいい言葉を駆使して特定の作家の特定の作品を読めばそれでいい。それでいて何か「状況に介入」しているような気分にさせてくれる空間として、既存の文学部は最も都合のいい場所になってしまっていたわけだ。これに反して、マクロビーによる「社会的リアリティと社会的自己」やギルロイによる「言説としてではない歴史と歴史記述の可能性」の追求は、数少ない社会科学の衣をまとったカルチュラル・スタディーズの試みとして存在感がある（Angela McRobbie, *British Fashion Design: Rag Trade or Image Industry?*, Routledge,1998; Paul Gilroy, op. cit.）。

▼26 Edward P. Thompson, *The Poverty of Theory and Other Essays*, Merlin Press, 1978 を参照。しかし筆者は、トムソンの「抽象化の水準」に関する議論、すなわち理論は理論の内部でのみその自律性を確証されてはならないという主張は保持されるべき有効性を持っていると思う。

▼27 Ernesto Laclau, *Politics and Ideology in Marxist Theory*, New Left Books, 1977, pp. 108–109（エルネスト・ラクラウ『資本主義・ファシズム・ポピュリズム――マルクス主義理論における政治とイデオロギー』横越英一監訳、柘植書房、一九八五年）.

▼28 Jorge Larrain, "Stuart Hall and the Marxist Concept of Ideology", in Morley and Chen eds., op. cit.

▼29 Ibid., p. 65.

▼30 Ibid.

▼31 二度にわたる保守党の生き残り戦略とキャンペーン――一九八三年と一九八八年の総選挙――を通じてホールが定式化したイデオロギーの言説的再定義については Hall, "The Culture Gap", pp. 9–11 を参照。

▼32 Garnahm, op. cit., p. 59.

▼33 McGuigan, op. cit., pp. 26–27. つまりマックギガンは、「権威主義的ポピュリズム」という概念構成自体を認めず、単なるポピュリスト政治としてとらえているわけである。ここにも、左翼知識人がサッチャリズムを特殊性ではなく普遍性でとらえていることがわかる。つまり、その複雑な言説編制にではなく、保守的、右翼的な

政治権力の奪取の変異体としてとらえているだけなのである。

▼34 Frith and Savage, op. cit., p. 107.

▼35 Ibid.

▼36 Simon Frith, "Knowing One's Place: The Culture of Cultural Industries", *Cultural Studies from Birmingham* 1 (1991).

▼37 Ibid., pp. 150–151.

▼38 例えば以下のようなものだ。「彼ら（既存の左翼知識人）は右翼が提示した分析の範疇を全く受け入れようとしないので、物事を見通すことができず、袋小路に入ってしまっている。というのも、実際私たちはみんなもう知っているのだ。消費資本主義のゆっくりとした、不均衡で、矛盾に充ちたインパクトは、社会的諸関係や文化的な諸性向を極めて広範かつ不可避的に改造し再形成したということを。左翼に対する一般の人々の（popular）見解とは裏腹に、この前提に関していえば、「非マルクス主義者」ではないものは何もない。資本主義はその歴史を通じて、それ自体と私たちみんながとらえられている文化的諸関係とを常に再構築してきた。それが根源的に搾取のシステムであるという事実によっては、資本主義はその危機の直中にあっても、一つのダイナミックなシステムであることをやめさせられたわけではなかった。それはそれが生き残る地盤を常に革命的に変革してきたのである——マルクスの有名なフレーズを使えば、「全て確固としたものを煙りへと溶解させて」」（Hall, "The Culture Gap", p. 212）。

▼39 Stuart Hall, "Notes on Deconstructing 'the Popular'", in Raphael Samuel ed., *People's History and Socialist Theory*, Routledge and Kegan Paul, 1981, pp. 238–239.

▼40 Stuart Hall *et al., Policing the Crisis: Mugging, the State, and the Law and Order*, Macmillan, 1978, p. 48.

▼41 Louis Althusser, "Contradiction and Overdetermination", in *For Marx*, Verso, 1993, pp. 99（ルイ・アルチュセール『マルクスのために』河野健二ほか訳、平凡社ライブラリー、一九九四年、一六二－一六三頁）.

▼42 Stuart Hall, "The Great Moving Right Show", in Stuart Hall and Martin Jacques eds., *The Politics of Thatcherism*, Lawrence and Wishart, 1983, p. 31.

▼43 この講義は九回連続であったが、そのうちの六回分がStuart Hall, "Signification, Representation, Ideology: Althusser and the Post-Structuralist Debate"として発表されている（*Critical Studies in Mass Commnication* 2 [2] [July, 1985]）。

▼44 Ibid.

▼45 Ibid., p. 102.

▼46 この二つの分裂が導いてしまったマルクス主義の理論的諸問題について、ホールは以下のように述べている。「再生産の問題は、マルクス主義へ、（男性的な）極へ、そして主体性の問題は精神分析の、フェミニスト的な極へと押しやられてしまった。……後者は人々の「内部」について、精神分析について、主体性について、そしてセクシュアリティについての問題として構築され、それに「ついての」問題だと理解された。フェミニズムへのつながりが理論化されたのはこの側面である。前者は、社会的諸関係、生産、生産システムの「ハード・エッジ」についてのものであり、それはマルクス主義と階級還元論的言説とはどういうものかということである。一つの理論的プロジェクトのこのような分岐は、イデオロギーという問題設定の実質的展開の不均衡性にとっては、その政治的効果を減ずるということは言うに及ばず、最も悲惨な帰結をもたらした」(Ibid, pp. 102–103)。「国家イデオロギー装置」論の二つの問題設定の根本的矛盾についてはミシェル・バレットの読解を参照（Michele Barrett, *The Politics of Truth: From Marx to Foucault*, Polity Press, 1991）。バレットによる一つの指摘。「多くの女性にとっては街角で「呼びかけられる」経験（特に口笛で！）は、個人のアイデンティティを否定し、いらいらするほど属性的な（――女性ではないと言われないような）言葉で呼びかけるという、（一般的個人の創出とは）正反対の効果を持つと言えるかもしれない」(Ibid., p. 101)。

▼47 もちろん、暫定的な段階の問題として、いかにあるシステムからこぼれ落ちて浮遊する諸要素があるかということを示すためには、そのシステムがいかに強固で全体化されているかという前提に立たなければ、それほど説得力がないという言い方もできる。しかしこれは通時的なリニアーな思考であり、ある意味では目的論的である。そうではなく、イデオロギーの作用は共示的でかつ不可逆的であること、すなわちあるイデオロギーの作用は特定の物質的原因へと遡ってそれを特定すれば説明することができる、という論理の置換こそアルチュセールから摂取できる論点ではなかろうか。

▼48 表象とはある種の全体化（ホールの言葉で言えば「イデオロギー的な閉止」）であるのだから、理論的な整合

性を気にするならば「表象の不可能性」と言わなければならないのかもしれない。しかしにもかかわらず表象は、反映としてではなく生成的な実践の効果として可能なのである。もはや私たちは、理論や概念の洗練ばかりを追求した知的ゲームの結果による「……の不可能性」という言い方の濫用を心地よく感ずる季節を、とっくの昔に過ぎているのではないだろうか。理論的な達成点である「……の不可能性」という語彙を保持したまま、闘争の場は、どうやって表象の領域（sphere）をこじ開けるのか、という実践的な水準に移行しているはずである。

▼49 Laclau, op. cit.

▼50 Hall, "Popular-Democratic vs. Authoritarian-Populism: Two Ways of Taking Democracy Seriously", pp. 174–175.

▼51 この時期のホールには、理論的な論考だけではなく、例えばタブロイド紙によるサッカー・フーリガンの「作られ方」（Stuart Hall, "The Treatment of 'Football Hooliganism' in the Press", in Roger Ingham *et al.* ed., *Football Hooliganism: The Wider Context*, Inter-Action Inprint, 1978）、タブロイド紙に現れるニュース写真の意味（Stuart Hall, "The Determination of News Photographs", in Stanley Cohen and Jock Young eds., *The Manufacture of News: Social Problems, Deviance and the Mass Media*, Constable, 1973）、テレビの時事番組に見られる個々の番組内容に共通して潜む「統一的な」意味作用の傾向（Stuart Hall, with Ian Connell and Lidia Curti, "The 'Unity' of Current Affairs Television", *Working Papers in Cultural Studies* 9 [Spring, 1976]）、リベラルだと理解されているメディア内容から読みとれる人種差別のイデオロギー編制など（Stuart Hall, "The White of Their Eyes", in *The Media Reader*, British Film Institute, 1990）、非常に地道で——実証主義的（positivistic）ではなく——具体的な（concrete）研究があることを今一度強調しておきたい。

▼52 Paul Gilroy, *There Ain't No Black in the Union Jack: The Cultural Politics of Race and Nation*, Chicago University Press, 1991, p. 58（『ユニオンジャックに黒はない——人種と国民をめぐる文化政治』田中東子ほか訳、月曜社、二〇一七年）.

▼53 Ibid.

▼54 Hall, "The White of Their Eyes", p. 34.

▼55 それに対して「常識」の概念は、至る所で具象化され奪用されている。『危機を取り締まる』から Stuart Hall,

"Toad in the Garden: Thatcherism among the Theorists", in Cary Nelson and Lawrence Grossberg eds., *Marxism and the Interprettion of Culture*, Macmillan, 1988 にいたる一連の「文化と支配」に関する論考を参照。

▼56 David Fogacs and Geoffrey Noel-Smiths eds., *Antonio Gramsci: Selected Cultural Writings*, Lawrence and Wishart, 1985, p. 198.

▼57 Ibid., p. 208.

▼58 より簡潔な要点は、本書第八章を参照。

第六章　人種化された国民、国民化された人種

彼は師匠だったね。インディペンデントの左翼としてこうなりたいなぁと思わせるようなイメージだった。私のモデルだね、ジェームズは。
——スチュアート・ホール

1．文化と「国民 - ポピュラー」の問題

スチュアート・ホールがジャマイカ生まれの黒人であり、彼が黒人ディアスポラの知識人として何を言い、何をしてきたかはすでに本書を通じて論じてきた。彼の発話の位置性が、伝統的な白人左翼との「文化的ギャップ」を積極的に際だたせ、その結果彼らの愛国主義的かつ白人労働者階級依存的なポピュリズムを徹底して批判するスタンスが生み出されてきた。人種と国民の強力な代補関係の理論化を、私たちはすでにホールのウィリアムズ批判の中に、アイデンティティと表象の理論に、グローバライゼーションへの視点を読みとることができる。

先行する理論に対する彼のスタンスも、例えばグラムシの著作を、左翼がマルクスに対してしてしまっ

た「正典化」——ホールは「濫用／虐待」と言うが——から守らなければならないとホールは言う。マルクスを引用することによって外部の介入から自己の言説を閉ざしてしまったこと、これが左翼の理論的失敗の大きな原因であった。これをグラムシに繰り返してはならない。C・L・R・ジェームズの研究者であるグラント・フェアードがジェームズの読み方に関して整理しているように、ジェームズの理論的仕事は、その理論が生産された「契機——政治的介入とイデオロギー的傾向」「場面——形式的な政治的役割につかなかったこと」「諸条件——流浪と移民の体験」を常に視野に入れて読まれ、用いられなければならない。[1] 実のところこのフェアードの警句は、ホールのグラムシに対する構えをそのままジェームズに移項させて整理したものだと考えることもできる。曰く、「ある卓越した理論家からの引用が、しばしばそうであるように、当座の問題に対する実質的な介入の代補として機能するということがあってはならない」[2]。どれだけ引用できるかということそれ自体が奪用の索引集を意味するわけではないし、むしろかえって理論がそもそも持っていたイデオロギー的政治的緊張感を無化してしまう危険がある。

　思想家や知識人のイデオロギー的政治的有効性を空洞化させることなく今ここで論じている状況に組み込むこと、これが卓越した理論を奪用することであり、これこそホールが最も強調していたことである。彼のこのような構えは、学術的作業、その知識産業による商品化戦略、そうした知識を通じた状況への介入、どれをとっても根本的な知識人の機能に関する批判——ホールが「知識人の二つの戦線」と呼ぶものに見ることができる。一方では知的理論的作業の最前線に立ち、他方では専門的な知識人としての機能を通じて、それらの知識と理論を知識人階級に属さない人々に伝えること[3]——を裏付けていたはずであり、このような構えが、ホールを既存のイギリス知識人階級からの強い批判の矢面に立たせてきたのであり、それと同時に強力なカウンター・アタック——それも行き当たりばったりではなく周到に用意された——

の担い手とさせてきたのである。

しかし筆者は、一九八〇年代のホールの言説の中に、ある特定の、しかしイギリス社会の「常識」とギリギリのところで折衝している局面において、国民という境界がどちらにしても──それを脱構築するにしても排他的な「イギリスらしさ」を追求するにしても──ある種の解決済みのものとして取り扱われている点を認めざるをえない。ポール・ギルロイが「イングランド左翼の自然化／帰化された愛国主義[4]」と名付けたアイデンティフィケーションの構えが、ホールの言説の中にも見いだされるのではないかということ、この点について考えてみたい。

2. 左翼知識人の「国民の言語」

ここではイギリス左翼知識人の諸言語から構成される特定の言説編制に焦点を当てることを、まず断っておきたい。こう断ったうえでの疑問は、ホールはイギリスの労働者階級や黒人のイギリス人（Black British）について語り、イギリス人的なもの（Britishness）やイングランド人的なもの（Englishness）について批判するが、彼が書き、語るものを、読み、聞くことによって、それらを「自分」の問題として受けとめられるのは、一体どこの誰なのだろうかということである。言い換えれば、一体ホールの問題設定に対して、実践的主体として共鳴できるのは誰か？

ホールに限らず、イギリスにおけるカルチュラル・スタディーズがイングランド中心主義であり、ロンドン中心主義であり、都市中心主義であるという批判はそれほど目新しいものではない[5]。そしてこれらの批判を最も真剣に受けとめているのがギルロイだといっても過言ではない。すでに多く引用されている『ユニオンジャックに黒はない』において、ギルロイはイングランドの左翼知識人の言語が、なぜまず最初から国民化されていなければならないのかと疑問を提示している。

まずもって地方や地域の伝統という観点から自己認識を作り上げ、定義している人々がいるところで、国民的アイデンティティが喚起する政治言語が最も効果的であるとは思えない。例えば、なぜ社会主義者がウェールズ、ヨークシャーまたはタイン河畔の声に、イギリスの国益に基づいた言語を用いて答えねばならないかということについて実質的な議論はなされていない。これらの土地は全て、地域的な伝統が政治組織の主軸となっているにも関わらず。「ジョルディ（Goerdie）」「ヒッニー（Hinny）」「ブラミー（Brummie）」または「スカウス（Scouse）」、これらは皆、「イギリスの同胞諸君」とか、市民権というものが人種の磁場にとどめおかれたままなのに「市民諸君」などという言葉から始まるものよりも、よほど社会主義的な政治の進展に調和しうる政治的アイデンティティなのではなかろうか。こうした地方の、地域的な主体性は、国民的なものと同じように人種に分節化されているとは限らないのである。[6]

「社会主義の政治」なるものを半ば嘲笑気味に採り上げるギルロイが注目しているのは、単にここに彼が挙げた諸地域が労働党の地盤であり、イギリスの中で組合活動の最も盛んな場所であるということだけではない。そうではなく、各地域ごとに国民性と階級との分節化が根本的に不均衡であるということを確認するためである。支配階級と労働者階級という「二つの国民」の構図にどっぷりと浸かってきたイングランドの左翼知識人や政治家たちの言語は、実のところ誰のことを指しているのだかよく分からない支配階級というものから、とにかく距離を取るということを第一の構えとしてきた（そう、サッチャーの選挙キャンペーンにおける支配階級とは、まさに労働党や組合幹部のことだったのだから）。その結果彼らは、「品行方正な労働者階級（respectable working class）」がイングランド的なものの中心性によって構築される瞬間に、「イングランド人であることの快楽」からも距離を取ることができなくなっていた。これこそ、労働者階級が本来の性向として備えているはずの支配階級への抵抗の心性と独自の階級文化の創発力をなんとか理論化し、「再発見」しようとしたトムソンのポピュリズムに他ならない。

「ここ（イギリス）は暴れ者の輩だけの国ではない。詩人や発明家の、思想家や科学者の国であり、ある程度世界から尊敬を集めているところだ。我々以前では古代ギリシャと同様に、人類の文化の革新の地なのである」[7]。ここでトムソンがいう「我々」とは誰か。ほとんど言いがかりにも近いような態度でギルロイがこの文章を引用し批判するのは、トムソンが付与しようとしている「我々」が、常に-すでにイングランドの「国民的遺産」を受け継ぎ、自らの伝統として継承していくことを期待されている人々——つまり白人——であるからである。少なくとも「我々」ということによってイギリス国民国家を表象させることに疑念がないということ、ここにギルロイはトムソンの無意識の愛国主義を見いだす。すでに一八世紀には約一万人の黒人労働者がテムズ南岸を中心に隔離生活を強いられ、一九世紀の半ば過ぎからは黒人奴隷の子孫や植民地インドから強制的に本国に連れてこられた期間労働者たちが「イングランドの労働者」として記録されているにもかかわらず[8]。このようにギルロイが導くより大きな問題は、イングランドの個別的で特殊な状況を「イギリスの問題」へと全体化させてしまう左翼知識人の論理であり、なぜ「人々」へのアピールが簡単に「白人の人々」へのアピールへと転化してしまうのかということであった[9]。

このようなイギリス人らしさ、イングランド人らしさ、肌の色、人種が絡み合って「我々／やつら」の境界を決定し、政治的言説に組み込み、常識化していく過程は、「権威主義的ポピュリズム」の最もダイナミックな部分であった。「人々」と国民の位置性の照応性に疑念のない左翼とは異なり、サッチャリズムの言説戦略は、「人々」を「支配階級の下に統一化された国民」ではなく、むしろ「支配階級対ごく普通の（common）庶民」という構図の下に置き換えた。もちろん、ここでいう支配階級とは、キャラハン労働党内閣であり、その支持母体である労働貴族である。そしてサッチャリズムは従来の保守党政権からは考えられないような規模で労働党の地盤を奪取したのである。このサッチャリズムによって引き起こされた新たなイデオロギー闘争の局面について、例えばホールは以下のように述べている。

イギリス労働者階級の三分の一の自己認識は、その投票行動の様子から見ると、「当然のごとく他のものたちを支配するために生まれてきたものたちに適切に従属している」というものである。かの有名な労働者階級の保守党への忠誠が表しているのは、彼らの階級位置の認識は必ずしも我々が思っているようなものではないということである。例えば、多数者である被搾取階級は、我々を支配している支配階級にとって変わるべきだ、などのように。[10]

私たちはすでに、左翼の言語における人々がなぜ「白人」の人々へといとも簡単にスライドしていくのかというギルロイの疑問を確認し、その徴候の一つをトムソンの言説の中に見た。ここで提起したい疑問は、たった今引用したホールの言語の中に見られる「イギリス労働者階級」「彼ら」「我々」とは一体誰かということである。むろんホールが実際何を、誰を想定してこのような文章を書いたのかということではなく、彼がこれを書いた時点で、特定の言葉がどのようなコノテーションの連鎖に組み込まれ、どのような政治的イデオロギー状況に位置づけられるのかということが問題である。重箱の隅をつつくような質問かもしれないが、ここでホールが言う「イギリス労働者階級」に北アイルランドの労働者階級——カトリックであれ、プロテスタントであれ、ムスリムであれ、仏教徒であれ（そう北アイルランドの住人はカトリックとプロテスタントだけではない！）——は入っているだろうか。今さらながらいわゆるイギリスの正式国名を日本語にすれば「グレート・ブリテン及び北アイルランド連合王国」である。法的制度的行政区分的な国民を基準に考えれば、ホールの言うイギリスはグレート・ブリテンに相当する。北アイルランドは法制度上イギリスではない。ところが、では一体なぜ私たちは「北アイルランド紛争」と呼ばれる事態を毎日毎日（少なくともイギリスで生活する限り）、「国内ニュース」としてマス・メディアを通じて目にし、耳にしているのだろうか。

　少なくともその理由の一部分を構成するのは、自分たちを「イギリス人」だと認識し、イギリス人であることをアイデンティティとしたいという欲望を政治、経済、文化のあらゆる社会生活の審級で表明し続けている人々がその地域人口の過半数以上を占めているという事実である。地域的にはアイルランドでありながら、決してアイリッシュの文化を公式的に受容しようとしない人々。その人々がユニオニストと呼ばれる。▼[11] そしてベルファストを中心とするリーガン河畔は、前世紀末以来リネン、造船、鉄鋼業を中心とした連合王国屈指の重工業地帯であったし、現在もそうである。階級対立、労働争議は引きも切らず、非熟練工であったカトリック労働者への職業差別のため、各行政人口区分あたりの失業率は未だに連合王国内のトップを独走し続けている。

　政党政治の次元で多数派を占める中産階級基盤のアルスター・ユニオニスト党（UUP, Ulster Unionist Party）と、一九九七年の総選挙及び北アイルランド地方選挙では社会民主労働党（SDLP, Social Democratic Labour Party）、シン・フェイン（Sinn Feinn）に次いで第四党に落ちてしまったが、依然労働者階級コミュニティに固定支持層を持つ民主ユニオニスト党（DUP, Democratic Unionist Party）を合わせたユニオニストの政治言語は、常にイギリスの語彙の索引から引用され、イギリス人であることを表明するために用いられる。プロテスタント・アセンダンシー（プロテスタンティズムの後継者）と呼ばれる彼ら／彼女らがイギリス市民権を維持し続けるための根拠として挙げる「アイルランド再統一の脅威」（アイルランドは未だかつて「統一国家」になどなったことはないのに！）、「ローマ・カトリックによる宗教弾圧」はともに積極的なアイデンティティ構成要素のレパートリーではなく、常にナショナリスト側へのリアクションであり、一九一二年のアイルランド自由国（Irish Free State）の独立以来、近代国民国家システムの中で形成されてきた公的なアイデンティティの保証の間で宙ぶらりんにされたある種の「クレオール的な心性」[12]を維持したまま、アルスター・ナショナリズムの企図も決して共通理解を得られるには至っていない。むろん、北アイルランドの議員は皆北アイルランドとアイルランド共和国にまたがっている諸政党員であり、正式の保守党員もイギリス労働党員もいない。この意味ではホールがここで言及しているのは明らかに北アイルランドを除いた連合王国労働者階級であることに間違いはない。

筆者は、「イギリス労働者」に北アイルランドの労働者階級を組み入れて考えるべきだと主張しているのでは、もちろんない。そうではなく、ここでのおそらくは無意識の北アイルランドの排除の中に、イギリス左翼がアイルランド紛争の激化以来保持し続けてきた、最大の当事者であるにも関わらず無関係と不干渉を決め込む逆説的なイングランド・ナショナリズムの徴候を見てしまうのである。つまり、北アイルランドにおけるナショナリストのアイリッシュ・ナショナリズムも、北アイルランドにおけるユニオニストのブリッティッシュ・ナショナリズムも、ともに「極端な原理主義」であると非難するだけしておいて、結局はイングランドの国益の外縁を強固なものにしているという意味で逆説的なのである。

一九六九年以後新局面を迎えているアイルランド問題に対する左翼の見解の根底にあるのは、それが長期にわたるイギリス帝国主義とユニオニスト・ファシズムとの共謀の遺産であり、社会生活のあらゆる局面で機会の均等を剥奪されてきたカトリック非熟練労働者階級への差別とそれへの抵抗であり、宗教とナショナリズムの原理主義の制度化であるというものであった。[13] これらは、国境を越えた労働者階級の連帯によって克服されねばならないというのが共産党を含めた左翼の政治的論理であるが、彼らイギリス左翼自身の階級的位置がイングランドのナショナリズムと男性主義によって裏付けられている以上、暴力的にでもイギリスからの分離を進め、イギリス以外の国民国家システム（アイルランド共和国）への融合を政治目的とする人々が少なからず存在する北アイルランドのカトリック労働者コミュニティと、連帯の糸口を見つけだすというのは至難の業であったわけである。[14] まして、北アイルランドにおけるカトリックの公民権運動が、比較的上層の労働者階級と中産階級の知識人の女性を実質的な中心としたものであったため、ジェンダーと階級の境界を交えた上で照応点を見いだすことができなかったといっても過言ではない。つまり、最終的にはＩＲＡ（Irish Republican Army）の暴力が紛争の原因であるという支配的な言説になんら有効な対抗的言説を突きつけられぬまま、結局はイギリス国家の責任を常に回避する方向にしか進めなかったのが現状であった。

北からも南からも含めて、イングランドの重工業地域におけるアイルランドからの移民は、旧大英帝国《コモンウェ》諸国《ルス》からの非白人の流入が始まるまで、最下層だがしかし不可欠な労働力の提供者であった。インド人、パキスタン人、カリブ移民、アフリカ移民とアイルランド人との違いは、第一に肌の色である。第二に、これはもちろん歴史的な状況の違いでもあるのだが、黒人の労働力は常に代替可能なものであったのに対して、すでにアイルランド人労働者はイギリス国内に定住し、中には市民権を獲得し、白人であるという人種的には相対的な階層性の上位に位置づけられていたということである。

そこで、例えば、アイルランド人に比べれば黒人の悲惨さは比べものにならないのだから、黒人差別の方が語るべき優先順位として上である、という意見もあるだろう。しかしこれほどお粗末な人種、国民、エスニシティ、階級の捉え方はない。このような被支配側の優先順位付けそのものが、そのような捉え方では全く影響されず、その語りの中では不在であるがゆえに「悲惨さ」の程度を決定し、そのような意見を発することを可能にしてしまう権力の中心、イングランドの言説によって語りの枠組みそのものを規制されてしまっているからである。また、アイルランド人と黒人の「移民の歴史」の違いを根拠にして、トムソンによる黒人の除外とホールによるアイルランド人の除外を同じ次元で論じることはできないという意見もあるであろう。つまり、黒人の移民と差別の歴史はまだ浅いのだから、様々な矛盾がより鮮明であるのは当然ではないか、というように。しかし、植民し、搾取し、移住させ、ほぼ無償の労働力を削り取る帝国の力は、こうした帝国経営のための諸手段の労力を計り効率性を追求しながら、その対象から「歴史性」を剥奪することによってそれらを「自然化」し、「帝国の時間」に組み入れるのである。つまり、一方では出身も、人種も、肌の色も、言葉も異なるのに「黒人」という集合名詞が用いられ、他方ではたった六〇マイルしか離れていない一つの島から連れてこられた肌の色も白い人々に、近代国民国家と同じ名称である「アイルランド」という名前を付ける。両者は本来全く別の次元で語られるべき人々の集合体であったのかもしれないが、それらはイギリス人、もしくはイングランド人との距離によって、権力の参照点によって断続的に再定位される主体位置であることに変わりはない。白人イギリス人、イングランド人に向き合えば、歴史的に見れば、最下層の非熟練労働力であり、厄介なものであり、犯罪や「問題」のたねであり、社会的「危機」の原因であり、外縁に、環縁にいる他者であった。しかし決定的な違いは肌の色であり、連合王国のアイルランド人が目に見える他者として位置づけられなかったのは、まさに「白さ（Whiteness）」と「黒さ（Blackness）」の違いゆえだったのである。[15]

筆者は北アイルランドという個別の特殊な問題域についてホールが無頓着であると批判しているわけではない。むしろここでのアイルランドは補助的な参照の対象に過ぎない。むしろアイルランドを除外することによって、ホールの用いている「イギリスの」や「イングランドの」という言葉とその用い方が、社会的諸言説におけるイングランド的なものの全体化＝国民化言説と共謀＝分節化してしまう可能性を強調したいのである。[16] アイルランドは、イギリスの文化政治を語る上で無視するには近すぎるし、真剣につき合うには遠すぎるのだろうか。

3. 文化に動きを！

国民化されてしまっている人種、人種化されてしまっている国民、これらはともに民主的ポピュラーの発話の位置をこじあけるために置換されなければならないコノテーションの連鎖で充満している。本章の中で幾度も繰り返してきたイングランド左翼知識人の無意識の愛国主義と人種差別主義的実践との共謀を説明するのに最も適切だと思われる例の一つが、ジャマイカ生まれのイングランド代表サッカー選手ジョン・バーンズに対するリヴァプール・ファンからの人種差別ヤジ（racial abuse）である。支配階級に対峙するべき労働者こそが人種差別の主体であるという状況、左翼知識人が期待する実践的主体の理想像は、「人々に」に対して発する言葉をすでに持っていると思いこんでいた彼ら知識人の状況そのものの写し身であったのかもしれない。

バーンズのサッカー選手としてのキャリアを追っていくと、黒人としての彼のプレー、彼の身体を通じて、国民化、人種差別、地域アイデンティティといった諸要素が民主的ポピュラーな「発話の位置性」の獲得にどのようにつなげられていく可能性をはらんでいるのかということを考えることができる。一九八七年ワットフォードからリヴァプールに移籍したバーンズを待ち受けていたのは、ありとあらゆる賞賛、非難、中傷、そして人種差別であった。スタンドからピッチに投げ入れられるバナナの皮、味方のファンからの人種差別ヤジ、もちろん相手クラブの白人ディフェンダーからの執拗な、時には必要以上にラフなマークと人種差別ヤジ。[17] バーンズは、両親とともにジャマイカからの移住者であり、イギリスとジャマイカの二つのパスポートを持っている。そのバーンズが、リヴァプールのフォワードを張りチーム内の得点王となると、イングランド代表の監督ボビー・ロブソンは彼を代表チームに抜てきした。それは、ルート・フリット、マルコ・ファンバステン、フランク・ライカールトを要するオランダが一九八八年のヨーロッパ選手権を無敵の強さで制する前夜であった。ところが順風満帆に見えた代表チームでのバーンズのキャリアが危うくなる大きな事件が起きる。「ヒルズバラの悲劇」である。一九八九年四月一五日、FAカップ準決勝、ノッティンガム・フォレスト対リヴァプール戦の試合開始直前、舞台であるシェフィールド北東部にあるヒルズバラ・スタジアムの南東側テラスに詰めかけていたリヴァプール・ファンが将棋倒しになり、ピッチとテラスを仕切るフェンスに押しつけられて九六人が死亡（うち一名は後に病院で死亡）したあの悲劇である。[18]

第一に、この事件は一九七〇年代末から激化＝劇化していた一連の「フーリガン」言説の大転換をもたらした。当時、極右、愛国主義と人種差別のシンボルに彩られたイングリッシュ・フーリガンの「脅威」が、一方ではメディアを通じて、他方では具体的な一連の必ずしも暴力的な男性ファンによって引き起こされたものではない死傷事件の発生を通じて「社会的合意」を獲得しつつあった。そこではちょうどホールが『危機を取り締まる』において描き出し、「権威主義的ポピュリズム」のテーゼに組み込んだ「法と秩序」の原理が、サッカー・スタジアムとその周囲を舞台として現実化されていく。当時、リヴァプール・ファンに限らず、試合前の飲酒、景気づけの大合唱は「テラス文化」としてサッカー文化のコアであり、「当たり前」の儀式であったわけだが、それゆえに同時にサッカー・ファンは潜在的なトラブル・メーカーとして警察の監視と管理の下に置かれなければならない存在として意味付けされつつあった。彼らは常に「問題の種」だったのだ。特に、一九八五／八六年のシーズンは、ブリュッセルのヘーゼル、ブラッドフォード、バーミンガムとたて続けにファンが死傷するという事件が起きており、警察当局、当該地方自治体は、いかにゲーム前にファンを統制しておくかを体系的に、かつ権威主義的に試行錯誤していた。この日、収容可能人数をはるかに越える五万人近くのファンがスタジアムの周囲に集まっており、スタジアム周辺の住宅地域への影響も懸念され、おまけにチケットが指定人数以上の数売りさばかれているという事情が重なっていた（基本的には立ち見なのだから、入れられるだけ入れるというのが原則）。監視カメラによってファンの動向を逐一チェックしていた担当の南ヨークシャー警察は、チケットを持っているのに中に入れないと騒ぎ立て始めた一部のファンが周囲の住宅地域に入り込んで暴れることを防ぐために、本来開けることのない用具の搬出入に使用するスタンドへの入り口を開け、ファンをテラスの中にいわば押し込んだ。スタジアムへの封じ込め（containment）、サッカーに直接関係のない世界とスタジアムとを遮断し、サッカー関係のトラブルを全て特定の空間の中で処理しようとしたのである。その結果が、一〇代の姉妹を含む一八人の女性と七八人の男性の圧死であった。ヒルズバラはまさにサッカーにおける「事前の取り締まり」の皮肉な、しかし極めて政治的な結果とも言えるのである。[19]ところが警察発表は、物理的空間的にだけではなく、事柄の原因と意味までもサッカー・ファンへと封じ込めようとするものであった。つまり、この事件は一部の暴力的なファンが引き起こした結果の「偶然の事故死（accidental death）」であるというように。そして、サッカーの暴力に関係のない「普通の市民」は、サッカー文化の一層の取り締まりと統制を支持している、とされた。草の根からの支持を根拠に社会空間、社会的意味、人間の身体を規整していくポピュリズムがここに見て取れる。

しかし、このような体制側の手続きとメディアの反サッカー的な言説戦略はヒルズバラに始まったものではなかったし、それらに対する対抗的言説や諸活動もすでに現れていたのである。一九八五年のヘーゼルの悲劇[20]の直後には、リヴァプール・ファンのロガン・テイラーを中心にして、「フットボール・サポーター連盟（FSA, Football Supporters Association）」が設立された。テイラーはそれまで、これといった学校の奉仕活動も、コミュニティ活動も、サポーター・クラブにも属したことのないごく普通の「土曜の午後だけのフットボール・ファン」だったが、ＦＳＡ設立の動機について彼は、「人々が完全にゲームから疎外されている現在のフットボールについて何かを口にするため」と説明している。[21]これに呼応するように、サッカーとはプレーヤー、監督、クラブ経営陣が「する」ことを「見る」ものだと考えられていたファンダムのラディカルな転換が、いくつものサッカー・ファンジンの出現に見て取れる。[22]

第二に、ジョン・バーンズその人をめぐる人種と国民の問題である。ちょうど一九九〇年イタリアワールドカップの予選が始まろうとしていた矢先のこの事件のあと、バーンズは代表チームでプレーすることを何度か拒否した。理由は、ヒルズバラの犠牲者への服喪だというクラブ側の発表があったが、サッカー文化全体の危機に積極的な手を打たない連盟への批判的態度ではないかとも言われた。もちろん、ヒルズバラのトラウマは特にリヴァプール側の選手に重くのしかかり（もちろんリヴァプールには八五年の「ヘーゼルの悲劇」もあったのだから）、例えば当時アイルランド共和国代表のストライカーであったジョン・オルドリッジは、鬱の症状から抜け出すのに丸四年を要しているが、このバーンズの選択は、実際彼が出場機会の割に得点率が低かったこととも相まって、イングランド・ファンの間に「だから黒人選手はイングランド人にはなれないんだ」という新たな人種と国民との相互排他性の再認を刻印していくことにもなった。ところが、ヒルズバラ以降のリーグでのバーンズの活躍はめざましいものがあった。ピッチの上だけではなく、監督のケニー・ダルグリッシュとともに犠牲者の家を一軒一軒周り、墓地を訊ねて回った。結果、地域のレベルでの味方からの人種差別ヤジはほとんど聞かれなくなったという。しかし、これはバーンズや黒人選手一般に対するリヴァプール・ファンの人種差別が消滅したということではない。むしろ、消滅か残存かという二者択一化はあまり意味がない。

というのも、それまで黒人選手に付与されていた「黒人男性」のコノテーションは、運動能力、性的能力において白人よりも優れており、それゆえに支配的な白人男性の男性性に対する最大の脅威であったわけだが、同時に、本来は心優しく、すれてなく、おおらかで、計算高くない、チームに忠実な選手という意味の連鎖も備えられていた。もちろん、この連鎖は、洗練と知性に欠けた原始的な肉体派というステレオタイプを共示している。[23] タブロイド紙のバーンズの表象は、このようなコノテーションの隙間を行き来し、結局のところあらかじめ外縁を与えられた「黒人」の範疇を拡大することも縮小することもせず、黒人アスリートの「羨望の的としての偶像化」へとバーンズの位置を収斂させていっただけであった。それは同時に、黒人の社会化――すなわち主体性の「イギリス人化」――の空間をスポーツに封じ込めていくことにもなるのである。[24] 大衆文化の一ジャンルであるサッカー、「国民的スポーツ」であるとともに、未だ白人支配であり（FAの保守的体質を見よ）、未だに労働者階級主体の文化として位置づけられているサッカーに積極的な社会的発話の位置を限定することによって、黒人男性選手や黒人のファンのアイデンティフィケーションは、白人の視線を必ず媒介することによって支配的に構造化された社会編制に矛盾することのない程度に可能域を与えられる。「白人の目」はまさに「白目」のように光を知覚する器官の外にありながら、「黒目」や瞳という知覚の機能を果たす諸機関を全てその内部に位置づけているのである。例えばこれは極端な一例だが、「うちのニガーはおたくらのよりましでしょ（Our nigger is better than your nigger）」というように。[25]

黒人選手に対するこうしたいわば文化的な人種差別は、より制度的に政治的な次元で極右ファシスト集団の活動に分節化される場合もある。事実、いくつかのスタジアム周辺はイギリス国民党（British National Party）の党員リクルートの場ともなっているし、国民戦線（The National Front）とスキンヘッド・フーリガンというあまりにも知られている組み合わせだけではなく、スタジアムの周辺または観客スタンドは様々な政治団体のパンフレットやリクルート員で溢れているといっても過言ではない。むろん先に述べたFSAや「フットボールにおける反人種差別のためのサポーター・キャンペーン（The Supporters Campaign Against Racism in Football）」を中心にいくつもの草の根の活動の連帯を数えることもできるし、例えばグラスゴー・セルティックのようなクラブは独自の反人種差別キャンペーンを展開している。[26] しかしこのような大規模化された、いわば公式に認められたキャンペーンに対する強烈な不信感があることもまた事実である。マンチェスターUTDとグラスゴー・セルティックのサポーターによって発行されているファンジン『いつか我々の日が（*Our Day Will Come*）』の以下のような提言は、「白人労働者階級こそ人種差別主義の温床である」という前提に対するカウンターとなる視座を打ち出している。

> 〔クラブの〕経営陣、リーグ、連盟（FA）に対して白人によるリベラルな反人種差別主義キャンペーンを始めてくれといくらロビー活動をしようがプレッシャーをかけようが、そんなものは時間の無駄だ。労力の無駄遣いである。なぜなら、そういう連中も体制もそいつら自身が人種差別主義者だからだし、労働者階級の中の人種差別主義はただ労働者階級そのものによってしかブチ倒すことはできないからだ。▼27

労働者階級の落とし前は労働者階級でつける、一見暴力的な階級還元主義的かつ男性主義的なトーンであるこの宣言文は、制度化されたサッカーの当事者たちのある種のリベラルな改良主義（reformism）を強烈に批判している。我々がしゃべるのだ、というこの強烈な発話への欲望は、商業化と物象化が加速度的に進むサッカー産業が、資本のメカニズムと市場の圧力からだけではなく、サッカーに直接従事するものたちの折衝力の欠如を自覚したうえで発せられた（articulated）ものである。そして、階級と人種という境界が極めてクリアーに相互に規整し合っているこの反ヘゲモニックな発話は、それまでの規律化され、封じ込まれ、あらかじめ取り締まれる対象として、いわば外部から声を与えられることによってのみ表象されるだけであったサッカー・ファンの主体位置の転換を示している。使い古された階級という境界への同一化だけをここから読みとるのは、完全に間違っているといわねばならない。ここで述べられている労働者階級とは、人種の境界を棚上げして編制されているアイデンティフィケーションの対象ではない。この文章の著者は、階級が人種化され、人種は階級化され、その複雑な構成を通じてのみ発話が可能であることに、完全に気が付いているのである。

だがこの発話は、言葉を発する回路を恒久的に認められた場で実践されているわけではない。発話の場は、ファンジンという、より分権的かつ分散的で、短命に終わることを宿命づけられている媒体が、一時的に紡ぎ出す位置取りにある。そしてこの位置取りそのものは、これまたファンジンという小規模媒体の特徴としての断続的な合併・吸収と分離の繰り返しから生まれる一時的な連帯の瞬間、正式な統一原理に基づいた流通手段を持たないにもかかわらず、必ず相互交流の回路が作り出されるミクロなネットワーク性、そして、にもかかわらず、制度化された企業体の体裁を取る各クラブのポリシーに与える無視できないほどの影響力などを組み込んだ動的な実践だと言える。サッカー・ファンがその中で発話し、そうすることによって創出していく文化的空間がここには確かにある。そしてその空間をこじ開け、発話しようという欲望がある。むろんサッカーはポピュラーな快楽の集積であるが、しかし常に-すでに制度化されたヘゲモニーによって統制・規律化された実践の空間でもある。その中でサッカーを「人々」に取り戻すこと。一九八〇年代後半からの様々なサッカー・ファンの活動はこの目的に集約されている。しかしこの「人々」が支配階級ではないという意味での主体の位置の記号表現《シニフィアン》ならば、これだけではポピュリズムとなんら変わりはない。つまり、サッカーにしか楽しみを見いだせない受動的な労働者階級の人々という、伝統的で、常識的で、優先的な意味を過剰に付与された主体であるならば。ところがそうではなく、大きな代価を支払い続けながらも、社会の常識が作り出し、自らもまたその常識の中でしか言葉を見いだせなかった位置性から、既存の様々な語彙を組み替えながら、具体的に、局地的に、一時的に独自の意味を作り出しながら発話し続ける主体位置への転換とその断続性。どうしようもないほどに伝統視され、ナショナリズムの高揚と発露の元凶のように批判されるサッカーは、その空間と実践自体が巨大な矛盾の集積と沈殿によって成り立っている。その矛盾をどこかに避けるのではなく、最も矛盾の沈殿した場所からしかできない発話の可能性がここに示されている。

サッカーという一つの特殊な、しかしそれでいてイギリス社会の一九七〇年代から八〇年代にかけての危機を内在的に含んで展開してきた文化政治の場は、このように民主的ポピュラーの発話の位置とそれによって開示される公共空間の可能性と限界を、ともに垣間見せてくれるはずである。そして、サッカーに関わる諸言説には必ず「人々」の表象が組み込まれている。

確認しておきたいが、ここでいう公共空間とは、権威主義的な言説編制から脱分節化しようとする際になんらかの中立な意味の様相が生じ、そこに様々なタイプの「ポピュラー」の意味が入り込むということではない。このような意味での中立性がもはや介入する余地がないことは、表象という領域がすでに意味化されているものの反映ではなく、意味作用の実践、すなわち記号表現の浮遊を暫定的に停止し、新たな意味を生産する実践そのものであることを確認しておけばよいだろう。しかし一旦「閉止」された意味は、すぐに再び別の分節化様式を求める。その瞬間＝契機を理論化するためには、例えば何か空虚な領域を想定することが必要ではある。そうしなければ、権威主義的ポピュリズムから民主的ポピュラーへの主体位置を転換させる具体的で実際的な実践、すなわちリバーシブルの場を見つけることはできない。しかし空虚とは、多様な意味が自由に交差し相互に分節化し合う機会を保証されている空間という意味での中立でも、何もない、何も介入できない保護地という意味での中立でもない。転位の契機は、常にその次の主体位置へと向かう実践の遂行的な過程で通過する点であり、その点は、新たな主体位置から見れば——そして主体はこの位置に置かれた状態で意味を付与しようとする——常に遅れてやってくる意味の停止点となるのである。文化的な行為主体の実践は、この「遅れ」に入り込む。そのときどきの即興の実践とそれまでの歴史的な意味の集積の時間的なリズムの違い――テンポ――によって社会的な発話の位置を獲得することができるのである。[28] イデオロギーの決定性は、常にこのような動きの中で理論化されなければならない。

もちろん、ファンジンとそれによって喚起される文化空間が全く新たな、支配的な常識に回収されることのない文化のレパートリーであると主張しているわけではない。ホールが述べているように、文化の歴史は、全く革命的ではない「アヴァン-ギャルド」に溢れかえっていると言えるからだ。形だけの「アヴァン-ギャルド」どもに。支配的な言説へと急速に回収され協力させられ、次の世代の正統派となってしまうような「アヴァン-ギャルド」どもに。[29] これを忘れ、新しい対抗文化の実践であるという側面ばかりを強調しそこに同一化してしまう危険性そのものが、まさにホール自身の言葉で指摘されている。最後にこれを引用して文章を閉じることにしよう。

それ〔反人種差別の闘争〕に自己満足の入り込む余地はない――私たちは人種差別主義のスローガンがサッカー場のスタンドに掲げられているのを目にしたり、そのスローガンが変化して労働者階級の若者がテラスで歌う歌に反響するのを聞いているのだから。ポピュラーのためのこの闘争に対峙して、たった一つの武器でただ一つの戦線で戦い続けること、たった一つの戦略しか展開しないこと、そしてたった一つの戦術に全てを賭けてしまうことは、変に劇的な小競り合いには勝たせてくれるだろうが、そのかわりその戦い全体には敗北することになるだろう[30]

▼1 Grant Farred ed., *Rethinking C. L. R. James*, Blackwell Publishers, 1996, p. 3.

▼2 Ibid., p. 4.

▼3 Stuart Hall, "Cultural Studies in the Theoretical Language", in Lawrence Grossberg *et al.* eds., *Cultural Studies*, Routledge, 1992, p. 281.

▼4 Paul Gilroy, *There Ain't No Black in the Union Jack: The Cultural Politics of Race and Nation*, Chicago University Press, 1991, p. 54（『ユニオンジャックに黒はない――人種と国民をめぐる文化政治』田中東子ほか訳、月曜社、二〇一七年）.

▼5 イングランド中心主義、ロンドン中心主義、また英語中心主義という批判は全くその通りであるが、都市中心主義というのはどうだろうか。そもそも既存の学術界が、都市大衆文化をまっとうな政治的文化的表現手段として扱ってこなかったからこそ、今日のカルチュラル・スタディーズがこれだけの影響力を持ってきたのである。音楽を、映画を、パフォーミング・アートを、スポーツを、まず正当に社会的に位置づけ、そこに従事するあらゆる人々の活動を政治的文化的に意味あるものとして評価し批判することが出発点であったのだから、この批判には多少の留保が必要であろう。都市の特権化であり（それもメトロポリタンな大都市の）、郊外や農村部の大衆文化を、より「伝統的な」文化の変容と折衝を見過ごしているということならば、この批判はある程度妥当性を持っていると思えるのだが。

▼6 Gilroy, op. cit., p. 54. タイン川はイングランド北東部を流れ北海に注ぐ川。河岸はノーサンバーランド（Northumberland）と呼ばれる地方で、豊富な石炭資源を背景に鉄工と造船で栄えた。代表的な街はニューカッスルとサンダーランドである。例えば作家のロバート・ウェストールや元ポリスのスティングの他にこの地方は、ジャックとボビーのチャールトン兄弟、ボビー・ロブソン、ブライアン・ロブソン、クリス・ワドル、ポール・ガスコイン、そしてアラン・シェアラーといったイギリスのサッカーの歴史を作ってきた名選手を数多く輩出している。また「ヒッニー」は南スコットランドのラナークシャー周辺の、「ブラミー」はバーミンガム

周辺の、「スカウス」はマージー河畔のリヴァプール周辺の人々を指す。これらの地域は炭坑か重工業都市であり、労働組合の地盤であり、サッチャー政権のマネタリズムによって最も壊滅的に破壊されたコミュニティの所在地であること、そしてこれらの地域アイデンティティを指す言葉の優先的なコノテーションが男性であることには注目しておくべきであろう。

▼7 Peter Fryer, *Staying Power: The History of Black People in Britain*, Pluto Press, 1984.

▼8 Edward P. Thompson, *The Defence of Britain*, END/CND, 1983, p. 34, cited in Gilroy, op. cit., p. 55.

▼9 Ibid., p. 56.

▼10 Stuart Hall, "The White of Their Eyes", in *The Media Reader*, British Film Institute, 1990, p. 34.

▼11 極めて簡潔に図式的に整理しておけば、ユニオニストは連合王国内に留まり続けることを、ナショナリストはアイルランド共和国との南北統一を究極的な政治目的に掲げる政治イデオロギーとその担い手たちを指す。また王党派（Loyalist）は長老派教会を中心とするプロテスタントの労働者階級が主となる政治活動団体の総称であり、いくつもの枝分かれした少数政党と準軍事組織からなる。アルスター防衛軍（UDA, Ulster Defence Army）とアルスター義勇軍（UVF, Ulster Volunteer Force）が最大規模のものである。それに対して共和派（Republican）はローマ・カトリックの労働者階級を主体とし、反連合王国とアイルランドの全島統一をイデオロギーとする政治活動の総称を指す。IRAはこの最大組織である。公には、IRAとUDAはともに社会主義をイデオロギーの軸としている。そしてアイルランドを考えるとき、以下の三点だけはいくら注意してもしすぎることはあるまい。①「テロリズム」とはIRAだけの活動を指す言葉ではない。むしろ一九九〇年代の暴力活動は、非リパブリカンによる爆破、狙撃、集団リンチ、暴行、そしてレイプの方が数としては多い。②北アイルランドに関する何らかの名詞には、意味の中立性という概念は全く当てはまらない。つまり、国名、地名、人名、組織名、歴史上の事件名、そして応援するサッカーチーム（！）に至るまで、ユニオニストとナショナリストでは語彙が異なるのである。最も有名な例は北アイルランド北西部の都市（ロンドン）デリーを「ロンドンデリー」というか「デリー」というか、という話だ。むろん、誰が誰に対していつどこでこれらの名詞を口にするかで状況の深刻さは異なる。③北アイルランドに関する事柄に「一〇〇パーセント」という概念は当てはまらない。つまり、全てのプロテスタントがユニオニストではないし、ナショナリストが全てリパ

ブリカンではない。カトリックが全てリンフィールドＦＣ（ベルファストのプロ・プロテスタント・フットボール・クラブ）の選手を憎んでいるなどということはありえないし、そもそもカトリック居住地にもプロテスタントは住んでいる。そしてそもそも北アイルランドに住んでいるのはキリスト教徒だけではないし、北アイルランドは近代戦で言う意味での「戦場」ではない。市民生活という点では、まさにイギリスの一都市、それもかなり大きな現代都市である。だからこそ、「紛争」は特殊な人々が（テロリストが）、特殊な場所で（西ベルファストのシャンキル通りで）、特殊な目的のために行う（前日に起こった殺人の報復として）特定の非人間的行為（殺人）をしている、ということになってしまう。日本の新聞社のロンドン支局員が、当時ダイアナばかり追いかけずに、何が今イギリスの問題なのかをきちんと腰を据えて取材していれば、少しは情報量も増えたであろうに。

▼12 David Butler, *Trouble with Reporting Northern Ireland: The British State, the Broadcast Media, and Nonfictional Conflict*, Avebury, 1995.

▼13 John Newsinger, "Ulster and the Downfall of the Labour Government", in *Race & Class* 33 (2) (1991) および Stuart Hall *et al.*, *Policing the Crisis: Mugging, the State, and Law and Order*, Macmillan, 1978.

▼14 Eamonn McCann, *War and An Irish Town*, Pluto Press, 1993.

▼15 Mary J. Hickman and Bronwen Walter, "Deconstructing Whiteness: Irish Women in Britain", *Feminist Review* 50 (The Irish Issue: The British Question, Summer, 1995).

▼16 一九八〇年前後のアイルランドの政治的緊張を簡単に振り返るだけで、実はカルチュラル・スタディーズの地政学的な限界の一端が見られることを指摘しておかねばなるまい。

一九七〇年代後期から八〇年代にかけての北アイルランド紛争は、実のところそれまでとは全く異なる局面と担い手を登場させていた。二〇代の若者——女も男も——が反英闘争の表舞台に立つようになったのである。一九七一年に導入されたインターンメント（予備拘禁）の効果は、それまで軍事的な局面においても、公民権活動のような局面においても中心的役割を果たしてきた三〇代から四〇代にかけての活動家がほぼ北アイルランド各地の監獄に収容されるという事態となって現れていた。保守党の党首がサッチャーとなり、北アイルランドの共和派への妥協の余地のない厳しい取り締まりが開始されると、実際拘禁を免れていたのが実質的な活動経験の少ない（デモであれ、コミュニティ・ケアであれ、自治パトロールであれ、はたまた時限爆弾製作であれ）若者ばかりになってしまったのである。銃撃や爆発が引きもきらずに報道されるとはいえ、視覚的顕在的な紛争の中心地ベルファストは、イギリスの工業都市であり、各地の他の都市と変わらない大衆文化の基地でもあった。つまり、パンクはここでも強力な若者対抗文化となる地盤があったということである。

ヘブディッジのあまりにも有名な『サブカルチャー――スタイルの意味』は、ロンドンのインナー・シティにおけるサウンド・システム・パーティやカーニバル、ラスタファリの主体である黒人カリビアン移民の若者の政治的構えが、彼らだけの対抗文化の実践には留まらず、レゲエやスカのリズムとスタイルを通じて白人の労働者階級の若者によっても奪用されていく過程を描き出したものである。警察によって「潜在的犯罪者の巣窟」として規制されるカーニバルが、そのような権力の介入に抵抗する暴動の場になることもしばしばであった。そしてその構えを奪用する白人の若者もまた、「白い暴動」（ザ・クラッシュ）へと至る契機に立っていたのである。ロンドンにおいてこの対抗文化の大きな転換期の波が押し寄せていたまさにそのころ、北アイルランドのメイズ、ロングケッシュ両監獄ではＩＲＡ拘禁者が政治犯待遇を求めて無期限のハンガー・ストライキを始めていた。彼／女らのほとんどが二〇代の若者であり、食事の拒否、囚人服の拒否、汚物入れ使用の拒否を柱に、一人死んではまた一人という断続的な抵抗運動が続き、その一人ボビー・サンズはウェストミンスター下院議員に獄中当選もする。だが結局一〇人の犠牲者にもサッチャー政権はびくともせず、彼らの要求は通らなかった（一九九六年イギリスで公開された映画『*Some Mothers' Son*』を参照）。この若者たちの何人かが逮捕される前に立ち寄るパブのラジオから流れ、後に獄中で一人口ずさんでいた中にボブ・マーリーの「ゲット・アップ・スタンド・アップ」があったことは象徴的である。「白い」しかし静かな「暴動」は確かにここでも起きていた。そしてこのストライキの失敗後、ＩＲＡは体質転換を余儀なくされ、目的なき「暴力のための暴力」を追求していくことになるのである。

さらに、ダニエル・デイ＝ルイス主演、ジム・シェリダン監督の『父の祈りを』でも、ＩＲＡ容疑者として無実の罪で服務することになった主人公ジェリー・コンロンが入所したときに最もシンパセティックだったのが一人のラスタファリであった。ガンジャ（マリワナ）を隠し持ち、「気楽にやろうぜ」と声をかける、まさに「怠け者のルーニー・ラスタ」という黒人男性のステレオ・タイプは問題ではあるが、ともに逮捕・収容されたコンロンの父ジュゼッペが獄中死した時に、ガンジャを束ね、火を付け、独房の窓に灯をともしたのも彼であった（そしてやはりマーリーの「イズ・ディス・ラヴ」が流れる）。ただレゲエがＩＲＡの抵抗運動に使われていたということを言いたいのではない。この同時性、偶然ではあるが、まさにカルチュラル・スタディーズが現在の形に向かっている時期に起きていたこの偶発性が全く議論されないことに違和感を感じるのである。

▼17
「バナナの皮」は、白人ファンが黒人選手に対して取る人種差別の象徴的な物体である。これは黒人選手をジャングルにいる猿かチンパンジーに見立てて「餌」を与えるというジェスチャーである。例えばグラスゴーでは、マーク・ウォルターズ（イングランド代表、元アストン・ヴィラ、レンジャース）やバジル・ボリ（フランス代表、元パリSG、レンジャース、浦和レッズ）、ポール・エリオット（イングランド代表、元チェルシー、アストン・ヴィラ、セルティック）らがプレーする試合の前には、スタジアム付近の八百屋のバナナがほとんど売り切れたという（Stuart Cosgrove, *Hampden Babylon: Sex and Scandal in Scottish Football*, Canongate, 1991）。このバナナは、原始的で文明化されていない黒人にふさわしい食べ物という意味を与えられている。そしてさらに、植民地から移住した労働者（サッカー選手は労働者である！）に食と職を与えてやっている、という白人ファンの帝国主義的な身ぶりの表象とも考えられる。これに対しエリオットは、あるファンジンとのインタヴューの際にこう語っている。「初めはショックだったよ、本当に。しかし、バナナがいかに栄養価が高く、滋養があり、スポーツ選手にとって理想的な食品であるかということはこの世界では常識だ。だからこう思うことにしたんだ。こんなにたくさんもらっちゃっていいのかナーと。ファンにも同じことを言ってやりたい。人種差別的には攻撃（racial assault）だけど、そうだナー、スポーツ選手の栄養という意味ではいいことだよ。こういうふうにも考えられるんだよ」（*Not the View* 18 [1991]）。この年エリオットは、最も伝統的な（つまり白人ばかりの）セルティック・ファンの集まるいくつかのパブの常連たちの投票によって選ばれる「パークランズ・バー・プレーヤー・オヴ・ザ・イヤー」を獲得している。特にスコットランドのサッカー文化では、特定のクラブのファンが試合前と試合後に集まる特定のパブが企画するこの種の賞は、スコットランド・リーグ全体に関係するいくつかの賞よりも何倍も価値があるとされている。

▼18
この事件は、イギリス民衆の国民文化として価値付与されていたサッカーの様相を、いくつかの点で根底から

変容させるきっかけになった。第一に、それまでサッカー文化そのものであったテラスがイギリス全土のスタジアムから廃止され、座席スタンドの設置が義務づけられた。「テラス文化」という言葉は死語になってしまった（テラス、つまり立ち見席であり、安価であり、収入の低い労働者家庭でも比較的容易にチケットを買うことができた席のこと。ちょうど秩父宮ラグビー場のバックスタンドとゴール裏席の手すりを取ったものと考えていただければいいだろう）。第二に、その結果チケット代金は上がり、スタジアムの収容人数も減り、サッカー・ファンの文化は労働者階級男性中心主義的であるという「常識」が次第に変化することになった。第三に、事故そのものの犠牲者が多くの女性と親子連れできていた子どもを含んでいた事実は、「成人男性ばかりの危険な娯楽の場」というサッカーのイメージを転換させ、このようなイメージを作り上げてきた大衆メディアへの批判が高まった。

▼19

一九九六年一二月にイギリス民放のＩＴＶネットワークで二週連続で放映されたドキュメンタリータッチのドラマ「ヒルズバラ」は、ここで述べたような諸問題に全て言及した力作であった。警察当局側にも、この事件をきっかけに退職したり、心理的な病を訴えるものが後を絶たなかったという。このドラマは一〇代の娘二人を一度に亡くした――それも姉の方は遺体の身元が確認されていない！――夫婦を軸に描かれているが、警察の事情聴取の場面で、この夫婦に対して担当の警官が最初に発した言葉が、「娘さんは酒を飲んではいなかったでしょうね」というものであった。この台詞一つに当局側のサッカー・ファンへの優先的な意味付けが読みとれる。

▼20

一九八五年五月、ヨーロピアンカップ（現チャンピオンズ・リーグ）決勝、リヴァプール対ユベントスの試合は、ベルギーはブリュッセルのヘーゼル・スタジアムで行われた。しかし試合開始直前から続いていたユーベのファンとリヴァプールのファンの小競り合いは、当時のヨーロッパで人気を二分していたクラブ同士の試合をするには、古く、規模も小さいスタジアムのテラスをいとも簡単に破壊し、その事故を直接の原因として三九人のイタリア人ファンが死亡するという事態に終わってしまった。当時リヴァプールのプレイング・マネージャーであったダルグリッシュの述懐によれば、クラブからの会場変更の要請が何度も出ていたにも関わらず、ヨーロッパサッカー連盟（UEFA, Union of European Football Association）の対応は遅く、体制側の状況認識が極めて杜撰だったという（Kenny Dalglish, *My Autobiography*, Coronet, 1997）。

▼21 *Marxism Today* (Septermber, 1989).

▼22 ファンジンとは、特定のクラブ（時に複数にまたがることやリーグ全体を対象にしているものもある）のファンが、同じファンを読者として少部数のみ作成し、特定の流通経路で配布する、いわば日本で言うかつてのミニコミだと考えればよいだろう。現在の形態のサッカー・ファンジンは、もともと一九七〇年代後期のパンク・バンドのファンジンのスタイルを踏襲している（『スニッフィン・グルー（*Sniffin' Glue*）』『アウト・ゼア（*Out There*）』『リップド・アンド・トーン（*Ripped & Torn*）』など）。編集者や作成者もパンク、ニューウェーヴ以降の音楽ジンと重複している場合も多く、ポップ・ミュージックとサッカーという二つの巨大大衆文化形態を横断する独立媒体となっていることもある（例えばリヴァプールのファンジン『ジ・エンド』を編集していたピーター・フットンは、のちにザ・ファームのリード・シンガーとなっていたりする）。ファンジンは一つのメディア・ジャンルとしてのスタイルを確立する一方で、サブ・カルチャー研究の対象としても近年重要度を増しつつある。ファンジン文化研究の中心地であるマンチェスター・メトロポリタン大学のマンチェスター・ポピュラー・カルチャー研究所は、イギリス諸島で発行されたファンジンのバックナンバーのほとんどをアーカイブとして保管している。マンチェスター・ユナイテッドを擁し、ロック・バンドのジョイ・ディヴィジョン、ザ・フォール、ザ・スミス、ニュー・オーダーなどのお膝下であった／ある場所柄か、研究者の対応も迅速である。ちなみに筆者は、セルティックとレンジャースのファンジン数種類のバックナンバーを所有しており、現在も購読中である。一度だけ日本からの投稿をあるセルティックのファンジンに見つけたことがある（彼はゲール語で書いていた！）。

▼23 Dave Hill, *Out of His Skins: The John Barns Phenomenon*, Faber and Faber, 1989; Richard Haynes, *The Football Imagination: The Rise of Football Fanzine Culture*, Avebury, 1995.

▼24 Kobena Mercer and Isaac Julian, "Race, Sexual Politics and Black Masculinity: A Dossier", in Rowena Chapman and John Rutherford eds., *Male Order: Unwrapping Masculinity*, Lawrence and Wishart, 1988.

▼25 これは選手とファンの関係だけではない。例えば一九九八年二月一日のクリスタル・パレス対ウェストハムのロンドン・ダービーのレフェリーは三人とも黒人であった。しかし、筆者の散漫な注意が及ぶ範囲だけでも、白人と黒人のレフェリーがともに笛を吹く試合というのはほとんどない。たとえ黒人のレフェリーが出場して

いたとしても、彼は必ず線審である。彼はピッチの枠の中で仕事をすることは許されていないのである。ちなみにスコットランドには黒人のレフェリーは一人もいない。

▼26 イギリス全体のフットボール文化におけるセルティックの位置については、小笠原博毅『セルティック・ファンダム――グラスゴーにおけるサッカー文化と人種』（せりか書房、二〇一七年）を参照。

▼27 *Our Day Will Come* 10.

▼28 Renato Rosaldo, *Culture and Truth: The Remaking of Social Analysis*, Routledge, 1993.

▼29 Hall, "The White of Their Eyes", p. 51.

▼30 Ibid., p. 52.

第七章　カルチュラル・スタディーズの終わり

日本のカルチュラル・スタディーズは、初めからそもそも何かがおかしかったのではないか。

それは、ビール片手に大勢の白人黒人取り混ぜた、ほとんど男ばかりの客であふれかえる南ロンドンのパブでの出来事だった。彼らはサッカーのテレビ中継を見るためにそこにいて、ビールを飲んでいる。不特定多数の群衆がテレビ画面の音声と映像に一喜一憂し、その歓喜と悲哀の入り混じった群の空間である。日常的であたりまえの土曜の午後の光景だった。しかしだ、この光景にこれ以上ない違和感と不快感を示し、埒外であるという態度を取る「カルチュラル・スタディーズ」の専門家たちがいた。慣れている、慣れていないの問題ではない。アルコールまみれの群衆が、テレビから流れ出る一定のリズムと方向になびくのをプロト・ファシズムと見たのか、圧倒的に男性主義的な空気を脅威と見たのか、外国人の知識人としての自らの存在に何らかの「居心地の悪さ」を感じ取ったのか。ともかくも、パブに一歩足を踏み入れた途端にとても著名なカルチュラル・スタディーズの専門家の口から発せられた一言を、筆者は忘れない。

「これはひどいな」

……。

しかし、ひどい文化もあるのですよ、先生。

正統な文芸批評では「ひどい」とされてきた労働者階級の文化と生活をテクストとして読み解き一定の社会的位置と意義を与えることが、そもそもカルチュラル・スタディーズではなかったのですか？

1. 消費社会における政治的正しさを文化に求めるその不都合なやり口

カルチュラル・スタディーズという名の下に展開されてきた一連の学術的作業につきまとう、道徳的倫理的な響きをきちんと批判することが求められてはいないだろうか？　社会・人文諸科学の既存の学問領域を横断し、新しい社会運動や多文化主義に語彙を与えてきたその「政治的正しさ」は、リベラルであろうが保守であろうが、よりオーソドックスな学問や思想に携わるものたちからの批判にさらされてきた。メディア研究や社会学、文学批評や社会運動論などの分野で突出してきたカルチュラル・スタディーズは結局、マイノリティの文化を称揚するだけの文化相対主義であり、サブ・カルチャーであればあるほど重要な商品となる昨今、多文化資本主義を後押しする言説を形成してきたという批判は、一度死にかけたグローバル資本主義の徴候という点から見れば、それ自体で非常に興味深いテーマを提供しているともいえるだろう。

資本主義文化の批判を根本的な目的としているはずのカルチュラル・スタディーズに対するこうした皮肉めいた批判に対する反批判は、日本の状況を省みるに今のところ成功しているとは言えない。一九九〇年代初頭から見られたある種の知的流行を皮切りにカルチュラル・スタディーズを牽引してきた専門家たちが、「カルスタ」と揶揄されるのに嫌気が差したのだろうか、もはや集合的な知的実践として声高にカルチュラル・スタディーズという看板を掲げることがなくなったことにも、その理由を求めることはできよう。それは、学術界のみならず、社会運動や文化運動の場においてすら、当時はカルチュラル・スタディーズが持っていると期待された政治性、状況への介入力、ラディカルな社会変革の可能性に対して自信が失われているということでもあろう。いまや、カルチュラル・スタディーズを実践しているのは誰なのか、何をすればカルチュラル・スタディーズなのか、同じような人名やテーマが繰り返し活字に踊る現状を超えることは、なかなかできそうもない。カルチュラル・スタディーズは確かに、サブ・カルチャーや、党派や組合に母体を置かない社会運動体や、学問的異端者に語彙と議論の場を提供することを期待された。しかし一方で、「社会学者」という肩書きが、特に若手のメディアでの振る舞いに秀でた研究者たちにとってある種のステータスを示す言葉として用いられることになった奇妙な現状からわかるように、確定された専門領域を要することになっている旧来の専門分野に対する一般的な認知と信頼性は、むしろ高まっていると見るべきではないか。市民や公共性、労働運動や住民運動など、従来の階級、エスニシティ、ジェンダー、人種などの枠組みを超えて機能してきたはずの「新しい社会運動」に代表される、「代替的」な何かよりも、方法も内容もわかりやすい既存の形、言い換えれば、説明しやすい枠組みで知識を獲得し、運動につながっていくような、そんな傾向が、「カルスタ」熱を一気に醒めさせてしまった。

しかし、このような傾向を全て悲観的にとらえる必要はなかろう。淘汰され、取捨選択され、学び捨てられたカルチュラル・スタディーズの成れの果てと見れば、もはやカルチュラル・スタディーズなどと名乗る必要もない。アカデミズムでは蔑まれ、若い研究者のキャリアの妨げともなり、社会運動の現場でもはた迷惑な理屈屋扱いされること自体が「カルスタ」の足跡でもあろう。本章はこのような俯瞰図をもとにして、カルチュラル・スタディーズの政治的なインセンティヴそのものをも卓上に乗せて、いまここでカルチュラル・スタディーズの名のもとになんらかの集合知について論じるとはどういうことか、手探り状態を手探り状態のままさらけ出すものである。

カルチュラル・スタディーズに対するバックラッシュは、それに従事してきた人間たちの間にもさまざまな対応を迫ってきた。かつて「カルスタ」をけん引してきた「文化は政治的である」「文化の中に政治を見る」などのマントラは、今や逆にカルチュラル・スタディーズを「実践」することに二重の意味でのカタストロフ(破局的展開)をもたらしている。第一に、制度的な危機である。多くの大学の講義科目の中に「カルチュラル・スタディーズ」という冠が付くようになる一方で、それを「して」いると公言する院生やキャリア途上の若い研究者の研究発表機会や、その後の職探しが順調にいっているとは思えない。名が先行し実が伴わない中で、カルチュラル・スタディーズの場は、年一度の、学会化されたカルチュラル・タイフーンに限られてしまうようになった。これは、既存の学会や研究会、ワークショップのネットワークに「他流試合」を申し込み、方法論とパースペクティヴの異なる研究や思考を突きつけるはずだったカルチュラル・スタディーズを、逆説的にゲットー化することになった。学会化によって「カルスタ」内部とそれ以外を制度的に分けたことで、それ以外との大きな溝自体を溝として経験する機会が失われてしまったのである。こうした事態は当然、制度化を推進することによるメリットを重視するものと、それによるデメリットに目を奪われてしまうものとの間に不協和音を生んでいることは否定できない。

第二に、これはさらに重要な点だが、カルチュラル・スタディーズが抱えてきた社会や文化の現状や政治の状況に対する批判的な言語、語彙、発話が危機に瀕しているということだ。これは、カルチュラル・

スタディーズという言葉自体に付きまとってきた曖昧さや不可知論的態度、また学際的というモットーに隠された、要は「何でもあり」という不確かさによって、何に重点を置いたどのような批判がカルチュラル・スタディーズの名の下に展開されているのかが、見当すらつけにくくなっているという事態を招いている。文化社会学やメディア研究の分野で頻繁に出版されてきた「〇×スタディーズ」という文言は、この傾向を如実に表している。個々の実践者がそれぞれのフィールドで研究、教育、運動に携わり、またそれらの現場を横断して行ってきたことと、制度化された営みとを共に包括することで、カルチュラル・スタディーズの社会的政治的スタンスとその言説とを共に世に問うていく際に、ある種の緊張感が生まれているのが現状である。

「カルスタ」の衰退と既存の人文社会科学からのバックラッシュ及び「無視」状態にもかかわらず、日本におけるカルチュラル・スタディーズの主流的傾向は、あくまでも文化という領域の種別性と、その種別性を前提とし文化的差異に関わる限りでの他の領域――例えば政治――との分節化にこだわってきた。文化を自律的分析対象とするその方法は、まずもって「現実の」政治経済から相対的に自律した領域としてのその文化に、さまざまな政治的思潮や運動の方向性やスタイルを還元してきた。次に階級／ジェンダー／人種／エスニシティの差異を文化主義的に援用してきた。文化と政治を等号で結ぶ、もしくは「文化の領域に政治を見る」ことによって、学術領域や関心対象も多岐にわたる研究者や活動家らがゆるやかなまとまりを作ってきたことも事実だが、この場合のカルチュラル・スタディーズは、歴史や政治ではなく、文化やアイデンティティの対象化に心血を注いできた。もちろん「抑圧されたものの回帰」としてまとめうるだろう文化とアイデンティティの諸問題が、カルチュラル・スタディーズのエッセンスであることは疑いないだろう。しかし、それがカルチュラル・スタディーズのすべてではない。理論的な観点から言えば、カルチュラル・スタディーズとははるかに不確定な領域と方法で成り立つ言説の集積であり、アカデミズムの外で起きている事柄に対する、はるかに偶発的な集合知の形成を伴う介入の構えであるはずだ。不確定で偶発的であることは、政治的に現実性と実行力を欠くということにはならないはずなのだ。

そこで、カルチュラル・スタディーズという何らかの集合知の形態はあまりにも評判を落としてしまったので、もはや有効性を欠いていると考えてみよう。いや、そう考えざるをえないのではないか？ 現状のカルチュラル・スタディーズを乗り越える道筋を探すことが急務であることは、疑いの余地がない。しかしだからといって、何らかの政治目的としてカルチュラル・スタディーズの「再興」を目指すということではない。アカデミックな世界で認められていない事象や学術領域の狭間にあるものに「まともな」学問研究の対象としての位置づけを与えるための「陣地戦」を戦うのでもなければ、主流社会では承認されない様々なタイプのマイノリティの政治を、文化の領域で考えることを目指すのでもない。カルチュラル・スタディーズを「実践」するとは、なんらかの解放や承認を行うこと以上の、「抑圧されたもの」に自己表現する語彙を与える以上の、何かがあるのではないか？ しかし現状のカルチュラル・スタディーズは極めて限られた、おそらくは他の学術領域では「ものにならない」研究の寄せ集め程度に定義できるものに終わっていないだろうか？

ここで筆者が批判しようとしているカルチュラル・スタディーズは、メディア生産物とオーディエンス研究に、（たとえそれがどんなに「方法論的」であろうと）「東アジア」という虚構のフィールドを想定したところでしか成り立たない地域研究の装いを重ね合わせることでそこに活路を見出そうとしてきた一連の研究である。その結果、その他の領域での文化的、社会的、政治的敵対性に向けて、もしくはそのただ中で言説を構築してきた、資本と労働の、もしくは男と女の、関係が生み出してきた矛盾から自らを乖離させてしまった。それは、カルチュラル・スタディーズは「それ自体」として成立する。他のあらゆる方法、思考、構えからは元来切り離されてしかるべきである。こう主張してきたようなものだ。しかしカルチュラル・スタディーズが取り組むべきだった課題は、現実の政治過程から切り離された議題としても、その他の社会関係の効果として還元論的——例えば経済過程に——にも考えられるものでもない。この意味でカルチュラル・スタディーズは、なにも知的流行としてポストモダンの最後を飾る「名辞」を躍起になって探していた知的流行の権力が設定した一九九〇年代半ばに始まったというわけではなく、異議申し立てのモードが根本的に変容し、言論においても運動においても、また表現文化の領野においても、硬直した形式主義とそれを再生産してきた制度や装置——大学、資本主義企業社会、「文壇」——を内破しようとした、六八年とそれに続く諸現象から派生してきた思考なのではないだろうか。スチュアート・ホールらの来日（一九九六年）が「始まり」ではない。カルチュラル・スタディーズは、それに多くを期待し参加しようとした周縁的研究者、活動家、アーティスト、文化表現者の生活やヴィジョンとは、あまり関係のない業界化した制度の中に、自らを囲い込んでしまっているのだ。

当然、カルチュラル・スタディーズを批判するということは、カルチュラル・スタディーズ自体が批判の対象としてきた事柄や、カルチュラル・スタディーズが構成されてきた文化と政治の分節関係をきちんと理解するということでもあるだろう。まずカルチュラル・スタディーズは何を批判してきたのか？「スタディーズ」にこだわるならば、タコツボ化したアカデミズムであり、その結果現実社会と遊離した言葉や思考を蓄積することで、変容ではなく保守を、異議ではなく同調を、敵対性ではなく親和性を後付することになっていた既存の人文社会科学的思考であろう。それは対象と同時に方法論批判であり、そこでは批判される方法もまた対象となる現象の構成部分なのである。しかし批判的であることをそのエッセンスとしているカルチュラル・スタディーズは、人文社会科学の周縁であり続けてきたし、これからもそうあり続けるだろう。

現代文化を研究するということ自体にまとわりつく周縁性が、カルチュラル・スタディーズを組織化する、もしくは制度化するという動きに固有の緊張感を生んでいる。その緊張感は、いわゆる文化左翼として大雑把に括られる立場と、現代社会でカルチュラル・スタディーズが担う複雑さをより敏感に感じ取っている立場との間に存在する。前者は、戦後の数々の左派文芸批評や文学運動、社会運動の記憶の中でもはや失われつつある六八年的なものを想起し、掘り起こそうとする。そこには、保守的で、愛国的で、資本主義社会の同調システムに異議を申し立てないどころか、それを積極的に推進しようとしている連中がなによりも問題の種であり、それに文化の現場で対抗することも政治であるという共通認識を認めることができる。

社会の右傾化と文化の保守化を察知すること自体を否定する気はない。しかし特定の個人や団体、一つ一つの政治的争点にその都度反応し、それらへの「抵抗」を文化の研究の中核だと考えることは、それがどれだけ意義のある「抵抗」であろうと、個別の事象に対する処方箋として機能してしまう。カルチュラル・スタディーズに処方箋を求める立場も必要ではあるし、理解はできる。そこにこそ、文化の現場性を認めることができるからだ。しかし、突出した保守性、右派性を売り物とする個人や集団や運動は、特定の政治文化の片棒を担いでいるにすぎないのではないだろうか？　目に見えやすいナショナリストは、確かに敵だ。しかし、そのわかりやすい表現と行動で判断できる動向以上の「敵」がいる／あるはずだ。それは有象無象の暴力をちらつかせるわかりやすい差別主義者や排外主義者と実は深いつながりがあるということを、これから検証していこう。

そのためにはまず、文化という概念をどのように定義するかにかかわらず、文化や文化として理解できる諸現象を研究することは二番煎じの課題ではなく、当該社会や政治の真っただ中で沸々と沸き立つ現場に足を踏み入れるということだ、と認める必要がある。差別されたり周縁化されたり、もしくは社会的弱者やマイノリティとして括られる人間たちの文化が危機に瀕していたり脅かされていたり、確かにそのような状況はある。しかしそれは、その様な状況に置かれている人間の営みの問題ではなく、その状況を生み出す過程全般に関わる危機の問題なのだ。

現代政治における文化の問題は、飽和したグローバル資本主義国家がある種の過渡期にあることを示している。排外的ナショナリズムも暴力的人種差別も、相対的貧困の拡大に伴う階級関係の変容、権威主義的国家への再編、なかなか受け入れがたい経済低成長時代という認識、近隣諸国の「脅威」に対する軍事的備えへの国民的支持の動員、そして政治体としての国民国家の避けがたい弱体化という包括的現象の文脈で理解されねばならない。

二〇一一年三月一一日以降の国家の危機もまた、上記の諸文脈とかけ離れた、自然災害という名で特化されうるような個別事象ではない。日本という国家に属し日本人であるという国民アイデンティティを持つことが、国策の無能とその無能さを後押しする民間の狡知の犠牲者たちの命や棄てられた生と引き換えに称揚される中で、文化は政治的にも経済的にもきわめて重要な掛け金となっている。右派も左派も、文化は、例えば領土問題や基地問題に象徴されるような主権と同じように、脅威にさらされているという認識を共有している。社会は左右ではなく、(階級関係の)上下という視点から見なければいけないとしても、どちらの視座であれ文化を、ある種の財産、所有できるもの、交換価値が相対的に肥大した経済資源、もしくは政治的主張を具現化させる装置として考えているのだ。そうではなく、文化の固有の必然性や歴史を分節化できるような政治的言説を生み出せるかどうかは未だ定かではない。戦後の左派による数々の文化における政治の歴史とその豊かさがどれだけ頻繁に参照され、想起され、引用言及されて、現代との対比が行われたとしても、カルチュラル・スタディーズの現在を、それらの継承として位置付けていいのかどうか、その答えは簡単に出るものではない。

2. 文化とカルチュラル・スタディーズの「倫理」

カルチュラル・スタディーズに対してまず問うべきは、それが文化と文化研究の問題が、実質的社会生活のどちらかと言えば周縁にあるということを受け入れてしまっているのではないかということだ。例えば文化を政治、経済、社会の結節場面として位置づけている筆者の視点は、文化を自律した個別の事象として理論化しようとする立場とははっきりと対立する。社会的政治的生活の外部に文化研究を置く考え方によれば、文化研究は常に他の何か——例えば日本ならば戦後の対米依存関係、脱植民化を完遂できない旧宗主国の怠惰、ナショナリズムの小道具の強制——の表面に浮き出てくるものにすぎない。それは戦後民主主義社会における不幸な汚物であり、正しい倫理と政治手腕さえあれば対処できるものであって、その対処に取り組む限りにおいて経済的社会的諸関係へのメスは入れられないままである。

現在のカルチュラル・スタディーズの多くは、このような見方に類した視点によって規定されているのではないか。この種の視点が、階級、ジェンダー、人種、民族、さらには健常者としょうがい者、都会者と田舎者、数え上げればきりがない種々の「差異」を地ならしする、機会均等を目指す運動にありがちであるという事実によってもたらされる問題がある。差異にもかかわらず機会の均等を目指そうとする運動には小さからぬ誤謬がある。なぜならばそれは、社会正義、民主主義、政治経済の根本的な問題は、特定の文化共同体に属することへの抵抗とはあまり関係がないと結論付けるからである。しかし文化を被決定因子ではなく決定因子とみなすこと、周縁ではなく中心だとみなすことによって、カルチュラル・スタディーズの危機が（もし危機ならば）文化と政治に直接かかわるものだと考えることができる。その危機は、文化の何をどのように理論化して考えるのかという作業よりも、目の前に起きている出来事——例えば震災、津波、原発事故——に対してどのような意思表明をできるのか、象牙の塔に安住する所詮は怠慢な左翼知識人といった文化的レッテルをどのように覆せるのか、そういった欲望によって、特徴づけられてきた。

こうした欲望は、文化という言葉を用いずに文化について話すことができるという点で、カルチュラル・スタディーズに関わっていると自覚する研究者にとって極めて重要だった。「文化」とそれが押しつけられている社会の本当に重要な問題——政治、経済、外交、主権？——からの外在性をあからさまに引き合いに出さないこと。その言葉の不在が、今直面している文化研究の突出した特徴である。この種の語彙群は、カルチュラル・スタディーズにとってさらなる戦略的困難を示している。脱原発デモを、戦後の日本社会にはなかった新しい政治的集合意思の表現形態だと指摘すること、そしてその組織や関わる人たちの考え方を紹介することをカルチュラル・スタディーズと呼ぶのは簡単で、それを理由に「運動との連帯」を唱えることもできるが、この一連の運動が例えばグローバル・システムの一部としての日本社会のどこに根本的な変容をもたらし得たのか、その潜在的力をどのように意味づけられるのかを、自民党が国政でも首都選挙でも圧勝してしまった事実を突き付けられた後で説明するのはそれほど簡単ではない。

カルチュラル・スタディーズが文化のこのような新たな形態に対して有効なアプローチを取れていないことを、もっと冷静に見据えるべきだろう。文化の新しさをほのめかす表現がオープンというよりもむしろ推論的なものになっているとしても、この種の活動が、文化とアイデンティティというそれぞれが個別にカルチュラル・スタディーズの正統な分析対象と共鳴し合うということは重要だ。新しい文化と政治の関係、もしくは非 - 関係がつきつける問題点は、それが、文化における政治的な契機とは結局、権力批判と偏見の克服という問題だとするある種の合理主義的アプローチへと、文化と政治に関する議論そのものを落としこんでしまうということだ。これは、文化という考え方と、政治的であること、政治性、政治的帰属といった考え方の間に近接性を見て取ることでもある。

いまやカルチュラル・スタディーズとして誰の目にも明らかであるような文化の研究に対峙する機会は減ってきているかもしれない。そのような文化研究は、メディア、アート、その他の文化生産物と特定の地域、民族、国民を結びつけ、文化生産の担い手を共同体として想像的に再定義することで、その生産物や作品の優劣や美学的判断に根拠を置く文化研究からは一定の距離を取る。それは、カルチュラル・スタディーズの内外の敵からの攻撃には脆弱な「所有物としての文化」にある程度基づいた文化の解釈共同体のイメージを作り上げ、それを擁護する。そのために、その共同体が措定するオーディエンスは、アクティヴでありかつ特定の属性を代表させられているかのような、代表＝表象のアナロジーが多く用いられるようになる。

これこそが、大衆文化の重要さをせめて想像上で回復しようという危機と危機管理に応答する文化研究をベースにしたカルチュラル・スタディーズである。文化生産物とそれを消費する文化共同体は、その衰退を目の当たりにした人々に慰めを与える。それはアニメであろうがゲームであろうが、そのジャンルが文学や映画や音楽や、一世代前の文化研究が取り上げ市民権を与えたジャンルと同様もしくはそれ以上に「重要である」という確信を取り戻せというイデオロギー的命題の最重要な構成要素となる。しかし、文化生産物に優劣、上下、高低はないという人類学的な文化の定義に近接する文化の象徴的回復は、その政治経済学を、もしくはモノとしての文化生産物の物質性の問題を実際に排除することで成し遂げられてきた。

それを批判するにしても擁護するにしても、特定の文化生産物の流行や消費の高揚があるからそれを文化研究として具現化することがカルチュラル・スタディーズであるかのような、そのような共通認識はないだろうか？　そうではなく、特定の文化の隆盛と衰退を社会的危機（資本主義のと言い換えてもよい）の一部を構成するものとして、危機への対応なのか危機の徴候なのか、その危機を乗り越えるための営みはどのように行われているのか、カルチュラル・スタディーズはそれを詳《つまび》らかにするためにどん欲で見境のない理論と実証のハンティングを始めたはずだ。例えば、初版から四〇年を迎えて改訂版が出た『危機を取り締まる』は、特定の文化的営みを除外する手段として、病理学的な視座によって生み出される「逸脱」という概念の公共空間における氾濫を、徹底的に実証的に、かつ高度に理論的に詳述している。[1] 病理学と逸脱は、一九七〇年代の黒人の若者に特有で、彼らの文化を従属的なものとして決定する質的問題として理解される。彼らの文化に根深い犯罪者としての潜在性が、イギリス文化の到達点である安全な市民社会と民主的な法を脅かしている、と。「人種的」な犯罪文化は国民共同体の文明を表す法則や慣習を脅かすものだとみなされるし、そうすることで黒人は「違う」のだということを強烈に印象付ける。ストリートの犯罪者であることは同時に、文化の運命を引き受けることにもなってしまうのだ。

文化産業研究ではないカルチュラル・スタディーズがここにはある。「ひどい」文化を見据えるのである。『危機を取り締まる』に描かれた時代のイギリスでは、犯罪の問題は、特定の学問領域における文化的関心を力説するための手段を与えてきた。このような視点によって、新しい文化の研究はどこから始まったのかを理解することができるだろう。だが逸脱と犯罪は文化研究の課題の中心から徐々に、特定の解釈共同体に沿って文化の違いが強調されるような争点に取って代わられてしまった。インナー・シティのストリートや学校の教室だったカルチュラル・スタディーズの現場は、その文化を形成する一要素であるという意味で分析対象の一部だったマス・メディアという圏域に、研究対象としての地位を取って代わられたのだ。

カルチュラル・スタディーズが教育のプロジェクトであるという経緯を踏まえれば、学校と教育は極めて重要なのに、往々にして見過ごされている領域である。日本の状況だけを見ても、中等教育も大学教育も学校がカルチュラル・スタディーズ的なものを攻撃する際の重要な機能を担っているという事実を認める必要がある。日本の「国益」がグローバル経済の最前線で折衝される利害関係によって決定される事態を認めているからこそ、そこに貢献する人材を育成するために、学校は古くさびれたナショナリズムではなく、多文化主義をカリキュラムに取り入れざるをえない。多文化主義者がカリキュラムの中に持ち込んだ変化は、真正な日本文化の侵犯どころか、それを「クール」なソフトパワーの資源とするためのシナリオを作るものだった。もちろん、この事態に対して臍をかんでいるクラシックな右翼愛国主義者は大勢いるだろう。しかし教育のネオリベラリズムはそのシステムのみならず、コンテンツ自体の供給路を「クール」に確保する。文化的衝突や矛盾をなかったことにして、文化を民族や国民を単位に分離し、並列し、多元性を担保させるような多文化主義によって、差異と折衝するのではなくただ差異を認めることが要請されるのだ。共生や共存が目指される時、そこには必ず負の化学反応がある。憎しみや排他性も含めての多文化主義からしか始まらないところで、その負の文化の研究はバラ色の多文化共生社会、グローバル資本にとって格好の消費者とコンテンツを提供するマーケットの活性化を妨害するものとして理解され、もはや多文化主義とは呼ばれない。カルチュラル・スタディーズは、そのような負の象限を必死に正の象限に無理やり移行させようとする言説として再定義される。

公定ネオリベラリスト的多文化主義が文化の差異と民族の絶対主義的概念を強調しているということには、また少し別の意味がある。もはや問題は、第四章で論じたような「文化と文化を研究することの政治学」という問題設定ではとらえきれないことを認めなくてはならない。研究対象として措定する以前に、何をもって文化研究の対象とするのか、それは果たして文化の問題なのか、これを問い続けなければならないからだ。文化は政治であり、文化にこそ政治を読み取らなければならないというカルチュラル・スタディーズの常套句を「真に受けて」進めてきた結果、一方では全てが文化であり全てが政治であるという奇妙な図式が生まれてしまった。多様な社会状況の分節化ではなく、全体化が先に立ち、文化の経済や文化の政治を研究するのではなく、経済としての文化、政治としての文化という、全体的な比喩が分節性を覆い隠す事態が生じた。文化の負の部分、気持ち悪い部分、呪われた部分、合理化不可能で商品化できない部分を分析対象として、文化の有象無象の経験を潜在的に共有できるのではないかという期待は裏切られ、『危機を取り締まる』が描き出した一九七〇年代にはまだ魅力的だった包摂的でオープンな文化の政治的定義は、メディア、文学、ファッション、音楽、スポーツ、ダンスなどの、いくつものサブ・カルチャーに下位区分されてしまっている。こうした下位区分化が、多文化資本主義の潜在的市場開発術と違和感なくつながることは明らかであり、同時に左翼の正統派カルチュラル・スタディーズ集団や「サブ・カル」共同体内部の多様な声の中にも、それを認める動きがあることも確かなのだ。文化の差異の魅惑は、文化の政治的概念をナルシスティックな文化とアイデンティティの問題へと還元してしまうものに成り下がってしまった。

ここまで、カルチュラル・スタディーズは文化現象の新規性にパッチワーク的な名前を与えることはできても、新規性そのものの冷徹な分析ができないのではないかと論じてきた。特に、日本のカルチュラル・スタディーズは市場の言語に侵されている。そしてその状況を政治言語できちんと定位できていないということが、さらに深刻な問題なのだ。「サッチャリズム」の嵐が吹き荒れる前夜に、そのじわじわとした政治環境の創出過程を看破できた『危機を取り締まる』は、特定の政治言語がポピュリストの力を醸造するキーとなることをはっきりと示していた。「狂信的左翼(Looney left)」「左翼のいじめっ子ども(bully boys of the left)」「福祉にたかる怠け者(welfare scroungers and layabouts)」。[2]こうした政治言語は、右翼やナショナリストや保守の専売特許ではなかった。その魔術的なポピュリスト的魅惑は、あらゆる政治的プラグマティストたちをも取り込んでいた。左翼や批判勢力の一部にも、サッチャー的な魅惑の語りを羨ましく思っている連中がいた。労働党にしてみれば、かつては伝統的な支持者だとみなされていた有権者層が、ポピュリズムになびく状況に有効なカウンターを打てなかった。似たような状況が日本だけではなく世界中で繰り返されていないだろうか? ポピュリスト的戦略の取り合いである。保守、右翼、ナショナリスト、タカ派の方が大衆への説得コミュニケーションを真剣に考え、実験的な試みを行っているという事態が。そして、その小道具であるところの小集団による様々な活動が、批判勢力の地道な活動よりも多くの共感を得たり、少なくともメディア的にはそう見えるような現実が進行してはいないだろうか? 「ネトウヨの言うことには賛同はしないが共感できるところがある」という、「在特会」のプレゼンスが大きく取り上げられるようになってから多く聞かれるつぶやきを前にして、カルチュラル・スタディーズを含む批判勢力は、焦る。従軍慰安婦と風俗産業に関する発言で下火になったとはいえ、橋下徹的ポピュリスト政治に一定の脅威と魅力を同時に感じたカルチュラル・スタディーズは、焦る。なぜ我々はあのような支持を創り出すことも事前に察知することもできず、なおかつ得られないのかと。もはや左右の二項対立ではないと言い切ってしまうと、このような超越的共感が全般的に広がっていることを見過ごしてしまうのである。右翼も左翼も必然的に同じだと言っているわけではない。しかしともにいくつかの重要な認識と、文化の政治に何が賭けられているかという理解を共有しているのである。

こうしたカルチュラル・スタディーズのポピュリスト的性格は、階級や貧困や暴力や、「目を背けたくなるような」現象を文化の領域に分散させ、どれだけ論じがたく不都合な社会的事実であっても、それを文化とアイデンティティの問題として、いわばその文化を担う行為主体に責任を転嫁しつつ言葉を発することのできる快楽に従ってきた。文化を政治として研究することでますます政治からそっぽを向かれ、結果的に遠ざかって行ったカルチュラル・スタディーズが、未だに文化という言葉にこだわることによってどこに向かうのか、それは定かではない。

3. 文化に抗する

社会や文化に対して似たような批判的まなざしを持って対峙しているはずの研究者や運動家の中にいる反カルチュラル・スタディーズ主義者たちは、カルチュラル・スタディーズと、それが称揚していると思われている多文化主義に対して、実は微妙な立場を取っているということを認めなくてはならないだろう。

その中には、先に述べたように、文化を権力と偏向の問題として合理化しようとする立場がある。権力とは社会集団間の関係であり、勝ち取られる所有物ではない。それはそうだろう。偏向とは実際に行為として現前しなくても、あくまでも意図的な選択である。さて、そうだろうか？　社会関係の神話化に、つまり公的権威の秩序を維持するために必要不可欠な幻影に依拠する現代の資本主義文化を研究する際に、合理的選択論は、言い替えれば社会学的行為論は、どこまで有効だろうか？　いまや経済優先ナショナリズムだけではなく、グローバル社会を生き抜くためにはとりあえず国民と国家の利害とが照応しているという前提で、最低限の生活と安全を保障する装置として国家が重要であるという論理に基づく「包摂的ナショナリズム」とでも言えそうな考え方まで出現している。そこでは左右の対立のみならず、文化が欠落している。より適切に言うならば、あらかじめ商標化されたもの以外の文化の可能域を認めないという点で、旧来の敵対性は解消されてしまった。この問題は、カルチュラル・スタディーズの知的共同体までもがこの考えを是認してしまうようになった時、より深刻となる。

文化という言葉が極めて政治的な含意を持っていたということが忘れ去られてしまいかねないのだ。一九七〇年代や八〇年代とは異なり、もはや文化という概念自体に政治言語としての「勢い」を認めることが困難な現代にあって、文化を政治の問題だとして片づけることは、それが権力と偏向の問題であるとする立場と同じように、雑である。ならば、文化という言葉を捨て、別の言葉で「文化的」なものを理解する努力がなされるべきだろうか？　しかしここで、はたしてカルチュラル・スタディーズは文化を対象としてきたのかという、元も子もない疑問に立ち返らざるをえない。どのような文化も他の文化から切り離されて考えられるものではないということを、理論的にも政治的にも強調しすぎてもしすぎることはない。問題はその分節性——連結と離反——のダイナミズムを対象とすることであって、所有格をつけて説明できる、国民や民族や人種の線引きによって分離独立した文化を研究しようということが目的ではなかったはずだ。

カルチュラル・スタディーズは、何が文化で何が文化でないかという種別性に頓着せず、様々な社会矛盾や不平等、人間集団の営みのどうしようもない「ダーク・サイド」をも含めた「生活様式の全体」を、カルチュラル「に」研究するものであって、カルチャー「を」研究するものではない。だからカルチュラル・スタディーズは、正統派文化主義とは袂を分かつことが必要だったのだ。政治的正しさやアファーマティヴ・アクションは、いまやカルチュラル・スタディーズの代名詞である。それはマイノリティや「抑圧されたもの」の文化を、「未だ見ぬ来たるべき姿」として理想化していると言われても仕方のないほどである。支配的な構造に抵抗したり、そこからはみ出す諸集団の営みが展開可能な空間を「代替公共圏」と呼ぶとき、あらかじめその代替性を求める人間以外の一体誰がその「公共性」を享受できる対等なコミュニケーション関係を築けるのかは問われぬままなのである。その資格付けが、おそらく文化的アイデンティティになるのだろう。もっとも危険なのは、文化的アイデンティティが押し付けられる残酷さでも、特定の文化的アイデンティティの範囲を超越する可能性を悲しくも理解できないということでもない。そそれは、文化をアイデンティティの問題に引き付け過ぎて、文化がアイデンティティを共有する絆の強さや持続性という牧歌的な想像世界へと変換されてしまう、そのやり口にある。それによって、現実にはアイデンティティの呪縛によって硬化している文化と、その硬直性ゆえにわかりやすい経済資本に変換される状況をどうするのかという困難な問題は残されたままなのだ。文化はどこにでも顔を出し、その内部にアイデンティティを付着できるものには安心を与える。ざわつきや波風は、病理学的な排除の対象となってしまうのだ。文化は怖れとおののきを常に内に含むものなのに。

4．カルチュラル・スタディーズと「十字路《クロスローズ》」

カルチュラル「に」研究することがいまだ政治的介入としての「勢い」を持っていた時、そのダイナモは階級の問題を巡って折衝される集団の力だった。

階級という言葉が従来用いられる際に際立っていた確実性や自信は、フルタイム雇用が常態ではないポスト資本主義的環境の中で崩壊した。いまや失業の不安にさらされ、階級に訴えることが最も効果的だと（イデオロギー的には）信じられていた政治生活のさまざまな領域で経験や歴史を語ることができないとき、階級としてのプロレタリアートにも階級「以前」としてのプレカアリアートにも、文化の主体になってくれることをあらかじめ期待することはできない。もはや、そしておそらく昔から、階級政治はいかなる政治的ラディカリズムにも占有されなかった。人々は未だに階級に属してはいる。しかしプロレタリアートに普遍的な決定的役割を期待する信念は、どれだけ理論的精錬を経たとしても、もはや現実的ではない。階級は資本主義社会における文化を考えるうえで欠かすことのできない要素だが、それを克服する出来合いのプランなどありえない。労働者階級が革命的でありかつカルチュラル・スタディーズ的だなどという神学的思考は、とうの昔に捨て去られている。

階級とカルチュラル・スタディーズとの関係においていま最も重要な視点は、グローバル経済にプレッシャーをかけられた成れの果てのポスト福祉国家において、カルチュラル・スタディーズを学んだ人間たちが、一方ではメディア産業の中枢に、他方では「使い捨て可能な」労働予備軍として、よくても非正規雇用に泣き寝入りせざるをえない状態に、両極分化しているということである。カルチュラル・スタディーズのコースが増え、そこで学位を獲得した卒業生たちが、メディア、アート産業、官僚機構などに就職する中で、批判的な目を利益に結び付けることに長けた「社会人」が生まれる。古典的なマルクス主義者ならば、それこそプチ・ブルジョワの誕生だと言うだろう。しかしそれがもはや古典的な意味での階級を形成することはできないということは明らかだ。なぜならいまだにカルチュラル・スタディーズ専攻という学位を持つ人口規模は小さすぎるし、経済学部や商学部、法学部と違い、勉強した内容と職業の専門性とが最もかけ離れた文系分野だからだ。それは極めて矛盾した立場だが、「生産性」がある。文化に価値を認めつつ社会を批判的に見る力は、企業にとって相補的な能力を期待できるからだ。

就職させることが大学教育の最大の目的と化している現在、この階級になりきらない集団が、カルチュラル・スタディーズの強力な政治的力を逆説的に際立たせる重要な機能を果たしている。第一に、雇用を含めた機会均等の実現。これは極めて社会民主主義的介入に聞こえるかもしれないが、カルチュラル・スタディーズが説く多文化主義は、効率的で良識ある行政によって目指されるべきだという立場である。政策論議が政治論議を凌駕し、カルチュラル・スタディーズは普遍的に応用可能な一般的青写真を提供する学問として理解される。言うまでもなく、機会均等とは人種や民族やジェンダーをめぐる重要な局面であり、連帯も可能であろう。しかし、平等な競合性を保証することもまた、機会均等の原則となるという点で、この立場は常にアファーマティヴ・アクションの次元に逆戻りしてしまうだろう。

第二に、それぞれの集団がそれぞれに固有の文化を主張し、それに基づいた柱列社会論的な資源と価値の再配分をしようという立場である。これは政治的というより文化主義的であり、行きつく先は文化相対主義だろう。「口は出さないからこっちのやり方にも口を出すな」的な、社会を分離と分断でとらえる視点であり、愛と憎しみを基準に共同性を乱立させるやり方である。愛は過剰にふりまかれ、憎しみはコントロールされずに垂れ流される。文化ナショナリズムと極めて近い親和性を持つこの立場は、それこそ旧来の左右対立など軽く克服してしまう。朝鮮学校に対する公的資金供給の打ち切りは、この立場が逆説的に現実化したものだと考えられる。再分配されるべき資源のそもそもの出所から議論しない限り、現実的な説得力に欠けるだろう。

第三に、政治や経済を文化に変換できるという立場だ。政治も経済も文化の場で語ることができ、実際それを実践するこの立場は、まだイデオロギー対立が可視的で、階級政治が成立していた時代に何とか公共性を設定して利害調整の場を構築しようとしていた「市民社会派」に通じるものがある。文化は経済階層や政治イデオロギーによってバラバラな利害集団をまとめ、市民として寛容で健康的な社会生活を営むための装置だ。創発的な文化を志向する一方で、そのエネルギーは文化的に自覚的になろうというトレーニングに費やされ、それに耐えうるものが集い、一種のサロン的な趣を作り出している。

それぞれの微妙な違いはあれ、全ての立場が共有しているのは、カルチュラル・スタディーズを特定の解釈共同体を形成する媒介として考えている点である。それはまたカルチュラル・スタディーズを推進する運搬共同体にもなりうるが、その共同体の能力をもってすれば、文化を自律的で自主管理可能な領域にできると誤解しがちである。しかしそう考えてしまう刹那に、カルチュラル・スタディーズの活動自体を抹消しかねない問題に直面しうる。それは、さまざまな文化の豊かな複雑さを部族化し、カルチュラル・スタディーズを支配的な思想や制度や「常識」への単なる反動以上の何かとして扱えなくなるかもしれないということだ。何よりも本章では、カルチュラル・スタディーズがグローバル多文化資本主義と共存関係になりうること、とりもなおさず現在のカルチュラル・スタディーズが前提とする、「新しい現象」へのオブセッションが厄介なのだと繰り返してきた。「カルチュラル」に研究する対象を、支配への抵抗以上のものとみなさないことは、よく言えばカルチュラル・スタディーズを問題提起的な構えに据えるが、悪い場合には何らかの抑圧体制の犠牲者であるという相補的な役割に定位することなのだ。

カルチュラル・スタディーズは、資本主義文化の犠牲者という立場と随分相性がいい。植民地主義の傷や戦争責任、階級闘争の歪められた現実や生きることに目的や希望を失った社会、入管闘争や基地問題、公害、放射能。日常において闘い続ける人々がいると同時にメディアによって巧妙に取捨選択される争点に対して、いちいち「われわれは全て犠牲者か、もしくはそうでなければその罪の推進者なのだ」と反応することは、「沈黙は加勢」であるとみなされることへの恐怖の現れである。しかし、はたしてそうだろうか？　苦難を共有し、それを蒙っている状況に共感することだけが犠牲者であることを保証はしない。昨日の犠牲者は明日の加害者である。犠牲者としてのイメージを拒絶し、この負のスパイラルから抜け出すための多様な活動に従事する活動的勢力として、カルチュラル・スタディーズを再概念化せねばならない。

人間は所属する共同体の規模へと世界を収縮させて、そこをベースに活動する。文化は、その収縮された世界の徴候であって、結果ではない。徴候とは、潜航しているものが一瞬閃くその瞬間に現れる。そして直近の状況の収拾を求める一方で、無秩序な抵抗手段で異議を申し立てる。カルチュラル・スタディーズが明瞭な政治的主張として理解されたのは、一九七〇年代から八〇年代にかけて吹き荒れた政治混乱の中で起きた暴動やストリート・クライムや、忌避され爪弾きにされた表現を、逸脱ではなくそれ自体の論理と意味を持つ「文化」として再定義した時だった。

もはやそんな時代ではないと言い切れるだろうか？　何を文化と名づけるのかという戦いは、しばらく守備的なものにならざるをえないだろう。そして当然、歴史をなぞることはできないだろう。しかし今すぐできることは、カルチュラル・スタディーズを表舞台から消し去ることである。舞台に立ち続ければ続けるほどセリフを繰り出さざるをえず、衣装を着替えざるをえず、物語を演じ続けなくてはならない。ここでの選択肢は二つだ。仮象のまま間違いを間違いとしてそのまま引き受け芝居を続けるのもありだろう。しかし幕を引き、撤退し潜航するという選択肢もありうるだろう。それと同時に、国境を越え国家に背を向け、ラディカルで民主的な知性を展開するためのあらゆる手段を講じて、グローバルな分業体制を交差して脅かすリンクを作り出すことだ。いわば、賊の群れになることである。まともなアカデミズムの掟を遵守する代わりに、呪われた作法を身に付けることである。

　これはミクロ政治だとの誹りを免れないかもしれない。しかし例えば、数年に一度開催されるカルチュラル・スタディーズの世界大会「クロスローズ（Crossroads）」が二〇〇八年にキングストン（ジャマイカ）で行われたとき、そのレセプションが国家予算を使って首相官邸で開かれたことと、第二次世界大戦直後の南太平洋ビキニ環礁で行われたアメリカによる一連の核実験が「クロスローズ作戦（Operation Crossroads）」と呼ばれた▼[3]という、二つのマクロな出来事との間に、文化の研究が半永久的な死の影の下で推進されるという事態が連想されるならば、どうせ半永久的に逃れられないのであれば、その先の十字路《クロスローズ》で悪魔と契約して歌を手に入れ、平等に規制の遵守を約束させられる空間から彷徨い出続けるミクロな生き方もまた、ありうる選択ではないだろうか。

▼1 Stuart Hall *et al.*, *Policing the Crisis: Mugging, the State, and Law and Order*, Macmillan, 1978.

▼2 Ibid., p. 308.

▼3 Andy Chih-ming Wang, "Three Notes on Fukushima: Humanities After/in Crisis", http://www.opendemocracy.net/andy-chih-ming-wang/three-notes-on-fukushima-humanities-afterin-crisis.

III

カルチュラル・スタディーズの終わりとはじまり

第八章　素描・カルチュラル・スタディーズの増殖について

英語圏でも、日本語の媒体においてでも、すでに飽くことなく繰り返されてきた警句――カルチュラル・スタディーズには単一の起源も、確定された方法論も、おおよそ学術領域化される際に必要とされるメタ・ナラティヴもない、それは諸理論と実践との絶え間ない折衝を続ける一つの政治的プロジェクトであるという警句――を、すでに学会（学術領域）、学術的制度、大学によって図らずも守られている人々にではなく、「さてカルチュラル・スタディーズとかいうのをやってみようかな」という人たちに、誰がどのように突きつけることができるだろうか。知識や対象に向かい（もしくはそれらを捏造し）、おそらくは記述という手段をもってそれらを伝える構えとしてのカルチュラル・スタディーズが、その歴史的種別性(historical specificity) に無頓着なまま、ブラック・カルチュラル・スタディーズとかジャパニーズ・カルチュラル・スタディーズとか、接頭辞を変え続け空間的にも領域的にも増殖していくとき、その増殖現象に一枚咬むにしても距離を取るにしても、いったいどこから歴史的種別性なるものを考えていけばいいのか、もしかしたら途方に暮れることもあるかもしれない。

スチュアート・ホールは一九八〇年代中盤以降、カルチュラル・スタディーズの諸文献がさまざまな言語に翻訳されはじめてから、この歴史的種別性という言葉を特に頻繁に用いるようになる。そもそもこの言葉はグラムシの言葉だが、グラムシ自身の生きた時間と空間の制約と、現在誰がどのような社会状況の下でどのようにそれを読むのかという条件のあいだにある切断とつながり、つながりがあるとしたらどのような条件の下でのつながりなのかということ、これらを明確にしつつグラムシを再創造するということ、このような企てからホールは歴史的種別性の重要性を説いていたわけである。[1] 同時にホールは、発話と言表およびその条件と効果の総体という意味でフーコーが用いた言説の概念は、「言説編制」という概念装置として最大限に奪用可能だと考えているが、ここでホールが意識しているのは、カルチュラル・スタディーズが常に不安定な言説編制としてのみとらえられることによって、その「歴史的種別性」もはじめて理解されるということなのである。しかしグラムシもフーコーも我々の先にある／いるわけではない。彼らの概念を雄弁に語ろうと試みることが本章の目的ではないし、ましてやホールその人の言説を流暢にまとめてみせること自体が、ホールを理論の緊張感から置き去りにしてしまいかねない危険な作業であると感じつつある今、もっと瑣末な事柄の素描から議論を始めたい。

1. 一九七〇年代後半の「パニック」

そこで、一九七〇年代後半のロンドンとバーミンガムでどんな「パニック」がどんな空間で起きていたのかを極めて簡単に振り返ることによって、議論のとっかかりを探ってみたい。なぜなら、キャラハン労働党内閣からサッチャー保守党内閣への転換期に当たるこの時代、失業者に溢れ、不況にあえぎ、移民増加とストリート・クライムの増加（このカップリングが重要である）によって「モラル・パニック」に陥ったイギリス社会は、民衆レベルからの自発的合意として「法と秩序」の再建を迫られていた。そう思うこと、自分たちはそういう社会に生きてしまっているのだと思うことが、一九七〇年代後半の「常識」だったわけである。この常識を、伝統的な小イングランド主義に基づく保守の言説と強力な市場先導型経済性策を推進するネオ・リベラリズムとに民主主義的手続きで分節化することに成功したのが、一九七九年に誕生したサッチャー内閣であったわけである。

しかしながら、本当に自分たちは「モラル・パニック」を生きているのか、「法と秩序」を求めているのは実は誰なのか、なぜ社会がパニックであり、その対処療法として「法と秩序」が必要であるということをどうして「我々」は知っているのか、釈然としない人々が少なくともロンドンとバーミンガムにはいたわけである（もちろん他のところにもいたのだが、本章の便宜上こういうことにしておく）。

それがバーミンガムにおける現代文化研究センターであり、ロンドンにおけるパンクであった。このころバーミンガム大学現代文化研究センターにおいて、スチュアート・ホールのリーダーシップの下で、ポール・ウィリス、ポール・ギルロイ、イアン・チェンバース、ディック・ヘブディッジ、アンジェラ・マクロビー、リディア・クルティらが、英文学部の教室をたらい回しにされながら主として文学、歴史、メディア、人種差別主義、ジェンダーなどのワーク・グループでの実に地道な作業を中心に言説の蓄積を図っていた。▼2 一方約九〇マイル南東のロンドンでは、音楽、ファッション、アクセサリーを総合して身体感覚とそのプレゼンスの様式を根底から変えようとする革命的な運動が起こっていた。人文社会科学の領域にある種の「パニック」を引き起こしたパンクというカルチュラル・スタディーズと、音楽とスタイルの

「パニック」化を目的としたパンクとのこの時間的な重なりは、片やあくまでも大学制度の中で、片や市場を十分に意識した音楽とファッション産業の中で既存の体制との折衝を通じて浮上してきたものであるという意味で、偶然ではあるが、社会諸関係の総体的な変容に対するカウンター・ヘゲモニーの実践としては、決して偶然の出来事ではなかった。これらは、歴史の区切りに際してある連鎖が作動していたという意味で偶発的な出来事だったのである。

今さらくどくど繰り返すまでもないが、一九七〇年代後半のこの時期最も目立った色は「黒さ」であった。レゲエとラスタファリアニズムとダブ・ミュージックがいかにパンクに奪用されているか、現代文化研究センターのプロジェクトの中でいかに人種の問題の占める位置が大きくなっていたか、どちらにしても「黒人」の表象の戦略は、それをなんとか差別される低い側から、相対的に高い側にもっていこうとすることに力を注いでいた。しかし今や、真正な黒人の総体というものを想定することは不可能である。これまで黒人を「黒人」にしてきたのは、それを総体として他者化してきた白人の視線であり、なおかつその白人の視線を内在化することによってアイデンティティを形成してきた黒人自身であるということが明らかになりつつある。ところが、このようなヘゲモニーの下で相対的に高い位置にいた「白人」とは誰か、もっと狭く区切れば、イギリスの白人とは誰かといわれると、実はちょっと困る。そもそも一次元的な白人が混淆化されている黒人を総体化していたというだけではなく、ともに多様で雑多な「黒さ」と「白さ」がありもしない総体同士の二項対立的な戦いを演じてきたのが人種の問題といわれる言説群なのではなかろうか。思い切って単純化すれば、白い一枚の壁に黒いいくつもの小石がぶつかっているのではなく、どちらかというと黒い石とどちらかというと白い石、この小石同士のごりごりした接触と力の関係——もちろんこの折衝の瞬間は優位なものと不利なものとの二つのもののぶつかりあいであることを強調しなくてはならない――として人種対立という問題構制を考えてみることができるかもしれない。

2．ジョン・ライドンのフィンズベリー・パーク

駅間の長いヴィクトリア線と短いピカデリー線の同方向行きが同じプラットホームのこちら側とあちら側に滑り込んでくるフィンズベリー・パークの駅は、何かと面倒なロンドンの地下鉄駅の中でも最も楽に乗り換えをすることができる駅の一つだ。地下鉄以外にも郊外線の北ロンドン線が始発駅であるキングス・クロスを出て最初に停車するこの駅は、グラスゴーやエディンバラからニューカッスルを通って東回りでロンドンに向かう人々に終着駅がまもなくであることを教える標識の役目も果たしている。こう書いてもヴィヴィッドな心象地図を描くことができないならば、こういうこともできる。ハイバリーから北に歩いて一〇分、地下鉄ならばアーセナル駅から一駅、ホワイト・ハート・レーンからハイ・ロード、さらにセブンシスターズ・ロードを経由して南西にバスで一〇分弱、それがフィンズベリー・パークです、と。南にはアーセナル、北にトットナム。北ロンドンダービーのスペクタクルここに極まれりという場所だ。

慣習的に理解されている事実に基づけば、ガンナーズ（アーセナル）にはアイルランド系が、スパーズ（トットナム・ホットスパーズ）にはユダヤ系が、強力なファン層を形成している。アーセナルからマナー・ハウス、さらにハリンゲイ・グリーンにかけて点在するアイリッシュ・パブには必ず大画面スクリーンがあり、ガンナーズのホーム・マッチに限らずハーリング、ゲーリック・フットボール、アイリッシュ・フットボールリーグの試合を見ることができる。そのほとんどがギネスとカフェリーズのタップ・マークを

掲げているのはもちろんだ。そして、ジョン・ライドンはアイルランド移民を両親としてこのフィンズベリー・パークで育ち、カトリック・スクールに通った。もちろん、幼いころからガンナーズのサポーターであることはよく知られている。そのジョン・ライドンが「セックス・ピストルズのジョニー・ロットン」の自伝という形で書いたのが『ノー・アイリッシュ、ノー・ブラックス、ノー・ドッグス』だが、このタイトルには、イギリスという国で常に周縁に位置づけられることでその表象を保証されてきたものたちの連鎖が集約されている。

アイルランド人と黒人と犬がただ差別される被支配側で、社会の多数者からみて同心円上の距離にあるということではない（ここで黒人とは非白人、非中国人の人々全てを総称するということ、つまりインド、パキスタン、バングラディッシュ系の人々も示すという特殊イギリス的な状況を思い出す必要があることはいうまでもない）。これらは、支配文化との距離の遠近によってそれぞれの位置を随時変えられながら生きてきたものたちとその文化の象徴的な並列なのだ。イギリス社会の生活空間においてこの三者は、飼い慣らされ、十分に規律・訓練された従順なものたちのことであり、同時に、暴力的で、時には爆弾を投げつけ、刃向かわず、理解できない言語を操る危険なポテンシャルの象徴でもある。そうなる危険が感じられるものたちは、すぐ処分され、間引かれ、生き残ったものたちも厳しい規律・訓練を経てイギリス人と空間を共有することを許されてきた、そういう連中のことをいうのである。

さてこの本の中でライドンは、ピストルズのメンバーとパンクそのものの仕掛人マルコム・マクラレンとの違いを「奴は全く心底中産階級だ」という言い方で表現している。[3] マクラレンが作り出した市場への参入回路に引きずり出され、映し出され、イコン化された自分たちの表象とリアルな感覚とのギャップを、ライドンは最終的に階級という境界をもってきて説明する。今は亡きシド・ヴィシャス以外のメンバーやクリッシー・ハインドなど多くの証言を交え展開する本文の中で、ライドンの発話は二つの重荷を背負っている。一つは階級であり、もう一つは自分がアイルランド系だということだ。幼いジョンにとってフィンズベリー・パークはアイルランドそのものだったという。もちろん全て懐古的に肯定されているわけではない。そこはライドンである。コミュニティというものが「成功してしまったもの」に対してどのように反応するかを克明に書き記しているのである。「後に残してしまった連中をなんとか助けようと思うと連中はどんどん求めてくる。だから俺は連中をますます好きになる。連中も俺を好きになる。でもあんた、もう一度そこに戻ろうとすると、奴等はあんたをなめてかかって来るのさ。なぜって連中戸惑っちゃうんだよ。もしあんたがいなかったら絶対あり得ないことだってのを連中よく知ってるからね。……それって自動的な防衛本能なんだよ。だから連中は自分たちを保てるのさ。スパイク・リーが貧乏人とホームレスを使ってやったのと同じことだよ。誰かが出ていこうとすりゃ、絶対引きずり戻そうとする。餌を投げりゃひっつかもうとする。それを見るには別に黒人でなくたっていいんだよ▼4」。

　黒人である必要はない。アイルランド人だって周縁という意味では同じだ。その周縁性はしかしライドンをさらに苛つかせる。「面目をつぶされ、征服され、殺戮され、冒瀆され、そして使うとこだけ使われる。でもアイリッシュってそれが問題だって思ってないみたいなんだな。肌の色が白いからだっていうのは理由になんないと思うけどね」。そのあとライドンは延々「肌の色」ではなく社会経済システムが決めていく人々の位置性について語るわけだが、最後の最後、フィンズベリー・パークに話を戻したところで彼は「色」のトラップにはまってしまう。

　フィンズベリー・パークのあたりはアイルランド人だらけだったんだ。ここではおまえはアイルランドにいるんだぜって教えてくれたようなもんさ。土曜の夜は子どもたちとコミュニティ・センターに行くんだ。子どもたちは遊んで俺たちは飲んでる。そりゃいい気分だった。ところが最近、アイルランド人はどこに行っちまったのかわからない。フィンズベリー・パークにはもうアイルランド人がいなくなっちまったんだよ、全く。今はギリシャ人だらけさ。トルコ人や黒人（アフリカ人だろう）がいっぱいで、奴等はすごく暴力的になることがある。ボビーはすぐ玄関先でスタンリー・ナイフで喉を切られちまった。おっかないだろ？　けどそんなもんだよ。よくあることだ。全部生きてくことの一部さ。▼5

確かにフィンズベリー・パークから真北に伸びるグリーン・レーン沿いはケバブ・レストランだらけだ。キプロス銀行もある。しかし、暴力が日常であるということを知覚している点でライドンを評価する一方で、我々はなぜ彼がギリシャ人やトルコ人や黒人アフリカ人が「暴力的になることがある」と言えるのかということを問わねばならない。先回りしていえば、支配文化とアイルランド人、支配文化と黒人の距離を測れていても、一口に被支配側と括られてしまいかねないアイルランド人と黒人との切断とつながりの諸相は、ライドンの発話の中には見られない。周縁化されているというだけでは等価性の連鎖をつないだことにはならない。問題は交差である。点と点を線で結ぶのではなく、三次元的に交差するつながり、ライドンはここを見落としてしまっている。

しかし、パンクという状況を、マクラレンの周到な戦略とピストルズ以下個々のキャラクターが作り出した表象、何か全く新しい意味の様式、という局面にばかり光を当てて注目し、影響されてきたことによる、弊害があることも確かではなかろうか。もしもライドンの発話の中に見られるアイルランド人らしさ

（彼は例えば「アイルランド人は地球上で最も悲しい音楽を作る」と言っているが）を「白さ」と混同してしまうと、イギリスの対抗文化を評するときに陥りがちな、白人、労働者階級、男性性の単純な組み合わせによる何かノスタルジックな「失われてしまったもの」という意味あいを避けることはできない。ライドンが熱狂的なアーセナルのファンだという事実を加えればダメ押しである。だが、このあまりにも知り尽くされ、語られ尽くされてきた組合せの飽き飽きするほどの過剰性の内部に、掘り出すべき残骸があるように思われてならない。

ここで言いたいのは、パンクがあくまでもパンクであるためには触れてはいけない部分が残されていたのではないかということだ。人種と周縁性の問題がすでにその残骸の中に現れているのは明らかである。もちろん、残骸という言葉で意味されるものが、何か基層にあって表層のスタイルを規定する基調低音ではないということを再び強調しておかなくてはならない。レイモンド・ウィリアムズが「残余文化（residual cultures）」と呼んだもの、そこでの折衝的な実践がここでの主題だ。文化を語るものが着目する文化様式の移行とは、常に既存の文化のスタイルを引きずりつつ残骸として内部に取り込み、「生きられた経験」という実践形態で主体に転生する過程として考えられる。新しい部分と残骸と、カルチュラル・スタディーズは常に二つのエッジに対峙しなくてはならない。反抗と反権力と時には革命のイコンにもなってしまったパンクの実質的な実践者が教えてくれるのは、人種と「色」の話はパンクにおいて結局手つかずであった、いやそれどころか、支配的な人種の表象の様式を補強してしまっただけではなかったかということなのである。

3. レイモンド・ウィリアムズと文化的人種差別主義

ではバーミンガムで引き起こされた「パニック」と人種をどのように論じることができるだろうか。例えばこうだ。時に「ブリティッシュ・カルチュラル・スタディーズ」といわれるが、何はともあれ関心を持つ者がまず読むであろう、ホールはジャマイカ生まれの黒人だし、ウィリアムズはウェールズ出身だし、トムソンはその幼年期のほとんどをインドで過ごしている。コテコテのイギリス人はホガートだけかと。確かにその通りである。これらの世代と比べると、なるほど現在のカルチュラル・スタディーズは実践者も対象も「イングランド人」中心である。とはいえこのような議論はどのみち、「本来イギリス人だったのにイングランド人に矮小化されている」ということになるにしろ、「ジャマイカだろうがインドだろうが人間はイギリス人なのだからカルチュラル・スタディーズは生粋のイギリス文化の産物なのだ」となるにしろ、どこにユニオン・ジャック印を付けてブ、ラ、ン、ドの起源を定めるかという程度のことにしか落ちつかない。むしろ、カルチュラル・スタディーズの実践の中で、人種という問題構制が例えば「色」と、例えば「国籍」と、時のヘゲモニー状況の下でどのように絶え間ない奪用と分節化を繰り返してきたのかということの一端を探ってみることの方が、はるかに生産的な議論になるに違いない。そこで、ジョン・ライドンと同様にイングランド人ではない白人レイモンド・ウィリアムズを、移民ではなくイングランド人であり黒人であるポール・ギルロイがどのように批判しているかを検証しよう。

レイモンド・ウィリアムズは、植民地的、ポスト植民地的な契機が複雑に絡み合った種別的な文化形態として、近代のイギリス小説というものをとらえていた。イギリス文学が、インドや現在のパキスタン、カリブ諸地域との植民地化過程における折衝なしでは生まれ得なかった言説編制である、ということに完全に気づいていたのである。[6]

同時に彼自身の社会的出自、つまり白人男性であり労働者階級の生まれであるということが、非常に伝統的なステレオ・タイプとしてのイギリス労働者階級――男性主義であり、白人中心主義である――へと簡単に転化してしまうということを知っていたのは、他ならぬウィリアムズ自身でもあった。それゆえに彼は、イングランドとは異なる領域としてウェールズとウェールズの文化的伝統というものを彼自身の「始まり」として創出したのである。この意味で書き手、話し手（総称して発話者）のアイデンティティが構築されるものであり、その編制がヘゲモニックな中心と周縁とのあいだで作動するダイナミズムの中に見て取れることは、ウィリアムズにとって極めて明らかなことだったのである。

しかしながら、ポール・ギルロイが半ば執拗に、半ばあきらめ気味にウィリアムズを引き合いに出しているとおり、ウィリアムズが広く一般に人種差別主義と呼ばれる言説群――それら全てが何らかの意味作用実践によって「他者性」を構成する外国籍保持者、肌の色が異なるもの、異なる言語を話すものに向けられる――に対する反論として用意されるであろう「それでも彼らはあなた方と同じイギリス人でしょう」という「標準的なリベラルな反応（standard liberal reply）」について以下のような批判を行った場合、彼の反人種差別主義の発話は人種という差異――差異としての人種――とナショナルなものとの、不可分で常に従属者を作り出さねばそれらの表象そのものが不可能になってしまう「表象のシステム」の政治性をとらえきれていないのである。

社会的諸関係の総体が問題になっているときに、社会的アイデンティティの問題は形式的定義によって解決可能であるとする考えは完全な誤解を招いてしまう。なぜなら、不均等でなおかつ不安定に、しかし常にかなり長期の経験を通じて、社会的アイデンティティは実際の現状のままの社会関係に基づいて効果的に知覚されるからである。社会的アイデンティティを国家レベルの形式的な法的定義に還元してしまうことは、近代支配階級の機能的手段によって制限された「国民‐民族」の疎外された表層と共謀することになってしまう。[7]

つまり、「リベラルな反応」は「イギリス国民であるということはどういうことか」の法的定義をただ参照しているにすぎず、その法的定義自体が近代支配階級の作り出したヘゲモニックなシステムだというわけだ。そのかわりにギルロイが指摘しているように、ここでウィリアムズは社会的アイデンティティとは「長い経験」の産物であって「実際の現状のままの社会関係に依存している」ということを強調することで、国家によって正統化された法的定義以外の代替的な人種的アイデンティティの概念を提示しようとしている。[8]ところがウィリアムズは、どの程度の長さの経験が真のイギリス人になるために必要とされるのか、どの程度実際的でどの程度現状のままの社会関係で十分なのかを示してはくれない。いやそれどころか、このような意味での「同化」そのものが不可能だという近代の前提を見過ごしているのである。

この「同化」の不可能性を逆手にとってイングランド人としての国民主体を再構築しようとしたのが一九八〇年代のサッチャリズムのプロジェクトである。サッチャリズムは、ニューライト原理による資本主義自由主義経済の積極的建て直しという企図だけではなく、その建て直し原理の代補となるべきナショナルなものと人種との関係の再考を迫る「退行的近代」の企図だったわけである。[9]

当時保守党議員であったノーマン・テビットが、どの国のクリケットチームを応援するのかと質問することでアジアからの移民の「統合度」を推し量ろうとしたのは、まさにこの企図の具体的な言語化であった。

近頃、インドやパキスタンに声援を送る連中がイギリス人らしさ（Britishness）を求めているらしいが、昔はイギリスでアジア人であるための唯一の道は、アジア人であることをやめることだったものだ。[10]

もし「イギリス人」の他者としての「彼ら」がイギリスに定住したいと望むならば、まずもって彼らは国籍に関わるあらゆるレベルでイギリスと同化しなければならない。しかし支配的な言説はアジア人でありかつイギリス人であるというアイデンティティが公式の言説空間に表現されることを決して認めないのである。白人の文学としての近代イギリス文学が同化不可能な表象としての非‐白人の現前を共示しなければ成り立ち得なかったことに気づいていながら、ウィリアムズはなぜ肌の白いものたちだけが「生きられ形成されたアイデンティティにより分節化される定住」と呼ぶものを享受してきたのかという根本的な問題を不問に帰してしまったと考えることもできる。[11] ギルロイは続ける。

ウィリアムズは、黒人種というものが何よりも人種の優越性のイデオロギーの中では従属の地位に置かれているということを認識していないようだ。彼が使う「社会的アイデンティティ」という言葉は、重要かつ誤解を招くものでもある。その言葉によってナショナリズムとナショナル・アイデンティティの諸イデオロギー（複数形）が最小化され、ナショナルなアイデンティティと社会的なアイデンティティが連携する政治過程の分析から目をそらされてしまうのである。[12]

この意味でウィリアムズは、ギルロイが「文化的人種差別主義」と呼ぶ言説群に取り込まれているとも言えよう。「文化的人種差別主義」とは、「まずもって誰が正統的にナショナルな共同体に属すことを許されるのかを特定化し、同時に、その出自、感情もしくは市民権がどこか他の場所に割り当てられる人々の隔離と消滅を理由づける」言説の編制体である。▼13「人種」を差異化＝区別化する排除と内包の区分線は、いかに特定の国籍に所属しているのかということによっている。もちろん言うまでもなく、この場合の「国民」を区別化する指標は、肌の色であり、その肌の色はまたアジア、アフリカ、カリブ諸地域といった「ネイティヴ」な場所にヘゲモニックに分節化されているのである。近代イギリスの表象のシステムがすでに「人種化」されているというのは、こうした分節化様式によってのみ、それによって初めて肌の色が異なる人々が表象可能になったということであり、ウィリアムズが見落としてしまったのはその表象が可能になる政治過程そのものだったのである。

だからギルロイはウィリアムズだけを採り上げているのではないことが重要だ。主として『ニュー・レフト・レヴュー』において論陣を張ったトムソン、エリック・ホブズボーム、マイケル・イグナティエフらに対する彼の批判は、イギリスの左翼にはびこるナショナリスト的思考に見られる、人種の「自然化」に対して向けられている。「自然化」という概念によって、ギルロイは男性イギリス左翼に見られる「一つのネーション」に基づいたナショナリズムとパトリオティズムの増幅を批判するのである。

国民の共同体の外では誰も生きることはできないという仮説は、人種差別というイシューが除外されている場合にのみ妥当である。これらのイギリスの左翼的知識人が述べているのは、ベネディクト・アンダーソンが提示したように想像されるのでない、実質的な一つの国民共同体なのである。その共同体が建設されるものであるということが見過ごされている。ヘゲモニーをめぐる闘争が繰り広げられなければならない構造としてア・プリオリに受けとめられているのである。[14]

黒人文化の政治を人種とナショナリズムの分節化という観点から記述していこうとするギルロイの企ては、特定の歴史的契機において「黒人かイギリス人か」という二項対立図式を拒絶することを要請している。この意味で、どちらも（either）とどちらか（or）は相互に対立する概念となる。これをホールは「二項対立ではなく、カップリングの論理」と呼んでいるが、そうすることで、「どちらか」にこだわり続ける限り先に採り上げたテビットと同じ地平に立たざるを得なくなってしまうという言説の共謀関係を破壊しようというのである。[15] このような試みが、一九九二年のバルセロナ・オリンピックでイギリス・チームのキャプテンであったリンフォード・クリスティが見せたパフォーマンスである。ジャマイカ生まれのイギリス人であるクリスティが男子一〇〇メートルのウィニング・ランの時にユニオン・ジャックをまとい、「俺はイギリス人以外の何者でもない」とインタヴューに答えたとき、クリスティはイギリス人らしさは常にすでに白人に属するものであるということが「常識」であり、黒人がイギリスらしさを表象し、再認するという実践がそれほど期待されていないものだということに気づいていた。[16] まずここに入り込むこと、まず「常識」の言説編制を組み替えようと試みること、カルチュラル・スタディーズのスタンスはここにある。人種の区別は実在の人間の区別とは異なるイデオロギーであり、肌の色は文化的位置取りやアイデンティティとは本質的に関係がないとする文化的反本質主義とは、確信犯的に異なる企図だということを確認しておきたい。

4. 少数者性への欲望と「表象の責任（the burden of representation）」

ジョン・ライドンがイギリス化されたアイルランド人の位置から語り、ウィリアムズが彼のターゲットを近代イギリス（English）文学に定め、それを歴史化し社会的な地平に開くために発話の位置をウェールズに置いたとしても、総称としての白人イギリス人やイギリス文化が常に連合王国に上書きされたものだという事実を見過ごすことはできない。例えば、一九九八年九月一一日に独立議会の開設と独立税制施行を求め、二〇一四年には独立を求めてレファレンダムが行われたスコットランドは、連合王国の政治、経済、文化においてマイノリティの位置を求めてきた急先鋒である。しかし同時に、スコットランドが大英帝国の植民地史の中で果たしてきた「植民者」の機能を棚上げすることができないのも当然である。

すでに人種の問題を非イングランド地域の問題として採り上げているロバート・マイルズによると、スコットランドには広く認識されている神話がある。それは「人種関係」の問題はイングランドの問題であり、スコットランドには「黒人」はいない、というものだ。[17] もちろんスコットランドにも黒人はいる。しかし彼ら／彼女らは黒人とは呼ばれない。スコットランド人なのである。だがここで確認しておかねばならないのは、第一に黒人をスコットランド人と呼ぶのが白人スコットランド人であること。第二に「黒人」という名称があらかじめ人種的なトラブルや人種差別の言説編制の中に組み込まれた状態でのみ用いられるということ、言い換えれば、「黒人」がスコットランドに存在するということはスコットランドに人種差別や人種を原因とするトラブルがある、ということになるということ。第三に黒人はイングランドではマイノリティだが、イギリス全土という規模から見ればスコットランド人もマイノリティであるということ。
イングランドの例に漏れずスコットランドでも、一九五〇年代から六〇年代にかけてインド、パキスタンからの移民が多く入ってきた。スコットランドでまず「黒人」と呼ばれたのはこうしたインド系の人々であり、一九九〇年代後半当時でもアフリカ系やカリブ系の人口が少ないということを反映して、その状況はあまり変わらなかった。このような神話が依然強力な状況では、むろんスコットランド人としてのアイデンティティに「黒さ」が占める割合はかなり低いし、そのような期待値もクリスティの例よりも限りなく低いと言えるだろう。いってみればスコットランド人には「黒」はいないというわけだ。だがそれが忘却と不可視化の効果であることはスコットランドが連合王国の近代史の中で占めてきた布置を見れば明らかである。

例えばスコットランド最大の産業都市であると同時に、一九九六年当時、行政区分あたりの人口ではロンドンに次ぐ規模であるグラスゴーを採り上げてみよう。人種とエスニシティに関する軋轢が階級の政治と複雑に結びつき、しかもそれが比較的不可視であったポスト植民地的なスコットランドの状況を最も明晰に（そして最も早く体系的に）説明している歴史家でありトリニダードの初代首相を務めたエリック・ウィリアムズは、グラスゴーが近代イギリスの「三角貿易」に果たした役割の重要性を指摘している。元々オクスフォード大学への博士号請求論文として書かれ、一九四四年に出版された『資本制と奴隷制』によれば、古くはクロムウェルの時代から産業革命の完成期に至るまで、グラスゴーは奴隷貿易と密接に結びついた港湾商業都市であった。ところがここで重要なのは、グラスゴーがもたらす富は、もちろん当時のイングランドとの植民地関係によるところが大きいのだが、必ずしもスコットランドに「国民経済」としての体系をもたらさなかったということである（一八世紀後半のグラスゴーの最盛期に、グラスゴー大学道徳哲学教授であったアダム・スミスが『諸国民の富』を著したのは後世から見れば皮肉といえば皮肉である）。ここで細かな事例を検証している余裕はないが、以下のウィリアムズの記述から一八世紀後半から一九世紀にかけてのグラスゴー、ロンドン、海外植民地の関係を素描することはそれほど難しくはないだろう。

一八世紀、グラスゴーのごく普通の市民であったリチャード・オズワルドは、ロンドンに移り住んだ。そこで彼は幸運にも砂糖のプランテーションから生まれた莫大な金額を相続した女性と結婚した。彼はその後数年間シェラレオネ川の河口にあるベンス島に砂糖の加工工場を開き、膨大な数の奴隷を扱うディーラーとなって富を得た。その富は息子のジェームス・オズワルドに引き継がれたが、彼は第一次選挙法改正後の最初のグラスゴーの代議員となった。一八三三年、彼は精製のために輸入されるブラジル産の砂糖に課される税を軽減するよう、多くの署名を集めて請願することに成功した。[18]

宗主国としてのイングランドの女性をまるで持参金付きで手に入れたスコットランド人男性という図式が、植民する側＝男性／される側＝女性という植民地的言説の一つの典型にそぐわないというのであれば、そうした典型そのものが拡張主義的な帝国主義的言説の再生産を追認してしまうという落とし穴があることを確認しておいてもいいだろう。グラスゴーにおける黒人、アジア人の人口比率はロンドン、バーミンガム、マンチェスター、リヴァプール、ブリストルなどに比べて相対的に少ないと言える。[19]しかしこのことがグラスゴーやスコットランドがポスト植民地的言説とは無関係だということになりはしない。むしろ肌の色の違いの現前が弱いからこそ先に述べたような神話が合意を得るのである。

さて、グラスゴーを東西に横断するクライド川に沿って市の東側に広がるグラスゴー・グリーンの中に、ピープルズ・パレスと呼ばれる市民博物館がある。グラスゴー市民の衣・食・住環境全般に渡る生活の変化の模様を展示してあり、また「レッド・クライド」の異名をとった造船業労働者の運動の模様やイギリスで最初のゲイ・レズビアンのプロテスト運動の様子が豊富な写真と解説で展示されている興味深い博物館である。そのピープルズ・パレスにある一枚の絵、一八世紀のタバコ商人グラスフォード家の家族の肖像は、スコットランドが「自分たちこそイギリスにおけるマイノリティである」という神話の下に隠蔽してきた植民地主義の痕跡を炙り出さずにはおかない。

現在も市の中心部、マーチャント・シティを南北に貫く広い通りにその名を残すグラスフォード家は、一八世紀中葉の当主ジョンの代に西インド諸島でのタバコプランテーションとその貿易によって巨額の富を得た。肖像画に添えられた説明書きによれば、この絵は一七六七年に描かれており、当初は、絵の左はじに座る当主ジョンの真後ろに召使いとして使えていた一人の黒人奴隷が描かれていたが、後に上書きされて消されてしまったという。その説明書きには、なぜ隠された／消されたのか明確な説明はない。しかしここで強調すべきは、一人の黒人奴隷を視覚から抹消したという実践が、スコットランドとグラスゴーのポスト植民地的な歴史解読のキーとなるのではないかということだ。

さらに指摘すべきは、絵に付された説明が、「後に塗り隠された黒人奴隷は、繁栄するグラスゴーのエキゾチックなステイタス・シンボルだった」というフレーズで締めくくられていることである。それはいったい誰にとってのステイタス・シンボルだったのであろうか？　この疑問が重要なのは、当時グラスゴーは世界中とつながりをもっていた大都市だったということをただ主張するためだけに、この肖像画が展示されているような印象を与えているからである。むしろ問題構制としては、繁栄の歴史を称揚するよりは植民地的でヘゲモニックな歴史過程へと視点を移すことが求められている。

この試みは、最近一人のグラスゴーの歴史家、メアリー・エドワードによってまとめられたブックレット、『誰がグラスゴー人?——移民の二〇〇年』に見ることができる。[20] このブックレットは「多文化都市グラスゴー」をキーワードに、いかに近代のグラスゴーがさまざまな人と文化の移動によって形成されてきたかということを、黒人奴隷から、スコットランド北部ハイランド地方からの移住者、アイルランド人、ユダヤ人、イタリア人、ポーランド人、中国人、アジア人(つまりインド、パキスタン系の人々)の差別と定住の歴史という視点からまとめたものである。エドワードは第一章「グラスゴーと奴隷制」の中で、ピープルズ・パレスのグラスフォード家像にかなりのセクションを割いているが、その説明によると、「黒人奴隷が隠されたのはグラスゴーにおける反 - 奴隷制運動が最も高揚していた一九世紀前半」であるという。[21] エドワードによれば、一八世紀の終わりごろ、すなわちハッチソン、スミスなどの手によってスコットランド啓蒙派といわれる思想の潮流が基礎固めを終えつつあったころ、中産階級のあいだでは奴隷制は「邪悪な実践」だと信じられるようになった。エドワードの説明では、したがって肖像画の中に黒人奴隷が「召使い」として描かれることは、「同じイギリス市民(British citizen)として扱われるべき人間を冒瀆するもの」だと判断されたわけである。これが先にレイモンド・ウィリアムズが批判した、人種差別に対する「標準的なリベラルな見解」のプロト・タイプに他ならないことは明白であろう。

しかしエドワードの見解にそのまましたがえば、重要なのは一人の黒人奴隷の存在を取り去ったということが、奴隷制という「邪悪な実践」を記憶するのではなく、奴隷制と近代グラスゴーの不可分な関係を文字どおり記憶から抜き取る、忘却する作用を引き起こしたということだ。肖像画から黒人を抜き取ることによって、グラスゴーの近代史は奴隷そのものの社会的歴史的現前を市民の記憶から排除することになったのである。この点で、可視的であれ隠蔽されたものであれ(人工的に不可視化されたものであれ)、視覚的表象は、ある現前の除去という行為、つまり不可逆的な効果として「不在の現前」を共示する諸実践によって「意味あるもの」と認知されるのである。皮肉なことに、一旦は反奴隷制の努力として認知された黒人召使いを絵から除去することが、奴隷制そのものの表象の歴史化を長きに渡って妨げてきたことになる。つまり、特定の現前の不在は、不在そのものが「不在の現前」という形でのみ表象されうる文脈そのものを意味づけるのである。

カルチュラル・スタディーズは、例えば黒人人口が多い地域だから有効なのだ、という言いがかりが通用するような、統計的な問題群と対峙しているわけではない。それは視覚的な実体や数量的な評定の問題でもない。カルチュラル・スタディーズは「想像的なもの」の疑問群の集合である。その疑問群とは、いかに主体は既存の社会状況の内部に自己アイデンティティを位置づけるか、いかに既存のヘゲモニックな諸関係と折衝するかという主体の想像に関わる問題群である。表象という実践を何かあらかじめそこにある生産物とそこに表象されたものの諸関係ととらえるのではなく、表象という意味作用実践そのもののヘゲモニーとの折衝性を問うこと、このような構えのシフトが行われるとき、「表象の責任」という概念が意味を持ってくるのである。[22] 人種と人種化が議論されるとき、想像的なものの問題は、肌の色こそ常に人種化されている主体が「他者」を構築する際に最も依存度の高い差異であるということを示唆するかもしれない。それゆえに原 -「色」が問題になる場合、それが「白さ (whiteness)」であれ「黒さ (blackness)」であれ、統一化された色という神話が形成される。つまり色が人種とエスニシティを区別化する決定的な指標として価値を持つということである。「白い」スコットランドはこの種の神話に満たされ続けてきた。

敢えて脱構築という言葉を用いるならば、脱構築されるべきは、黒人によって担われるべきだとされるエッセンシャルな黒人文化、表象、実践だけではなく、劣等なものとして蔑み排除するにしろ、羨望と欲望の対象として崇拝するにしろ、「黒さ」を何かそぎ落としきれない文化的実践のコアとして措定することを必要としてきた「白さ」でもあり、さらに、「白さ」の内に潜む、マリノリティとしての内的差異化の欲望なのである。六八年以後取り組まれてきた思想的課題の根っこにヨーロッパ中心主義克服の問題構制があるといえばそうなのだから、現在このような視座に立とうとすることは当たり前といえば当たり前なのかもしれない。しかし、例えば「カルチュラル・スタディーズ」に「ブラック」を付け、黒人の問題として定位してしまうことで何かがこぼれ落ちてていないだろうか。パンクをキングス・ロードに閉じこめフィンズベリー・パークを残骸として取り残してしまったように、と勘ぐりたくなってしまうのである。

▼1 この点について一九九六年三月東京大学安田講堂において行われたホールのレクチャー「Have Cultural Studies, Will Travel」が参考になるだろう。

▼2 この作業をまとめたのが Stuart Hall and Tony Jefferson eds., *Resistance Through Rituals: Youth Subcultures in Post-War Britain*, Hutchinson, 1976; Stuart Hall *et al.*, *Policing the Crisis: Mugging, the State, and Law and Order*, Macmillan, 1978; Stuart Hall *et al.* eds., *Culture, Media, Language*, Unwin Hyman, 1980; Center for Cultural Studies, *The Empire Strikes Back: Race and Racism in 70s Britain*, Hutchinson, 1982 などである。

▼3 John Lydon, *Rotten: No Irish, No Blacks, No Dogs: The Authorized Biography. Johnny Rotten of the Sex Pistols*, St. Martin's Press, 1994, p. 317. なお、この種の自伝は本人ではなくゴースト・ライターかもしくはライターによる聞き書きというのが常套だが、ライドンの場合は Keith and Kent Zimmerman という二人のライターとの共同執筆ということになっている。

▼4 Ibid., p. 317.

▶5 Ibid., p. 324.

▶6 この点について Raymond Williams, *The Country and the City*, Hogarth Press, 1993. 特に第二四章を参照。

▶7 Raymond Williams, *Towards 2000*, Chato and Windus, 1983, p. 195.

▶8 Paul Gilroy, *There Ain't No Black in the Union Jack: The Cultural Politics of Race and Nation*, The University of Chicago Press, 1991, p. 50.（『ユニオンジャックに黒はない——人種と国民をめぐる文化政治』田中東子ほか訳、月曜社、二〇一七年）

▶9 人種、ナショナリズム、「退行的近代」について Stuart Hall, "Culture, Communiy, Nation", *Cultural Studies* 7 (3) (October, 1993) を参照。

▶10 Cited in *The Sunday Observer* (16 September, 1990).

▶11 肌の色と人種が宗教というもう一つのバウンダリーと結びついた例を我々は一九六九年以後の北アイルランドに見出すことができる。また、保守的な人種差別主義者の政治家として知られるイノック・パウエルの選挙区が、選挙登録者のほぼ九〇パーセントがプロテスタントである北アイルランド南ダウン（County Dawn South）であったことに着目しておいてもいいだろう。

▶12 Gilroy, op. cit.

▶13 Ibid., p. 45.

▶14 Ibid., p. 54. ギルロイがこのような議論を展開していく第二章では、左翼知識人に対して British という形容詞は全く用いられず、全て English となっていることにも注目したい。また人種とナショナルなものにセクシュアリティと家族の問題系を加えて、左翼知識人の言説をさらに踏み込んで分析したものとして Paul Gilroy, "One Nation Under a Groove: The Cultural Politics of 'Race' and Racism is Britain", in David Theo Goldber ed., *Anatomy of Racism*, University of Minnesota Press, 1990 をあげておく。

▶15 Stuart Hall, "What Is This 'Black' in Black Popular Culture?", in David Morley and Kuan-Hsing Chen eds., *Stuart Hall: Critical Dialogue in Cultural Studies*, Routledge, 1996, p. 472.

▶16 Stuart Hall, "The Spectacle of the Other", in Stuart Hall ed., *Representation: Cultural Representations and Signifying Practices*, Sage, 1997, pp. 229–230.

▼17 Robert Miles, "Racism and Nationalism in Britain", in Charles Husband ed., *"Race" in Britain: Continuity and Change*, Hutchinson, 1982, p. 279. ところがマイルズは「人種」がイデオロギー的な構成物だという自論を進めた末に、資本の要請する社会的諸関係と人種の優越をパラレルに想定してしまう還元論に陥ってしまっている。このマイルズに対する批判として Floya Anthias and Nira Yuval-Davis, *Racialized Boundaries: Race, Nation, Gender, Colour and Class and the Anti Racist Struggle*, Routledge, 1992 の第二章、第三章を参照。

▼18 Eric Eustace Williams, *Capitalism and Slavery*, The University of North Carolina Press, 1994. エリック・ウィリアムズのこの記述は、岡村昭彦の著作からの孫引きである。すでに二五年近く前に、報道写真家・岡村昭彦は、イギリス帝国主義を日本から検証することの意義、その可能性と不可能性を論じた際に、このウィリアムズの重要性を大胆に説いている（『岡村昭彦集』筑摩書房、一九八六年、特に第三巻を参照）。「ベトナム戦争の岡村」だけではなく、アイルランドを基点にイギリスの植民地支配の痕跡を世界中に執拗に追い続けた彼の視座については、機会を別に論じるであろう。

▼19 なぜこんなことがわかるのかといえば、毎年各戸に郵送され、各地域のカウンシルに提出しなければならない住民調査票の中にエスニシティの区分を問うセクションがあり、集計後に内務省の名で結果が発表されるからである。そこには「あなたのエスニシティは——白人、ブラック・カリビアン、ブラック・アフリカン、アジア人、中国人、その他のアジア人のうちどれか」と訊ねる項目があるからである。まさかこの調査がスコットランドだけで行われているとは思えない。

▼20 Mary Edward, *Who Belongs Glasgow?: 200 Years of Migration*, Glasgow City Libraries, 1993.

▼21 Ibid., p. 17.

▼22 Stuart Hall, "New Ethnicities", in Morley and Chen eds., op. cit, p. 442（「ニュー・エスニシティズ」大熊高明訳、『現代思想』第四二巻第五号、二〇一四年四月〔総特集＝スチュアート・ホール　増補新版〕）.

第九章　権力、イデオロギー、リアリティの理論化
——批判理論の日本における不幸な歴史の書き換えに向けて

1. 誰も知らない知られちゃいけない批判理論

本章は以下の二点の探求をあらかじめ放棄することから始まる。

①通時的にも共時的にも、批判理論に含まれることを期待されるであろう諸言説を精緻に分析し、相互に関連づけ、差異を特定化し、図式化し整理すること。
②批判理論を脱構築すること。言い換えれば、批判理論という記号表現《シニフィアン》が多様な言説の集合体を恣意的、権力的、ヘゲモニックな様式で、批判理論の外部から、日本のマス・コミュニケーション研究において常識化されてきた優先的意味に分節化されたものにすぎないということを論証し、独自の理論としての真正性を打ち立てること。

言うまでもなくこれらの論点は真摯に検証されるべきであるし、現在のマス・コミュニケーション研究を規定するあらゆる状況に鑑みれば不可避ではある。しかしこれらの巨大な諸テーゼに取り組むには、「マス・コミュニケーションの批判理論のエッセンス」を記述しようという本稿の目的を大幅に超越した洞察が要求されよう。ゆえに、いくつかの文献を紹介することでその作業を先送りすることにする。

マス・メディア研究のジェームズ・カラン、デイヴィッド・モーレイ、ヴァレリー・ウォーカーダイン編集による『カルチュラル・スタディーズとコミュニケーション』[1]およびマージョリー・ファーガスンとピーター・ゴールディング編集による『問い直されるカルチュラル・スタディーズ』[2]の二つの最近の論集は、批判理論が単なる便宜的な呼称でしかなく、多様で時には相容れることのない諸理論、モデルの間の論争があるという前提で編まれている。にもかかわらず、資本主義のメディア・システムに対する批判の眼差しを向けようとするとき、「批判」理論として近接した問題を議論していることを読みとることができよう。一方、日本における批判理論の受容状況を概観し批判的に再検討する際に、カルチュラル・スタディーズのメディア論をいち早く紹介した藤田真文の仕事[3]を避けて通ることはできない。マス・コミュニケーション研究の批判理論に触れる試みとして、これらの諸文献から接近を始めてみてはどうだろうか。

ところで、批判理論とはなんであるか。誰もそれを知らないし、実のところ知られてはならなかった諸条件とはどのようなものであるか。そこには統一された理論も単一の正典も存在しないにも関わらずそれがそう呼ばれてきたのは、どのような知と権力の必然的なつながりの作用によるのか。この知／権力のカップリングに介入するために、本稿が読まれるであろう言説的な諸条件を考慮しておく必要があるだろう。第一に、すでに批判理論が論じられるべき先行条件が定められている。批判理論は初めから「批判」理論という名を与えられている。それは例えば、効果研究、オーディエンス研究、内容分析研究以外の「何か」として意味付与された言説のカテゴリーであることをあらかじめ期待されている。このような諸言説のカテゴリー化自体が、学術領域の確定感と正統性をめぐる排除と取り込みのダイナミズム――アカデミズムの文化政治――の存在を寓話化している。[4] 問題はどこで理論が編制されたかというよりもむしろ、どこに誰がどのような目的で導入しようと試みたかにある。批判理論は、行動科学的な方法論か、美学的な印象批評やジャーナリズム道徳論に終わっていたメディア批評をもってメディア研究の主流とみなす言説が支配的であった状況に放り込まれることによって、論じられる場を与えられ特定の意味を付与されたのである。

第二に、にもかかわらず「批判理論」というカテゴリーを意味なき空虚におとしめることはできない。理論と理論に関わる思考（理論化）の実践は、それらとは一見関わりなく存在している既存の歴史的諸条件を前提としなければならないが、一方ではその諸条件を読み解き変容させる契機を導く。したがってカテゴリーを捨て去るのではなく、そのカテゴリーが付与されてきた意味を組み替え、戦略的に用い、新たな意味と読解の様式を準備しなければならない。

2. メディア批判の一つの原型――アドルノとベンヤミン

批判理論というカテゴリーの最も強烈なコノテーションは、フランクフルト学派のマス・メディア批判であろう。特にアドルノの洗練された理論は、マス・メディアを媒介として成立した大衆文化を批判するための基本的な視座を提供してくれる。ラジオ、映画などの文化産業が送り出すのは消費されることを前提とした文化的生産物＝商品（映画、ラジオ番組、ポピュラー音楽）であり、市場の論理に沿って規格化＝画一化され、使用価値よりも交換価値が付与された物象化された芸術作品である。アドルノが「聴衆の退化」と呼んだイデオロギー作用は、オーディエンスとして作り出される人々＝消費者がこうした商品に囲まれ、あたかも自律的な選択によって自己の世界を経験しているように確信する空間を生み出す。[5] このメカニズムが「疑似個人化（pseud-individualisation）」と呼ばれる。[6] 彼ら／彼女ら消費者が生きる政治環境は、物象化された大衆芸術によってさらに二重に物象化され、批判の力もまた退化する。これはアドルノにドイツでの体験、つまりナチ・ファシズムとアメリカ大衆文化との重複を想起させたが、より重要なことは「疑似個人化」が全体主義の陰謀ではなく、文化産業が提供する余暇がさらなる労働を準備するという意味で、資本制国家そのものが維持されるメカニズムだということである。

一方ベンヤミンの文化批判は、大衆芸術を通じて政治はファシズム国家の美学的創造物へと変容させられるとするアドルノの大衆社会観を転倒させ、「芸術の政治化」を理論づけようという試みとして理解される。印刷、映像技術（サイレントやトーキー）、テープ・レコーディングなどの複製技術の発達は、それまで一部の特権化された人々にしか届くことのなかった芸術作品を大衆にアクセス可能にした。それはとりもなおさず、今、ここでしか触れることのできない時間的空間的な一回性がもたらす「礼拝的価値」に基づいていたホンモノの（というイデオロギー）の芸術の「アウラ」を減少させ、開かれた「展示的価値」を付与する。伝統的権威、社会経済的特権性、作品へのアクセスのチャンネルの希少性の脱神話化は、芸術の作り手と受け手という厳格な区別を無意味にせざるをえない状況を生み出す。その帰結は、ブルジョワ階級が独占していた芸術の解放であり、新たな技術による文化変容の可能性である。

しかしベンヤミンをアドルノと対比させるあまり、ベンヤミンが大衆に何らかの政治的可能性を見ていたと考えるのは完全な誤りである。文芸批評家のジョゼフ・ヒリス・ミラーが正しく指摘するように、「芸術の機械的複製は、芸術に対する大衆の反応を変える」[7]と述べるベンヤミンは、伝統的な個人対大衆という図式に則りながら、技術が主体意識の変容過程にもたらす効果を権力の次元で考えていたからである。[8]

さて、共に優れて近代性の思考者であったアドルノとベンヤミンから、批判理論を現代的な文脈で考察するために、以下の論点を引き出してみよう。批判理論は、

①資本主義社会のイデオロギーの表象の契機を、「文化産業」という物質的装置の社会的機能として設定することによって、文化の相対的自律性を主張した。

②「疑似個人化」の概念により、資本主義社会において諸個人が消費者として孤立させられ、再生産過程に組み込まれるメカニズムを予見した。

③メディア生産物を象徴的商品としてとらえることで、文化の中立性や無償性を否定した。

④メディア生産物受容の分析手法として、そのイデオロギーに着目する質的手法を提唱した。

⑤芸術の複製可能性による「アウラ」の消滅を理論化することによって、メディア生産物の意味が断片化と再構成の実践に組み入れられ、意味論的な折衝過程において分析されなければならないことを明らかにした。

⑥文化の担い手としての大衆の現前が、文化産業と資本の側にとって単なる市場の対象としてではなく、文化過程の行為主体として考えられることを示した。

現在の批判理論は、以上の六点を展開させ、具象化し、奪用したものだと考えてよいであろう。

3. マス・メディア批判、マス・メディア「研究」批判

(1) マス・コミュニケーション理論のイデオロギーという問題

いかなる理論もそのイデオロギー性に無自覚であるとき（つまり自然化されているとき）、最も強力なイデオロギー作用を発揮する。批判理論のナラティヴによって常に克服されるべき方法論的陥穽として描かれてきた行動科学的方法論は、第一にマス・メディアの影響を受ける行為主体として個人を抽出し、統計化し、パターン化し、対象化した。ところが近代社会における「個人」とはそもそも市場システムの生み出したカテゴリーであるとすれば、すでにこの段階で市場のイデオロギーが個人の対象化という研究実践に刻印されていることになる。第二に、このような功利的諸個人の対象化が、社会的・歴史的諸構造により根本的に解体されることのない全ての実践の主体を措定することにつながる。第三に、行動科学的手法が前提としている諸々のイデオロギーが「科学主義」の下に隠蔽されている。すなわち、誰が、どのような空間／場で、いかなる物質的諸条件に基づいて用いる知識なのかを問うことなく、社会的知識はどこかの時点で中立なものとして記述できるというイデオロギーである。

スチュアート・ホールは、これらのイデオロギーを相互に関連づけながら批判的に検討し、メディア研究に新たな地平を開いた。「イデオロギーとコミュニケーション理論」[9]と題された論考の中でホールは、

一九八〇年代前半まで主流となってきたメディア研究の方法論——つまり実証主義——が、多元主義と民主主義と資本主義を前提視する分析手法であることを明らかにしている。西洋型の代議制を取り入れ、福祉国家のシステムを導入する多元的民主主義として認識されている社会では、マス・メディアは政治システムという合意形成体におけるキャンペーンや政策決定領域の中で諸個人の行為を変化させ、経験的に観察可能な行為を誘導するような意見に対して一定の効果を有する。人々の行為はメディア効果という点から細かくパターン化される。一方メディア・メッセージの内容分析は、効果の源泉としての伝達者の意図と受け手のバイアスへと還元され、意図やバイアスを反映する透明な言語構造が前提視されていた。すなわち、メッセージの意味は発信者の意図に還元されうるのであり、解読者側の多様な解釈の産物として決定されるという視点は準備されていなかった。

いうまでもなく主流研究の傾向は批判理論からの異議申し立てを待つことなく、その理論傾向が主流でありえた社会環境の危機によって根底から見直しを迫られることになる。ホールが「支配的パラダイムの危機」と呼ぶ、一九六〇年代から七〇年代にかけての西欧社会科学全般の危機とパラレルな現象は、二つの次元——内的次元と外的次元——で考えられる。▼10

内的次元とは認識論的問題である。いわゆる実証主義の言説は、コミュニケーションに関するあらゆる構造的変数——意味・意味作用・言語・象徴化と階級・人種・ジェンダーなどの相関関係もしくは無関係——を行動科学的に還元する。つまり観察対象となる行為は、あらかじめ設定された仮説における意味の可能域から逸脱せぬように意味を付与されねばならない。それは分析者にとってある実在対象として認識されることになる。この場合、意味作用とはすなわち言語を通じた実践であることから、実在対象は言語の内部に存在することになる。ここで観察可能な実在対象と、言語を通じてのみそれを認識しうるはずの認識対象とは一致している。観察されたものはそのまま実在であり、その際の仮説的前提の妥当性は問われない。問題となるのは仮説との差異の度合だけである。実証主義において認識する主体とその対象は所与であり、主体によって抽出された対象の本質が認識対象として措定されるのである。一方、実在対象と認識対象とはいっさい一致し得ないという認識論的立場がある。世界を認識するのは言語の内部においてであるが、実在対象は言語の連鎖からなる一定の叙述／言説の形態によってのみ我々に認識可能なものとなる。対象化された意味は前提視されている仮説に内在しているのであり、その意味を可能にしているイデオロギーから一旦切り放されたとき意味の「多方向性」が現れる。意味の分節化は多様であり恣意的なのである。

前者の立場において、例えばリアリティはそのまま言語を媒介として記述できる。言語は単純に事実を反映するのである。しかし後者においてリアリティとは常にすでに一定の言説による構成物である。つまり認識の対象とは認識されて初めて対象化されるのである。言語のイデオロギー性を主題とする批判理論は後者の立場に立つ。

次に、コミュニケーション研究自体の妥当性と学術的な領域設定の問題が「外的次元」である。コミュニケーションが自己充足的な領域として自らを構築した結果、多くの研究者たちが「理論的経験的自足性」という幻想を抱くようになった。「科学性」の下での専門分化／細分化が社会理論としての他の諸領域との相関性を低めていったのである。そのため、独自の問題設定と領域を保持しながら他の諸実践との相関関係を視野に入れなければそれ自身の領域が保証されないような理論構築が求められる。マス・コミュニケーションとは本来そうした交差領域的な性格を持つ研究対象のはずである。したがって、マス・コミュニケーションの批判理論が記号論や言説理論との交渉の中で「言語論的転換」を遂げていくのは、単なる方法論の次元ではなく、より広範な文化的要請であったとも言えるのである。

(2)公共性の創出——メディアの政治経済

マス・メディアが資本や国家システムから相対的に自律しているとしても、市民社会における自由な情報の交換回路と資源を保証されているということにはならない。そのために批判理論は公共性という問題を設定し、国家によるメディア環境の支配と資本による情報の独占を避けるために理論化を行ってきた。理論的支柱はユルゲン・ハーバマスによる西欧ブルジョワ市民社会における公共性の「発見」と相互主観性に基づくコミュニケーション的理性に関する議論であったが、その理論化の当初の目的の一つは公共放送(例えばBBCやNHK)の機能と限界に関する終わりなき討論に帰結している。[11] コミュニケーションの公共システムを近代性の原理に則ってなんとか維持していこうとするこの努力は、ポスト近代の政治環境の中ではあまりにも盲点ばかりが目につきがちだが、少なくとも以下の点において私たちは批判の抽象性の段階を考慮する必要があるだろう。

①公共放送が制度的に存続している限り、そしてそのサービスによって社会的諸資源の不均衡が是正される特定の契機が想定される限り、理論化は続けられるべきである。

②コミュニケーション環境における近代性とポスト近代性との折衝を見極めるための参照点として、公共性のモデルを戦略的に用いることができる。

③マス・コミュニケーションが技術と社会的経済的資源の不均衡に基づいて存在し、人間の経験がそれを土台として意味化される限り、公共性モデルとそれに付随する近代性の諸原理(市民権、情報の

平等分配等）は――たとえ白人ブルジョワ男性支配の社会をモデル化したものだとしても――参照されるべきである。

このような視座からマス・メディアの政治経済学的研究が存在意義を持つ。それはメディアの利用、技術、効果など総合的な社会経済的諸資源の再分配と、それを達成するための機能を担う公共空間と国家との折衝に焦点を当てる。この折衝における積極的な行為主体として措定されているのは、消費者としてではなく市民としての実践であり、それは様々な社会的諸価値の交差する領域に発生するコミュニケーション的理性に中心化される。政治・経済の審級――マス・メディアが組み込まれている生産諸関係に収斂される実践――の重視は、とりもなおさずシステムに対する生活世界の、国家に対する市民的公共領域の確保を理論化の目的としている点において、厳密に区切られた二項対立的なユートピアが措定されている。

一見野暮ったさの残るこの二項対立は、ところが近年のマス・コミュニケーション研究の中で見過ごされがちな論点を私たちに思い起こさせてくれる。第一に、国家システムとコミュニケーション・メディアの関係性を、国民国家をユニットとする社会科学のパラダイム批判という方向から考えることができる。資本、労働力、情報、アイデンティティ、そして想像力のグローバライゼーションは、国家の領域のバーチャルな伸縮能力を減少させるどころか、さらに功妙に市民社会に浸透しつつある国家の統治性（governmentality）を再検討する必要を迫っている。[12] 第二に、記号論的手法が批判理論のパラダイムとして浸透するにしたがって、政治経済的な諸力の制度的関係性よりも意味の多様性、読みの重層性、「テクストの快楽」ばかりが重視されるようになり、その一方でメディア政策やより広範な文化政策への視点が軽視される傾向に対して見直しが要請されている。[13]

(3) マス・コミュニケーション過程への介入――メディアの読み変え戦略

公共性とマス・メディアの政治経済的構造に関する諸言説が、概して近代性の諸原理を擁護し、未だ達成されていない社会的平等性と多元性の確保をなんとか理論化しようとしているのに対し、カルチュラル・スタディーズのマス・メディア研究はむしろ積極的にポスト近代の知の布置を理論に組み入れている。

例えば一九七三年に発表されたホールの「エンコーディング／ディコーディング」論文[14]は、数多くの見直しを迫られながらも未だに参照されるべき論点をかなり斬新に先取りしている。一言でまとめれば記号論的メディア分析と括られてしまいかねないこの論文の中で、ホールはテクストに埋没し作者が消されていく過程だけではなく、映像、音声、身体の構えを状況によってエンコード／ディコード――すなわち意味の組み替え――していく実践の理論化に向けて道を開いている。ホールが提示したメディア・メッセージの必然的誤認＝誤解(mis-recognition）という問題は、メッセージ化された情報がそのままの意味で受容されるわけではないということを理論的には裏付けるものであり、それによってテクストの解読過程（メッセージのテクスト化の過程）における複数のコードの介在を明らかにしようとする作業が導かれる（図1）。しかし筆者には通常理解されている三つの類型――「支配的」「折衝的」「対抗的」――の実定性に従うのではなく、

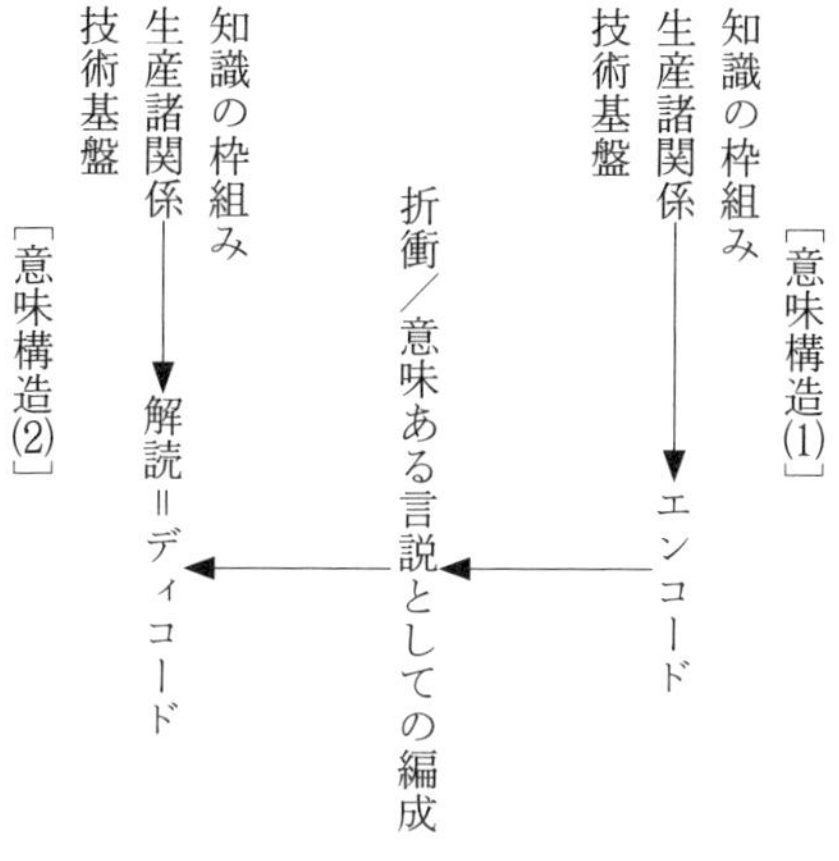

図1

むしろ折衝的実践を重視し、状況ごとの読みの政治性を記述していくことが、このモデルの有効な継承方法だと思われる。[15]

「エンコーディング／ディコーディング」の理論はコミュニケーション観の転換を示唆している。意味が完全に伝達されることがコミュニケーションなのではなく、［エンコードするもの＝意味の生産者］と［ディコードするもの＝意味の解読者］のそれぞれの位置性の間の非対称的な関係性がコミュニケーションなのである。意味は実践により生産され、付与されるのであり、伝わるのではない。同時に、「エンコーディング／ディコーディング」の無限の複数性が保証されるわけではないことを強調する必要があるだろう。ここにホールとポスト近代主義の意味論――例えばボードリヤール――との距離がうかがえる。特定社会のヘゲモニーの下でメディア・メッセージとして表象される言説は、オーディエンスにとってあらかじめ説明可能な意味の連鎖、すなわちある事象に対する合意を表象する言説に分節化されており（「優先的意味（preferred meaning）」の生成）、最終的には「支配的意味」が表象される。だが、「ディコード」の優先性は既存の社会的境界――ジェンダー、階級、エスニシティ、民族など――の有利／不利そのまま反映することはない。意味作用のパターンと社会的境界には何の必然的な照応もなく、様々な言説空間における諸実践の意味の重複と統一、または差異を生み出すイデオロギーによる分節化があるだけである。

この「エンコーディング／ディコーディング」の類型は、その後の批判理論が辿ることになる二つの方向性を決定づけた。それは、「支配的意味」に対する「支配的」および「折衝的」な意味作用実践の「適合性」を強調するものと、「対抗的」および「折衝的」な意味作用実践の「対抗性」を強調するものである。

前者の傾向は、例えばニュース・メディアとジャーナリズムの関係に関する研究に顕著である。ニュース製作の過程でジャーナリストたちは、ニュース・ソースの信頼度に依存してメディアの中立性、客観性、均衡、公平原則を表象し続けようとするが、この実践は社会的事実の定義を優先的にエンコードし、一つの物語としてニュースを受容可能な言説に編成するための「専門コード」の可能域を設定する。[16] ニュース・メディアは、ヘゲモニー的実践から相対的に自律していると同時に、その活動域が社会的合意の内部に境界設定されることになる。ニュースは様々な言説の分節化されたナラティヴであり、ニュース製作の過程に作用する実践の複数性を考慮に入れねばならない。そこには支配的定義に対する対抗的定義も措定可能であろう。しかし対抗的定義もまた、一定の合意にとどまらねば効果的な意味の表象は不可能なのである。ニュース・メディアのメッセージが「優先的コード」によって意味を付与されなければならない構造的な条件はこの点にある。

もう一つの側面は、アクティヴ・オーディエンス論と呼ばれる研究傾向である。しかしこの「アクティヴ」とはメッセージの意味を受動的に押しつけられる「受け手」ではなく、テクストとの意味作用をめぐる闘争を経て多様な意味生産に従事できる主体としてのオーディエンスの類型を指すのであり、「対抗的コード」による意味の分節化を意図的に実践する主体を指すのではないことを確認しておこう。[17]

抑圧的なイデオロギーに覆われた読みでもなく、完全に自由な多元的な読みでもなく、ヘゲモニーとの「折衝」を通じて生成される「多方向アクセントな（poliphonic-accentual）」読解。近代主義的文脈では自由に広がる意味の選択の可能性を追求する多元主義という罠に、ポスト近代主義的文脈では永遠に固定されることなくスリップしていく意味のズレという罠に陥りがちな「意味の多方向アクセント」という概念は、ヘゲモニックに定義された優先的意味の限界とその意味が分節化される言説空間における権力関係という観点から説明されうる。この点をアクティヴ・オーディエンス論の代表的研究者であるイェン・アンは以下のように明記している。

様々な読みの存在は、そのまま権力が限定的なものであるということの証拠とは決してなりえない。それどころか、線条的な「影響」とか「効果」といったものをはるかに越えてはいるものの、いずれにしてもその作用と相互交差を権力諸関係の相対的な領域とするに留まっている。これは意味の非決定性という観念が具体的に確かめられる様式である。非決定は（外的な）決定からの自由に基づいているわけではなく、あまりにもたくさんの、予測不能な「重層決定」の帰結なのである。[18]

ここに引用したアンの作業を検証することによって、ポリフォニックな読解が具体的な方法論の次元でどのように理論化されるかを問うことが私たちの次の課題である。

4．批判理論における方法の問題――テクスト主義の功罪

定性的であろうと定量的であろうと、社会科学的な内容分析の手法の中にもサンプリングや特定の言葉の頻度や使用割合を数え上げる、いわゆる経験主義的テクスト分析というものがある。しかしすでに述べたように、批判理論のテクスト分析は言説的なアプローチを取る。言説的なアプローチとは、特定の状況の下で発話された言表――映像であれ言語であれ身体のナラティヴであれ――のイデオロギー的構成や編制様式、その他者（それ以外の言表）との関係を読みとり、特定の言表が、特定の文脈に限って意味あるも

のとして受け入れられる特定の時間と空間の配置の中に位置づけられるナラティヴを記述していくメディア表象の分析手法である。

すでにメディア研究の一古典となりつつあるアンの『ダラスを見る――ソープ・オペラとメロドラマ的想像力』[19]は、こうした言説分析の問題設定を具体的なテレビ番組の解読様式に適用したものであるが、思弁的で原則論に陥りがちな批判理論という言いがかりに対するカウンター・アタックの戦略を取るためにも、再検討に値する書物である。アンが試みたのは、アメリカ制作の連続ソープオペラ「ダラス」に関する視聴者の主体的な感想の言説分析である。アンはオランダで出版されているある女性雑誌に小さな広告を出し、「ダラス」を見た感想を送って欲しいと呼びかけたところ、七〇通を越える反応が返ってきた。その中から四二通の手紙を選び出し、①リアリティとフィクション、②メロドラマ的想像力、③大衆文化のイデオロギー、④フェミニズムという四つのカテゴリーを設定して、社会的リアリズムに対置される「感情的リアリズム」の様々な次元を記述していく。「感情的リアリズム」とは神話効果と言ったものにより近い主体的な世界の経験の言表である。アンはここで、レイモンド・ウィリアムズの言う「感情の構造」を、社会にではなく、一つのメディア・ジャンル――ソープ・オペラ――に適用する。

少なくともこれらのファンにとって、彼ら／彼女らに訴えかけているのはある種の感情的リアリズムである。より特定すると、このリアリズムは悲劇的な感情の構造に関係する。それは「リアル」として感知されるのであり、視聴者自身にとって意味あるものなのである。[20]

アンは、なぜ、どのように視聴者が特定の文化ジャンルから快楽を得、その快楽がいかにイデオロギーに関係しているかという点を問題化する。ところが彼女の方法論には、経験主義的定性調査に不可欠だとされている統計学的要素が全く欠けている。例えば、四二通の手紙は全くランダムに選ばれているし、分析のマトリクスには統一されたフォーマットがあるわけではない。加えて、分析したサンプルの数そのものが、通常の定性分析から見ればかなり少ない。さらには視聴者からの手紙のみをテクストとして扱っている。つまり、彼女の広告に反応した人々の中の誰とも直接会って民族誌的な調査をしたわけでもない。この事実は、被調査者と調査者との相互作用の欠如を示す。この意味では、アンが視聴者に向ける視線の中には、サンプルという観念は分析対象とは全く関係がないということになる。しかし注目すべきは、経験主義における調査者の位置性が被調査者に対して特権的な位置にあるという、これまで常識化されてきたサーベイの政治性を批判的にとらえている点である。

したがって、アンの洞察は、調査者自身が見、書き、発話する位置に向けられているとも言える。そうすることによって、この調査は被調査者と彼女自身の位置性から見た特定の番組に対する比較研究という意味も帯びてくる。すなわち、中産階級で、専門アカデミクスで、白人社会と中華系インドネシア人との狭間に立って北ヨーロッパで生活する女性としての彼女自身の位置性が、研究そのものを色濃く規定していることを、調査者自身が積極的自覚的に検証しているのである。

ここで批判理論と実証主義的研究との違いをリアリティに対する理論的構えの違いとして考察してみよう。マス・メディア分析の言説的アプローチが問題となる場合、近代哲学や社会学における知識とリアリティに関する、完全に分化した両派間の論争を無視するわけにはいかない。アンはこのリアリティに対する理論化の二つの対抗的な過程を「知識哲学に関する経験主義と便宜主義」と名付けている。[21] 経験主義のドグマが「事実 - としての - もの（matter-of-factness）」に立脚するのに対し、便宜主義はあらかじめ存在する「リアル」というものは単なる幻想でしかありえないがゆえに、私たちは言説を通じてのみ言葉を発することができるのだと主張する。アン自身は、フーコーが知／権力と命名したカップリングの強い影響の下で、いわば洗練された便宜主義の立場に立つが、同時に存在論の問題を認識論の問題にすり替える危険性があるとして、言説決定論をも強く批判する立場にある。確かに、事実としてのものという考え方に潜んでいる「純粋な知覚」のドグマを批判するのはそう難しいことではない。例えば、テレビのオーディエンスを純粋な分類形態の一つとして、「オーディエンス」という単一の総体へと抽象化する視座を考えてみればよい。このような「分類学的視座」に対するアンの批判を引いてみよう。

例えばサッカーの観客の写真による表象。これは明らかにこうした〔経験主義的な〕経験的リアリティという概念を完璧に映し込んでいるが、ただ私たちに客観的中立性という幻想を与えるだけである。実のところその写真は、単に事実を明らかにしているというよりも、ゲームを見ている人々を単一のオーディエンスとして括る見方を生産している。同様に、テレビを見ている人々の数を数えたり数字によってその結果を代表させたりすることは、ある一群の人々を私たちが「テレビのオーディエンス」と呼ぶところのものへと客観化する様式を作り上げているのである。言い換えれば、聴衆の総体という分類学的定義から生まれる「オーディエンス」は既存のリアリティの無垢な反映ではなく、例えば航空写真とか、もっと知られている例で言えば統計の数字のような言説的な表象の中で、その表象を通じてのみ知られ、遭遇させられるのである。しかしここで検討されなければならないのは、聴衆体としての「テレビのオーディエンス」という分類学的定義の認識論的有用性だけではなく、その定義がオーディエンスを獲得したいと願う諸制度に提供している特殊な利益についてなのである。端的に言って、一つの分類学的集合として抽象的で脱文脈化されたオーディエンスの定義は認識論的には限定されたものであっても、同時に制度的には望ましいものなのである。[22]

この引用から導かれうる論点は、テレビ・オーディエンスの分類学的記述は実は制度化された諸装置によって要請されているということである。放送機関の市場調査部だけではなく、特定の社会的歴史的諸境界――例えば男性／女性のジェンダー、国民、人種、エスニシティ、階級までも――が想像され構築される様々な国家イデオロギー装置の内部で、そしてそれらを通じてオーディエンスというものが必要とされている。このようなオーディエンスの構築は、一旦抽象化された個人という概念を導き出し、諸個人をそれ以上還元不能な単位としてそれぞれの諸境界にマッチした「オーディエンス」像を作り上げる。すなわち、オーディエンスという文化的実践――最も単純化すれば「見ること」――は、経験主義的アプローチによって、また同時に経験主義の誤った批判の仕方によっても、市場の柔軟性と変容可能性の指標として資本に奪用されうるのである。

したがって、オーディエンスはあらかじめ決定されるのではなく社会的に構築されるというテーゼそのものは、批判理論だけが専有できる論理ではなく、経験主義的認識論によっても、自由主義的多元主義に基づいた資本主義の論理によっても共有可能なものとなる。この多元主義との共犯関係を崩すために、ジェイムズ・クリフォードの「文化のドキュメント」という考え方を参照してもいいだろう。彼は、文化人類学における文化記述と表象の問題という観点から、リアリティの社会的構築をどのように記述することができるのかを問う。

「文化」はその肖像をいつも表しているわけではない。文化に肖像を与えようという意図は、単純化と排除を、時間的焦点の選択を、事後と他者の関係性の構築を、ある権力関係の賦課と折衝を常にともなっている。▼23

この文脈でオーディエンス研究を特徴づければ、それは「文化をドキュメントする」研究者の実践ということになる。ところが消費文化の研究者は、「家族、サブ・カルチュラルな集団、ファン集団などのオーディエンスの共同体をあらかじめ意味を持つ文化編制として取り扱い、経験主義的な対象として読みとる傾向がある。それはまるで文化人類学者が他の文化を意味ある全体として記述し解釈してきたのと全く似通っている」。▼24

では、常識化されてきた傾向を克服するためにはどのような研究者の構えが必要なのだろうか。アンはもちろん一般化を避け、テレビのオーディエンス研究という枠の中での議論だと断ったうえで、「ラディカル・コンテクスチュアリズム」という方法論を提示する。テレビ・オーディエンスという一つの特殊な文化政治の磁場においては、オーディエンス一般に関する包括的な理論を立ち上げることを目的としてはならない。むしろ、「文化政治の特定の状況=文脈から生じる特殊な問題設定の中で、できるだけ不可避的で説得的なメディア消費について語られていないいくつものストーリーを作り上げることにコミットすること」が求められている。▼25

この見解は、経験主義に基づく客観性という原則の不可能性と、そうした原則が支配的で、ヘゲモニックで、正当化された言説と共謀してしまう可能性とに関する洞察に基づいている。第一に、認識論的な磁場に立ち戻るならば、私たちの認識は相対主義と現実主義の間にとどめおかれたままであること。第二に、文化分析においてヘゲモニーに対抗する言説を築くためには、対象への決して満たされない距離を記述することによってのみ、ヘゲモニーに回収されない位置性を創造することができるということ。いわば対象そのものを記述へと「翻訳」していく過程と実践を、「厚い記述」によって描き出すこと。批判理論の方法論における一つの暫定的な立場がここに見て取れる。

5．近代性、技術、コミュニケーション・メディアと理論

マス・コミュニケーション理論を取り巻く状況は加速度的に変容し、技術革新と技術への適応のペースの早さは、理論そのものもまたその速度について行かなければならないかのようである。その意味では、ベンヤミンの予言は確実に後期資本主義社会における技術と人間の経験の相関関係を先取りしていたと言える。しかし写真、サイレント、トーキーを念頭に置いていた一九二〇年代のベンヤミンとは異なり、物理的、技術的そして空間的に複雑化しているコミュニケーション技術とそれによって増殖される環境に身を置くと、既存の理論、概念、語彙が全く通用しない状況に直面しているような危機感に陥ってしまいがちである。コンピューター・ネットワークの整備により日常メディアとしての電話は電子メールとウェッブ・サイト網の拡大に凌駕された。スマートフォンの普及は他者とのコミュニケーションの身体感覚を完全に変えようとしている。音声変換ソフト内臓のスマートスピーカーはモノを書く行為によって保証されていた主体を解体し、マス・メディアの究極的な一形態と考えられていたテレビも、地上波から衛星回線へ、さらにはデジタルチャンネル化によって信じられないほどの多チャンネル化を進めつつある。さらに

私たちは、これらの一見技術先行的に見られる諸現象を、文化的、イデオロギー的に補強するグローバライゼーションの論理に随時さらされている。

政治経済学的なアプローチから見れば、メディア空間のグローバライゼーションは文化帝国主義という考え方で要約することができる。資本の力によって先進諸国のメディア・コングロマリットが地球規模で市場を拡大していく過程を、メディア生産物の帝国主義的拡張ととらえるのである。ハリウッド映画からスカイ・テレビまで、古くは社会学者のアルマン・マトゥラールがディズニーのドナルドダックがポピュラリティを獲得していく過程になぞらえ、より最近ではジョージ・リッツァーが文化の「マクドナルド化」と名付けた現象がこのテーゼを補強するだろう。ところが拡張主義的な方向でグローバライゼーションをとらえることの限界はすぐに明らかになる。なぜならば、巨大資本に裏付けられたメディア生産物であっても、それを解読し、意味を組み替え、資本主義市場の論理を脱臼させる実践が可能な、拡張主義との「接触領域」こそ批判理論が編制される場となりうるからである。[26] 資本とヘゲモニーの力を無視して成立する意味の自由な多元性ではなく、ヘゲモニーとの折衝の結果一時的に浮かび上がる様々な意味の多方向的な流れの中の一ポイントをつかみ取るための理論。批判理論が取り組むグローバライゼーションに関する理論化は、このような方向性の下でなされなければならない。

ではこのような大きな問題を前にして、過去の批判理論は全く有効性を欠いているのだろうか。本論の結論として、ひとまず実際私たちが経験しているマス・メディア環境を特定化し、この問いに対する答えの手がかりを探ってみよう。

私たちを取り巻くリアリティと現代マス・メディアが作り出すリアルな感覚は、例えば技術と都市の批評家イアン・チェンバースが見事な比喩で表現しているように「知覚の扉の拡張と変異」として考えられる。[27]「知覚の扉」は、余暇の場でも仕事の場でも自己の主体位置の確定を電子メディアのスクリーンに委ねる実践によって、よりメトロポリタンに、より開かれたものになっている。現代の都市化された生活空間の中では、主体という見かけ上私化され求心化されたアイデンティティは、公へ向かう遠心的な回路との接触なくしては知覚できなくなっているのである。空間的に閉ざされ私有化された部屋の中で自己を知覚する意識は、電子映像メディアに向かい合おうとする身体の構えによって遂行的に構成され、その場にいながら変異しつつ拡張する移動性の感覚をともなうことになる。このメディア化された経験によって主体位置が確定される過程を、レイモンド・ウィリアムズは一九七四年の時点で「モーバイル・プライバタイゼーション」と名付けていた。[28]

産業革命期以降進展した交通とコミュニケーション技術（特に近代の放送メディア）によって決定づけられた「地理的な移動性」とコミュニティやマイ・ホームでの家族生活を通じて知覚される「私有化」の感覚は、矛盾しつつ共存し、現代の都市生活を特徴づけている。[29]

新しいマイ・ホームはなるほど私的で「自足的」に見えるかもしれないが、定期的な金銭と外部からの資源供給によってのみ維持されうるのだし、これらは、にもかかわらず外界との分離可能な「家族の出来事」としてみられるものに、雇用や商品の価格から不況や戦争に至るまで、決定的で時には破壊的な影響力を有している。この関係性が新たな「コミュニケーション」の必要性と形態を作り出した。すなわち「外界」から、それがなければ手に入れることのできないような資源からのニュースである。[30]

都市化と核家族化が進む中でモノや情報の私化とともに市民から消費者へというポピュラーの主体位置の転位が顕著になる。その一方、この私化は生活物資の供給から資源の確保、または外界との情報交換のために公共セクターに依存せざるをえず、公共圏との接触のために私化された境界を侵犯しなければならないというパラドクス。ウィリアムズは、テレビ放送がこのパラドクスを解決する機能を負うようになったと述べていた。スマートフォンやSNSの普及により「プライバタイゼーション」がさらに進んでいる現在、このパラドクスはさらに進化しているように思われる。

「私」と「公」の伸縮しつつ相互に境界を脅かし続ける意味空間の変容。そこにからむ技術の影響力。ウィリアムズのこの基本的な問題設定を今日のメディアの政治・経済を読み解くツールにすることは十分可能である。さらに、「モーバイル・プライバタイゼーション」の概念が内包するパラドクスは、「移動せずに旅をする」今日のグローバルなメディア接触の様式を有効に説明できるのではないだろうか。近年特にイギリスのメディア研究者の間でウィリアムズの読み直しが盛んに行われているが、不思議なことにメディア変容における技術（そしてもちろん資本と市場）と主体位置の理論に照らした再検証の試みを見ることはできない。[31] その一方で、日本ではこれまで批判理論として必ずしも具体的に位置づけられては来なかったウィリアムズを彼の理論が編み出されたイギリスとは異なった視座から再検討することは、状況に追随する理論化でも手垢のついた概念に固執する理論化でもなく、既存の理論を組み替え新たな意味化を行う絶好の契機になるであろう。特定の理論を「読む」とは、そもそもまさにこのようなアクティヴな実践なのだから。

▼1 James Curran *et al.* eds., *Cultural Studies and Communications*, Arnold, 1996.

▼2 Marjorie Ferguson and Peter Golding eds., *Cultural Studies in Question*, Sage, 1997.

▼3 藤田真文「カルチュラル・スタディーズにおけるメディア論とネオ・マルクス主義的社会構成体論との関連性」、『新聞学評論』第三五号、一九八六年。同「読み手の発見――批判学派における理論展開」、『新聞学評論』第三七号、一九八九年。同「政治コミュニケーションと文化」、『マス・コミュニケーション研究』第四二号、一九九三年。

▼4 この種の象徴的な言説が、「アメリカ的な経験論的心理学手法に基づいた効果研究への批判としての批判理論」というものである。ところがアメリカにおいてもすでに一九六〇年代後半には、例えば、ソープ・オペラの女性視聴者による解釈の変容過程や（Tania Modelski, "The Rythms of Reception", in Horace Newcomb ed., *Television: The Critical View*, Oxford University Press, 1968）、視聴者自身の手によるテレビ番組の物語再構築過程の研究（Horace Newcomb and Paul M. Hirsh, "Television as a Cultural Form", in Ibid.）などに見られるように、マス・メディアの視聴者が複数の社会的諸条件によって構成されていること、メディア・メッセージは言語を構成要素とし解読されるテクストであるということ、メッセージの受容経験は社会文化的環境との相互規定的な実践であることが理論化されていたのだが。

▼5 Theodor W. Adorno, *The Culture Industry: Selected Essays on Mass Culture*, Routledge, 1991（「文化産業――大衆欺瞞としての啓蒙」徳永恂訳、マックス・ホルクハイマー＋テオドール・アドルノ『啓蒙の弁証法――哲学的断想』岩波書店、一九九〇年）.

▼6 Theodor W. Adorno, "On Popular Music", in Peter Davison *et al.* eds., *Literary, Taste, Culture and Mass Communication Vol. 8*, Chawyck-Healey, 1978, p. 207.

▼7 Walter Benjamin, *Illuminations*, Fontana/Collins, 1973, p. 224.

▼8 Joseph Hillis Miller, *Illustration*, Reaktion Books, 1992, p. 30（第1部のみ「デジタル複製の時代における文化批評――カルチュラル・スタディーズとは何か」椎名美智訳、『思想』第八五八号、一九九五年一二月、二一頁）.

▼9 Stuart Hall, "Ideology and Communication Theory", in Brenda Dervin *et al.* eds., *Rethinking Communication Vol. 1:*

Paradigm Issues, Sage, 1989.

▼10 Ibid., p. 40.

▼11 Richard Collins, "Public Service versus the Market Ten Years on: Reflections on Critical Theory and the Debate on Broadcasting Policy in the UK", *Screen* 34 (3) (Autumn, 1993).

▼12 Graham Murdoch, "Citizens, Consumers, and the Public Culture", in Michael Skovmand and Kim Christian Schrøder eds., *Media Cultures: Reappraising Transnational Media*, Routledge, 1992.

▼13 James Curran, "Rethinking the Media as a Public Sphere", in Peter Dahlgren and Colin Sparks eds., *Communication and Citizenship: Journalism and Public Sphere*, Routledge, 1991.

▼14 Stuart Hall, "Encoding/Decoding", in Stuart Hall *et al.* eds., *Culture, Media, Language*, Unwin Hyman, 1980.

▼15 本書第四章、終章を参照。

▼16 Stuart Hall *et al.*, *Policing the Crisis: Mugging, the State, and Law and Order*, Palgrave Macmillan, 1978.

▼17 このテーマについてはDavid Morley, *Television, Audiences and Cultural Studies*, Routledge, 1992; John Fiske, *Power Plays, Power Works*, Verso, 1993による自らの研究の批判的検討を参照。

▼18 Ien Ang, "In the Realm of Uncertainty: The Global Village and Capitalist Postmodernity", in David Crowley and David Mitchell eds., *Communication Theory Today*, Polity Press, 1994, p. 203.

▼19 Ien Ang, *Watching Dallas: Soap Opera and the Melodramatic Imagination*, Methuen, 1985.

▼20 Ibid., p. 87.

▼21 Ien Ang, *Desperately Seeking the Audience*, Routledge, 1991.

▼22 Ibid., p. 35.

▼23 James Clifford, "On Ethnographic Allegory", in James Clifford and George E. Marcus eds., *Writing Culture: The Politics and Poetics of Ethnography*, University of California Press, 1986, p. 10.

▼24 Ien Ang, *Living Room Wars: Rethinking Media Audiences for a Postmodern World*, Routledge, 1996, p. 74.

▼25 Ibid., p. 74.

▼26 この動きの中で最も注目されるメディア活動は、ＳＮＳを通じて一時的な自律的公共領域の理論化と実践活動

を繰り広げるメディア・アクティヴィズムやインターネット上に浮かび上がる公共圏創出の動きに見ることができる。マス・メディアの生産物の現前を前提視することなく、マス・コミュニケーションの生産過程に実践的にコミットしていくことによってオルタナティヴな情報チャンネルをこじ開けようとする構えは、批判理論の最も先鋭的な領域でもあるだろう。

▼27 Ian Chambers, *Migrancy, Culture, Identity*, Routledge, 1994, p. 57.

▼28 Raymond Williams, *Television: Technology and Cultural Form*, Wesleyan University Press, 1992, pp. 20–21.

▼29 「モーバイル・プライバタイゼーション」とウィリアムズの読み直しの必要性を、サイバー・スペースにおける公共領域の問題と関連させて論じた毛利嘉孝「モーバイル・テクノロジーについて——レイモンド・ウィリアムズとモーバイル・プライバタイゼーション」(『10＋1』第一一号、一九九七年一一月)は、短いながらも有益な問題提起を行っている。

▼30 Williams, op. cit., p. 21.

▼31 イギリスにおける最近のウィリアムズ再評価が内包する問題について本書第四章、第五章、第八章を参照。

第一〇章　「カップの底のお茶っ葉」——階級の言説性（discursivity）について

今や思想の一つの重大な誤ちは、その対象、すなわち内容が、思想の拡張と展開へと向い、それらを作り上げ、また前提としているにもかかわらず、形式、カテゴリー、観念といったもののたった一種類の組み合わせだけでものを考えることにある。

——C・L・R・ジェームズ「弁証法ノート」

1．「階級」の復権？

階級が後退している。より正確に言うならば、階級的な思考が文化を論じる場の中心から少しずつ周縁化しつつある。このような恐れは、一方で体系的に、もしくは「科学的に」理論化できない現象への不安と嫌悪に裏付けられ、人種やジェンダーの視点から語られるグローバル・ポスト・モダンの文化の諸問題を、経済の語彙へとスライドさせることで一応の落ちつき場所を再獲得しようとする。その論理に従えば、グローバライゼーション、移民、コスモポリタニズム、または移動、ディアスポラ、異種混淆の美学等々も、結局は商品化され、貨幣価値へと転化され、全て市場へと回収される資本の遂行能力を表しているにすぎない。

本章の目的は、このような思潮の傾向に異議を申し立てることにある。階級は後退などしていない。むしろ今までの理論や視点ではとらえられないほどにその重要性は増している。しかし、文化を政治経済の語彙へと文字通りに翻訳できるという思考のおぞましい退行性と「社会学的想像力」の欠如はともかく、マルクス主義も多元論的自由主義も、合理性と直線的な因果性と特定のカテゴリーの同質性を最大化した結果獲得される真正性（authenticity）に基づいた近代社会のモデルから抜け出せぬまま、階級を「論じる」語彙や眼差しを保持しているように見える。ところがいまや、階級や階級文化の語り方は、近代性の対抗的歴史（counter-history）の記述へと、近代社会を男性性と白人種と「ヨーロッパ」の三位一体を原動力とした階級社会としてとらえてきた思考を組み替える試みへと、移行しているのである。

他方、様々な社会境界の中から階級というカテゴリーの優先性を再確認しようという積極的な作業が起こっているのも事実である。その中の最も強力な流れは、例えばアメリカ社会における人種の問題、特に白人の「白さ／白人らしさ」の歴史性と相対性を見極め、その究極的な廃絶（abolition）に向かおうというものだ。アメリカの批評誌『レイス・トレイター』の巻頭に掲げられた「白人種を廃止せよ」と題されるラディカルな構築主義のトーン――つまり白人文化の白人らしさとは歴史的な構成物にすぎないのだから、それを廃棄することによって人種の階層をなくすことができるという発想――は、批評家テオドール・アレンの『白人種の捏造』、歴史家デヴィッド・ローディガーの『白人らしさの賃金』、同じく歴史家ノエル・イグナティエフの『いかにしてアイルランド人は白人種となったか』などに通底している。[▼1]これらの議論は、一九世紀を通じてヨーロッパにおいて人種階層の下位に置かれてきたアイルランド移民とユダヤ人ディアスポラが、アメリカ「新大陸」で「白人性」を獲得していく過程での社会経済的、政治的諸条件の分析にページを割いている。

この三者に共通する論調は、本質的に相対的であるはずの人種というカテゴリーを歴史的に固定的な階層性として再構築してきた最大の原動力は、階級と階級によって構成される社会経済の構造だということである。ローディガーがW・E・B・デュボイスの言葉を引用して述べているように、黒人労働者と異なり、低賃金にもかかわらず白人労働者が「白い」までいられるのは、「公的、心理的な賃金」によって政治的な諸制度から「白くない」労働者たちとの差異を公的に保証されていたからなのである。[2] したがってこの論者たちの結論は、人種的抑制は資本制的諸関係を円滑に再生産させるための社会統制の結果なのだから、「白人らしさ」と「黒人らしさ」を越えて階級闘争を遂行することによって社会変革、歴史の再認識を進めるべきだということになる。階級は人種的な差異を貫く超越的な価値のシステム原理となる。

他のカテゴリーを一度解消して階級へと再凝集させる論理は、自らマルクス主義者を名乗るある種の思考に珍しいものではない。さらに、人種的思考の中心に位置することによって不問にされてきた「白人らしさ」を正面から問題にしている点は、十分評価しなくてはならないし学ぶべき視点は少なくない。ところが同時に、彼らの主張する、階級による連帯によって人種の壁を乗り越えようという試みのほとんどが失敗してきたということもすぐに確認できる。それは政治的な失敗であるとともに、認識のレヴェルでの失敗であった。人種と階級の境界は、乗り越えるとか解消されるといった実定的なものではなく、常に同時に併存し、相互に代補として機能しているということを忘れてしまうと、階級か人種かという二項対立の論理からいつまでも抜け出すことはできないのである。

近代アメリカ移民史を専門とするマシュー・フライ・ヤコブソンはその近著『多種多様な色の白人らしさ』を、こうした経済‐階級基軸論者たちへの批判から始めている。詳細を紹介する紙面の余裕はないが、ヤコブソンの批判を簡潔にまとめてみよう。労働運動史の視点からの「人種の社会統制」論によって（特にアレン）、なぜ「ニグロ」に対してアイルランド人が人種的優越性を主張できるかは、雇用機会を争う当事者同士の敵対関係として説明がつくかもしれない。ところが、白人種内部の階層性と人種化（racialisation）――例えばユダヤ人と、イタリア人と、スカンジナビア移民となど――や特定の「国民としての主体化と帰属意識」「人民、自己領有化、自治への適正、集合的アイデンティティの人種的概念化」の過程は、労使関係を基軸としたモデルでは全く手つかずの部分ばかりが残されることになる。また「白いニグロ」という言葉があるように、「白人らしさ」は肌の色に還元できる意味のシステムではなく、それ自体が「白さ」を付与されうる位置性を占めることを争う移民間の闘争の結果社会的に認識される、価値、倫理、道徳、身体技法の分節化様式なのである。[3]

2. 近代イギリスにおける労働者の人種化

「白人らしさ」をめぐる学術的な論争のベースとなる歴史は、大西洋の西側に限定されるものではない。近代イギリスの労働運動史をパラパラとめくるだけでも、労働者階級の「人種化」とでも呼びうる、そしてまさに「人種」のカテゴリー化をめぐって引き起こされた数々の労働運動の敗北を目の当たりにすることができる。

アクティヴィスト歴史家ピーター・ラインバウやイギリス黒人の歴史を初めて通史的に、しかし語られてこなかった無数の物語の集積として描いたピーター・フライヤーらの仕事から読みとれるように、近代産業都市を支えた港湾・河川経済――ロンドンのテムズ川、リヴァプールのマージー川やウェールズのカーディフを思い浮かべればよいだろう――の場に見られる労働争議の争点は、何よりも「白人」イギリス人労働者の雇用の確保以外のなにものでもなかった。▼4 つまり、海運業者が低賃金で雇いあげている海外植民地からの労働者こそ、イギリスの白人労働者がまず戦わなければならなかった相手だったのである。

一九世紀後半にはインドから、二〇世紀に入ると中国やカリブ、アフリカ諸地域からの安価な労働力抜きでは港湾・河川経済、ひいてはそれに依拠して繁栄を謳歌してきたイギリス都市産業そのものが成り立たなくなっていた。一九一九年、この白人イギリス人労働者と非白人労働者との対立は一つの頂点を迎える。その象徴的な出来事が、この年一月にグラスゴーで起きた二つの出来事である。ひとつは一月三一日の「四〇時間ストライキ」。これは運輸、造船、小売業、海運を中心としたいくつもの組合員がクライド労働者委員会を組織母体として行った、戦前のイギリスでは最大規模のデモとストライキである。市の中心ジョージ広場での経営側及市当局との交渉に臨もうとしていた労働者と学生を待ち受けていたのは、市の要請を受けた一万二千の兵士、一〇〇台の装甲車、六台の戦車であった。両者の衝突の際に三〇〇人以上の重傷者がでた。

そして、各全国紙に「クライド川の赤色革命（Red Clyde Revolution）」と言われたこの出来事に先立つこと数日前、流血の場となるべきジョージ広場から南へたった数百メートルのクライド河畔ブルーミーロウで、三〇人の「有色」シェラレオネ人船員がグラスゴー港港湾事務所の一つにつめかけ、積み荷の分配と仕事の確保をめぐって白人スコットランド人の同業労働者達との小競り合いが起きていた。当初は単なるラフな船乗りたちの喧嘩ぐらいにしか思われていなかったこの騒ぎは、一人のシェラレオネ船員が発砲し重傷者を出したことを争点として、三〇人の船員達全てを対象とする大きな裁判となり、「グラスゴー人種蜂起」と言われる人種争議に発展する。この裁判の記録は、当時の黒人に対する、帝国最大のコスモポリスの一つグラスゴーの人々の意識を知るうえで非常に興味深いが、本論でのポイントはむしろ、この「人種争議」と先に述べた「四〇時間ストライキ」との相関関係にある。[5]

第一に、このデモとストライキを組織したイギリス船員組合の幹部の一人であるエマニュエル・シンウェルがはっきりと述べていたように、海運労働者にとっての最大の問題は、「イギリス船に乗員している中国人船員の存在」であり、「イギリス人の完全雇用を達成するために彼らを排除すべき」だということであった。[6] さらにシンウェルは、非イギリス人船員に対する敵対感情は「ブルーミーロウでの出来事」を見れば明らかであると述べている。第一次世界大戦が終わり戦場からイギリスに戻った元兵士たちは、彼らの不在を埋める労働力として、紡績工場に、炭坑に、造船所に、そして港湾貿易都市に、肌の色の違う植民地諸地域からの人々が動員されている事実を目の当たりにする。戦後の不況により再雇用の見通しも芳しくはない中で、非イギリス人「有色人種」は、イギリス船籍でありイギリスの会社の船に雇われていながら、人種的緊張のターゲットとなる。しかし、「人種」と雇用機会というカードは、この緊張関係の一義的な理由とはならない。なぜなら、第一次大戦以前にも既に、中国、インド、アフリカ（特に東アフリカ）からの船員たちの解雇を求める労働争議が頻発していたからである。ある日の『グラスゴー・ヘラルド』紙は、市庁舎で開かれた海運組合のミーティングで、「中国人やインド人が異人種であり肌の色が異なるから彼らを雇うなと言っているのではなく、彼らが白人の生活水準を下げているから」解雇すべきなのだという議長の言葉を伝えている。[7] 二〇世紀のイギリス労働運動史上、最も戦闘的で男性主義的なトーンに貫かれ、それゆえに労働運動のプロト・タイプとして神話化されているグラスゴーの造船・港湾労働者たちの活動は、同時に非白人種との「イギリスの」労働者としての真正性をめぐる闘争でもあったのである。

3．言説的に考える

前節で紹介したグラスゴーの物語は、科学的人種差別の語彙（肌の色、顔相、体格、発音、髪の質など）が経済・階級を基軸に解釈される現象を経由して、政治と文化の審級に分節化されていく過程を示している。シェラレオネ人たちの裁判が進行する過程で、グラスゴーアフリカ人種協会は、戦場から戻ってきたら仕事がなかったのは白人だけではないという主張を『デイリー・レコード・アンド・メール』紙に寄せている。▼8 その論旨は、大英帝国のために生命をかけたという点では黒人も白人も同じ「イギリス人」であるという同化の言説である。労働の現場から社会保障に至るまで、ある種の普遍性に裏付けられたリベラリズムは、近代国家の危機に際する動員の合理化（差異の一時的戦略的隠蔽）のネガとなっていることがわかるだろう。

ところで、ポスト科学的人種差別のこの世紀末に、八〇年前の「人種」と「階級」の政治を引き合いに出して労働運動における白人優先主義を批判するのは、アナクロニズム、つまり、現代の語彙と状況を用い、時間性を排除して過去を物語る構えだというそしりを免れ得ないだろう。したがって「赤いクライド」を担った白人スコットランド人労働者のコスモロジーを、現在どのように記述していくかという実践がまず問題なのであって、彼らに人種差別主義者というレッテルを張り付けてから彼らの歴史的な存在条件を批判することは避けねばならない。

ポスト・コロニアルの文脈において、既に帝国はその中心性を失いかけ、人種と階級は新たな国民の自然化の秩序に、すなわち文化人類学者のリサ・マルッキがフーコーを意識しながら「ものの国民的秩序」と呼ぶものに組み込まれている。マルッキによれば、特定の文化は空間的時間的に特定のロケーションに属していることを免れないが、その文化の重要性はグローバルな次元にある諸現象へと常に再編成されている。▼9 国民国家は必ず特定の場所と時間に分節化されていなければならないが、同時にその局地性と領土性(territoriality)を超えた交差国家的な文化の形態を構成しているのである。

この内在性と外向性の共時的モデルは、抵抗しがたい多人種性を積極的に抱え込むことから出発している現代イギリス社会の階級と人種の政治を読みとく補助線を与えてくれる。「抵抗しがたい多人種性」。これは、一九四八年に第二次大戦後初のカリブからの移民船エンパイアー・ウィンドラッシュ号がテムズ河口近くのティルベリーの港に到着してから五〇年目の一九九八年、BBCが制作放映した「ザ・ウィンドラッシュ」の中で進行役のトレヴァー・フィリップスが用いた表現である。当時カリブ諸地域のほとんどは英・仏領植民地のままであったが、下は一〇代前半から上は六〇代の初老の男女まで、彼/彼女らは、イギリスの中で、イギリスの経済の建て直しのために、イギリス人とともに生活することを期待されてイングランド各地に散っていった。その三年後、ウィンドラッシュ号とほぼ同じ航路を通って、スチュアート・ホールは、ジャマイカにいる間に夢中で読みふけったイギリス小説に描かれた田園風景との出会いを楽しみにしながら、かつてのイギリス最大の奴隷貿易港、ブリストルに到着する。ポスト・コロニアル以前、ジャマイカ独立以前、黒人が「黒人」になる以前のイギリスで、青年期にさしかかった一人の文学少年が垣間みた文化は、オクスフォード周辺に広がる小説そのままの田園風景と理解できないコックニー英語との、「イギリス的なもの」に内在する亀裂であった。他方で、一九五〇年代を通じて彼が故郷であるカリブを想起できた媒体、つまりカリブ／西インドらしさの真正性を再確認できたものは、とりわけキングストンでジャズに親しんでいたわけではないにもかかわらず、何よりもモダンジャズであった（むろんレゲエがまだ「発明」されてはいなかったからに他ならないのだが[10]）。

ホールはイギリスで生まれたわけでもなければ、植民地化の物理的な野蛮と暴力を直接経験しているわけでもない。脱植民地化の直中にはあっても、彼は既に宗主国のメトロポリスの文化の中で生きてしまっている。同じようにイギリスに渡ってきた西インド出身の友人達が故郷に戻り脱植民地化の過程に身を埋めている頃、彼は既に『ニュー・レフト・レヴュー』の前身である『ユニヴァーシティ・アンド・レフト・レヴュー』の編集に携わってイギリス左翼となっている。大西洋のどちら側にもコミットメントがありながら、実はどちらにも帰郷できない引き裂かれたアイデンティティが持つこうした両義性は、ウィンドラッシュ号到着以後の移民たちに共有されたメンタリティと表現できるだろう。ところがこの両義性は、特定の国民化の権力に対峙するとき、アンビヴァレントであることすら許されない。戦後イギリスの政治文化は絶え間なく流動性を凝固させる方向に動いている。政治家イノック・パウエルの「血の河」演説、ノーマン・テビットの「クリケット・テスト」、そしてサッチャーのイングランド人によるイングランドを目指す小イングランド主義[11]。白か黒かというマニ教的な色の二元論は、特定の国民、エスニシティ、人種に属するということを一つの言語、ワンセットの語彙で表現することを強制する。

文化的な違いを語る言語でさえこの意味作用の政治から逃れることはない。それは階級というカテゴリーについても同じである。イギリスの左翼知識人が作り上げようとした階級文化は、その実定化の語彙がどのようなものであれ、同時に二重の表象を作り上げなければならなかった。一つは誰が見ても労働者階級的であると分類できるレパートリーであり、もう一つはイギリス的な慣習の組み合わせから作られる文化的な真正性である。ホールが文化主義と呼んで、『マルキシズム・トゥデー』の編集を終えるまでずっと抱えてきた違和感の対象。それは黒人コミュニティに入って「社会主義について考えないか」と尋ねることであった。その理由は、スターリニズムを信用せず、ソ連型社会主義の崩壊を目の当たりにしたからだけではない。イギリス左翼の語彙があまりにも国民化されているからであり、黒人大衆がそれらを受け入れないだろうということを知っていたからである。一九九〇年代後半に活躍したマンチェスター・ユナイテッドの黒人ストライカーで「イングランド」代表であるアンディー・コールがフィッシュ&チップスを掲げているテレビコマーシャルが話題になったのは、彼が売っているのがカリブ料理でもアフリカ料理でもないからであり、その起源が東ロンドンのユダヤ人コミュニティにあるにもかかわらず、イギリス労働者階級のアイコンとして国民化された食べ物を作っているからである。▼[12] さらにポスト・サッチャリズムの政治環境は、「自分が労働者階級だと思っている人でも実はもう中産階級なのですよ」と語りかけている。▼[13] 左翼、右翼、中道を問わず発話の根拠を置いていた階級文化の真正性は、超越的な、決定されているカテゴリーを維持したままでの入れ子構造として語られるのである。

少しだけ教科書的な整理をしておくならば、階級こそが行為主体のアイデンティティを決定し、固有の文化的価値を産みだし、それが受け継がれていく倫理的道徳的空間の決定素だという存在論は、まずもって階級本質論に合理性を与えることができる。行為主体は存在条件をあらかじめ与えられているし、その客観的物理的な環境は可変的ではあるが、主体性、社会的連帯、間主体性もしくは同一性の感覚が階級的なもののレパートリーを破壊しない限りにおいて可変的であるにすぎない。▼[14] 一方で、階級とはあくまでも近代資本主義的な生産関係が産み出した、歴史的に構築された操作可能な社会的カテゴリーであるという階級的思考があるだろう。この考え方によれば、どの階級に生まれ育とうが究極的には主体性、連帯、同一性の感覚の間には何の必然的な照応関係もなければ究極的に引き受けなければならない存在論的負荷もない。重要なのは階級的な記号、シンボル、マニフェステーションなのである。

ポスト・ポスト・モダンの思潮、ポスト人類学的発想、もしくはポスト・コロニアリズム的なカルチュラル・スタディーズに流行病のように蔓延している「戦略的本質主義」という構えがあるが、残念ながらいくつかの例外を除き、一体誰が何の名において「戦略的」に語ることができるのかを問うているものは極端に少ないと言わざるをえない。あえてこう問うのは、絶対的な主体性へと回帰せよと言いたいからではない。「戦略的」であることがアイデンティフィケーションの非政治化にしか帰結せず、「本質主義」的な語彙と語りがいとも簡単に文字通りの退行的本質主義へと回帰して、イデオロギーの左右を問わずに奪用されていく事例をあまりにも多く目にするからである。[15] 相対主義からでも絶対主義から出発するのでもなく、混淆性を、折衷性を、混血性を文化の動きの中で理論化する困難な作業はいま始まったばかりなのである。

4. 言説性の指標――「キャンプ・メンタリティ」

以上見てきたように、階級的思考というある種の合理性と普遍性に裏付けられた語りには、それ自身の存在条件とコードがあると同時に、そのコード化の契機自体が階級以外のカテゴリーなくしては生み出されえないという性質がある。それをひとまず、階級の言説性と呼んでおこう。階級本質主義にしても構築主義にしても、おそらく階級の「政治」は、究極的には自己と他者、「友」と「敵」の間の二項対立として性格づけられることに変わりはないだろう。そしてこの二項対立を基軸として、付随的に、しかし絶え間なく作動する各々に内在的な差異間の帰属と集合的連帯の問題は、それ以上還元不能な核とその合理的な発展性によって裏付けられる本質主義の論理でも、カテゴリーそのものの絶対的な変換可能性をユートピア的に、そして普遍主義的に希求する構築主義の論理でもとらえることはできない。言い換えれば、第一に、階級は国民と、人種と、セクシュアリティと、ジェンダーと、ある時は分節化され、ある時は明らかに対立する集合的連帯のカテゴリーを意味するのだから、連帯が生産され、分節化され、意味化され、さらには脱臼される折衝の実践を理論化するための装置が必要となる。第二に、この連帯の概念化は、多元主義的イデオロギーが最も心地よくフィットする有機的なモデルとしてではなく、階層性と権力の編制として考えられる必要があるだろう。第三に、連帯の視覚化、身体化、表出化を規整する極めて統制的で軍事的な諸要素を考慮すべきであろう（労働運動そのものの組織学的なレジームを考えればよいだろう）。

以上のような観点から、ポール・ギルロイの最近の作業を導き手として、階級をある種の「キャンプ」のメタファーとして概念化してみよう。[16] キャンプ——このメタファーはしかし、既に『共産党宣言』の冒頭で、国民国家の体系に対抗する連帯の基軸として用いられている。マルクスとエンゲルスによれば、彼らが言うところの資本主義社会はブルジョアとプロレタリアという「二つの巨大な敵対的なキャンプ」に分断されており、その分断と各々のキャンプの集合意識は国民化の権力作用よりも強力なものである。さらにマルクス主義階級論の中で階級意識と呼ばれてきた連帯の形態は、映画監督アレクサンダー・クルーゲと哲学者オスカル・ネクトの共同執筆による「プロレタリア公共圏」の歴史に関する著作の中で、「キャンプ・メンタリティ」として再定義されている。なぜ階級意識ではなく「キャンプ・メンタリティ」なのか？　それはキャンプ的思考の常なる両義性を考慮しているからに他ならない。クルーゲとネクトはキャンプ的思考の源泉を階級と階級という基軸に基づく党のみに求めているが、少なくとも、階級を基盤にした「キャンプ・メンタリティ」が、資本主義のヘゲモニーに対抗的でありながらも反民主主義的な統制の言説にまみれている一方で、同時に特殊な文化――それがレイモンド・ウィリアムズの言う「文化の飛び地」または「残余文化」として外在化されるだけであるとしても――が編み出される道徳的、倫理的、とりわけ空間的な条件となっていることを示している。[17]

他方、マルクス主義階級論を支えてきたもう一つの重要な語彙である階級闘争は、ルイ・アルチュセールによって明確に、社会的諸関係に先行することでその諸関係を決定する「重層決定性」を付与された。「改良主義者」と「革命主義者」との対比の中で、アルチュセールは前者を、階級を一義的に定位し特定の階級が歴史を作るのだとするものたち、後者を階級そのものの存在ではなく階級闘争をもって歴史の原動力とするものたちに区別する。[18]いまや階級は、歴史に先行する所与の事実ではなく、「闘争」することによって初めて集合的連帯を生み出すことのできるカテゴリーとして、言い換えれば他性との折衝によって特定の歴史的契機に分節化される敵対関係の行為主体として再概念化される。アルチュセールのメタファーを利用すれば、階級はサッカーの試合を戦うためにあらかじめ組分けされたチームとしてではなく、既に試合が戦われているピッチの上に布置された選手たちを、常に戦われている状態で敵か味方かに分けていくことによって概念化できるのである。

まさにその名が示すように、階級「闘争」の行為主体の可動域は、有機的な位置性と言うよりもむしろ、階層的かつ軍事的なメタファーで成り立つ語彙の中にある。しかしアルチュセールを絶好の出発点とすることができるとはいえ、階級を存在論的な所与として、同質的な継続体としてとらえてはならないという警告だけでは不十分である。なぜなら、それだけでは階級闘争を社会的敵対性の表象として合理化することが必然的にともなう別のカテゴリーの抑圧、排除、非合理化についてあまりにも楽観的だからである。

国民化、ジェンダー化、人権化の偶発的な刻印を免れえない階級というカテゴリーの開かれた編制を保持したまま、このカテゴリーが本来的に付与されている集合的連帯のコノテーションを消滅させることなく理論化するという方法論は、階級が編制される契機——組織化されるにしても脱組織化されるにしても——と階級闘争という概念の境界を、つまりその作動域と限界をあぶりだす。既に示唆したように、キャンプのメタファーはここで有効性を発揮する。階級の流動性、偶発性、二項対立的な政治性、連帯を築き上げるための様々なコミュニケーション的な諸実践——メディア戦略やPR——、大衆文化の接近可能性の拡張と特定のコミュニティの消費によって形成される階級文化——スポーツ、音楽、ポピュラー文学——。連帯の象徴化、物質化、視覚化はキャンプ的な身体の規整と空間の統制を基礎にして実践されるといっても過言ではない。

「キャンプ・メンタリティ」の両義性の重要性はここで再確認される。すなわち階級というキャンプはあくまでも規律的な、ある時には機械的でさえある連帯の創出を必要とする一方で、同時に、その創出自体がある社会状況の危機の状態を条件とし、キャンプの間に主体を住まわせることが可能になるのだ。その意味では、階級的キャンプは、危機の「閃光きらめく瞬間」(ベンヤミン)に産み出される。この瞬間はまた、諸階級間の差異が開示され、自己と他性との緊張感が露呈する瞬間でもあるだろう。軍律的な空間的規整を避けてキャンプの間にアイデンティティを位置づけることは、むろん双方のキャンプからの敵対性を請け負うということであり、再び元のキャンプに引き戻される危険にさらされるということでもある。しかし少なくとも特定の権力の幾何学のパターンそのもの——おきまりの「階級闘争」の図式——を不確実にすることはできるだろう。この政治の場こそ、右に述べたようなコミュニケーションと文化の領域なのである。

5．保証なき階級、保証なき人種――政治経済的なものと文化的なものの物質性

このように、階級が様々な編制条件の作用を通じて醸造されるようなカテゴリーであるとしたら、その中で人種が果たす酵母的な働きは、民族の血の純潔性や特定の国民やエスニシティに固有の文化として語られてきた慣習の言説の中で極めて効果的に作動する。それは同時に、文化を旅する現象として捉え、その行為主体の自律性を外‐国民国家的に（outer-nationally）理論化し直そうというディアスポラのパラダイムが、階級論そのものが請け負ってきた民族文化の強力な磁力に対して介入できる瞬間があるということにもなりはしないだろうか。既に本論では、黒人労働者階級が階級横断的な白人ヘゲモニーに対峙するとき、政治経済的なものと文化的なものとの、それぞれの差異に裏づけられた同時的で代補的なわかちがたい関係性に基づいて意味化されるということを歴史的に確認した。黒人労働者はイギリスの近代社会システムの合理化に不可欠の存在であったにもかかわらず、カップの底に沈んでいる紅茶の葉のように、その姿を見極めるのは難しい。しかし確実に、葉からにじみ出た色と味と香りはお湯に浸透し、ただの透明な液体を紅茶に変える。ところが次の瞬間には、白いミルクを注がれ、白い砂糖を加えられかき混ぜられてしまう。全てが渾然一体となった「イギリス風」ミルク・ティーの完成である。[19]

では階級闘争と反人種差別闘争、もしくは広義の新しい社会運動といわれる、資本主義に対峙する「分

散する実践」（フーコー）との間に、何らかの普遍的な等価性を作り上げることができるのだろうか。そしてそれは必要な作業なのだろうか。冒頭で見たように、左翼社会科学の中には既に、反ヘゲモニーの闘争のためのある種排他的に統一された行為主体の再現のために、人種を階級に従属させる経済／階級基軸論者の試みを確認することができる。そこには階級本質論と構築主義とに通底する普遍性と合理性の希求が見られた。それは諸カテゴリーの「一種類の組み合わせ」に基づいて成り立つ思考に真正性を求めていた。[20] しかし階級という薬品を振りかけることによって人種のカテゴリー自体を揮発させようという彼らの思考を今一度引き合いに出すならば、彼らが見落としているのは、ホールがほぼ一世代も前に述べていた、階級という境界の本来的な言説性であるということが明らかになるだろう。

> 黒人労働力が再生産される諸構造――労働力の人種構成がどのようなものであろうとある特定の発展段階にある資本にとっては一般的であろう構造――は、ただ単に人種によって「色分け」されているわけではない。そうした諸構造は人種を通じて作動するのである。……ゆえに人種は階級が「生きられる」様相であり、階級関係が経験される媒介であり、階級が奪用され「闘われる」形態なのである。[21]

言説性という半ばありふれた語彙によって思い起こされるべき最も基本的なポイントは、社会的カテゴリーの単独性は全く保証されないということである。保証なき階級、保証なき人種のみがある。一方の分析なくしては他方の分析もありえないということを踏まえたうえで遂行される理論化の過程でのみ、階級と人種は分析的な区別化可能な集合的連帯の、「キャンプ・メンタリティ」の記号表現《シニフィアン》となる。たとえこのような警句もまたよく知られたものであるとしても、あまりにも安易に、人種、エスニシティ、ジェンダー、セクシュアリティなどの言葉を使い回しにし、文化的なものをまさに文化的なものとしてのみ描き出す（それは必然的に文化の脱政治化に荷担することでもある）多元論的実証主義を「カルチュラル・スタディーズ」と称して消費／再生産する知識産業が横行している限り、知の保守化と揺り返しの傾向を見極める必要を痛感する。そして、恐らく「カルチュラル・スタディーズ」が批判的知の退行に一役買っていることを、どれだけの知識人が自信を持って否定できるだろうか。

最後に、政治経済的なものと文化的なものの分析論をめぐってカルチュラル・スタディーズが置かれている危機を確認しておきたい。恐らくこの危機は、哲学者でクィア理論家のジュディス・バトラーが鋭いエッジ感覚とカルチュラル・スタディーズのエッセンスへの強い共感とともに述べているように、新しい社会運動の形態を「単なる文化的なもの」と一括りにするある種の左翼教条主義的正統派の存在によって確認できるであろう。[22]ここで言う危機にはいくつかのパターンが見られる。まず、多様な社会境界のカテゴリーを細分化して、例えばジェンダーによる文化商品の消費形態を分析することで、広告やコンサルタント業界に貢献することをカルチュラル・スタディーズだと信じて疑わない「アイデンティティ主義者」が存在し、それらをこき下ろすことでカルチュラル・スタディーズ批判をした気になっているおめでたい人々がいるが、それはそれでお互いに紙と時間と資源の無駄使いをさせておけばよいだろう。しかし本当の問題は、階級闘争の単独性が人権との代補性によって批判された今、今度は階級と人種が分節化されて社会運動の真正性を主張しつつあることにある。階級闘争と人種闘争の合理化は、寸時にセクシュアリティを非物質的で非合理的なものの領域――つまり「文化的なもの」――に囲い込もうとしている。バトラーの言葉を借りれば、「クィアの政治はいつも教条主義的正統派によって文化的きわもの（the cultural extreme）の政治化として描かれている」のであり、「文化闘争どころか、社会運動が仮想している単なる文化的な形式に過ぎないとみなされている」[23]。

ここでこの言説編制の誤謬を一つ一つ挙げている余裕はないが、以下の点だけは確認しておきたい。フェミニストの闘争はジェンダー的位置性と経済や資本との分節化を抜きにしては考えられないが、そのことが即、経済的なものと資本がフェニミズムが掲げる諸問題を作り上げる最終審級であるということにはならない。アルチュセールが定式化したように、特定のイデオロギーが常にある特定の装置に存在するからこそイデオロギーの存在は物質的なのであるが、イデオロギーの作用をその物質的諸条件に遡って特定化することはできないのである。このイデオロギーの不可逆性に則るならば、セクシュアリティの政治が文化的なものに帰属するか経済的なものに帰属するかが問題なのではなく、それが二つの領域をどのように区別化し、差異化し、その区別化を曖昧なものにしているかということから出発しなければならない。ヘテロ・セクシュアルに規範的なセクシュアリティ、家族、血縁が、階級と人種を人間の身体として再生産し分配していく技術装置として機能しているとすれば、クィア・スタディーズは(ゲイ・アンド・レズビアン・スタディーズと重複する形で)、この装置と性的再生産とセクシュアリティとの必然的な照応という言説を脱臼しようと試みている。闘争の場は身体そのものであるとともに、セクシュアリティ、家族、血縁という性的なものの生産の構成素子が、既に引用したアイデンティティの構成素子――主体性、社会的連帯、間主体性/同一性――との類似相同性を持つことを考慮すれば、セクシュアリティのカテゴリー化をキャンプのメタファーで論じることも可能であろう。とすると、キャンプ・メンタリティとその実践は、階級闘争からではなく、階級闘争へと向かう語りとして理論化すべきもののようである。

答えを保留したままの問いに戻ろう。おそらく社会運動間の連鎖は、類似相同性を通じて達成されるのではなさそうである。この意味ではカテゴリー間の線的な連動ではないのだから第一の問いの答えはNO

だ。しかしある社会運動が、その政治的な可能性を他のカテゴリーを基軸とした折衝に見いだすとき、可能性は開かれている。この分節化を可能にする条件は「同時に、終息的な、閉じられた分節化を不可能にする」[24]。一つの実践の磁場をこじあけるために別の磁場から作用する権力を分析すること。この問いは、例えば、監獄というキャンプから出発し、資本主義社会の身体規整の理論化へと向かう、それほど平坦ではなさそうな道のりをたどることにも通じているのかもしれない。

……資本主義社会はその刑罰システムを作動させるためにどのような役割を果たしているか。その目的は何か。処罰と排除のための手続きによってもたらされる帰結とはどのようなものか。それらは経済の領野にどのように位置づけられるか。権力の行使と維持に際してそれらが持つ重要性は何か。それらの階級闘争における役割は？[25]

▼1 John Garvey and Noel Ignatiev, "Abolish The White Race", *Race Traitor* 1 (Winter, 1993); Theodore W. Allen, *The Invention of the White Race: Racial Oppression and Social Control Volume 1*, Verso, 1994; David R. Roediger, *The Wages of Whiteness: Race and the Making of the American Working Class*, Verso, 1991; Noel Ignatiev, *How the Irish Became White*, Routledge, 1995.

▼2 Roediger, op. cit., pp. 12–13.

▼3 Matthew Frye Jacobson, *Whiteness of a Different Color: European Immigrants and the Alchemy of Race*, Harvard University Press, 1998.「白人らしさ」をめぐる言説の組み替え戦術について、ヤコブソンは「ケルト人は白人種かもしれないが、にもかかわらず二級市民であることには変わりはない」という一九世紀中葉の東部アメリカ

の特権階級の共通感覚に触れている。

▼4
Peter Linebaugh, *The London Hanged: Crime and Civil Society in the Eighteenth Century*, The Penguin Press, 1991; Peter Fryer, *Staying Power: The History of Black People in Britain*, Pluto Press, 1984. 以下「イギリス」「イギリス人」「イギリス的」という表現は全てBritishのヴァリエーションとして用いる。なおここでの「黒人」という表現は、政治的なコノテーションを優先させている。したがってインド亜大陸、カリブ、アフリカ、その他のイギリス植民地からの、「白人」としてカテゴリー化できない人々のことを意味している。しかし東アジアからのエグザイルは含まれていない。

▼5
「赤いクライド」の労働運動の展開、衰退、遺産についての鮮やかな描写は、運動の最も戦闘的なリーダーであったジョン・マクリーンの伝記、Nan Milton, *John MacLean*, Pluto Press, 1973であろう。この本はマクリーンの実子によって書かれている。「四〇時間スト」の名称は、週四〇時間内労働の実現を最大の争点にしていたことによる。この二つの出来事に関しては、本文で述べた点の他にも、歴史としても歴史記述としても議論されるべき問題が多い。まず、「四〇時間ストライキ」にラナークシャーの炭鉱労働者が参加していないこと。より正確には「炭坑組合連盟」が最終的な参加の意思を保留したままであり、あくまでもグラスゴーの周辺地域の範囲内の争議であったこと。第二にイングランドの諸組合活動や社会主義小政党からの連帯がなかったこと。ここでは国民という境界が焦点となる。スト制圧のために動員された兵士がすべて北イングランドから召集された若者達であったという事実も、当時のイギリスの国家統治（statecraft）の技術を知るうえで重要なポイントとなる。第三に、この人種争議が労働運動史上でも人種差別やエスニック・マイノリティの歴史の中でも十分な注目を浴びていないということ。これは、争議そのものの規模が他の港湾都市のそれに比べて小さかったということもあるが、それ以上に「人種差別」が意味するものが一義的に反カトリック・アイルランド人差別のことであったというスコットランド、特にグラスゴーでの歴史的特殊性による。この争議についての詳細な資料は以下の論文たった一本である。Jacqueline Jenkinson, "The Glasgow Race Disturbance of 1919", in Kenneth Lunn ed., *Race and Labour in Twentieth-Century Britain*, Cass, 1985. また、シェラレオネは一八世紀後半にロンドンから「移住」した解放奴隷である「イギリス黒人」を最初の植民者としており、黒人奴隷解放運動家（black abolitionists）の文字通り大西洋を横断する活動の、しかし彼らのユートピア的発想からはほど遠い

帰結であった。ここで述べた船員達もまたイギリス保護領の市民として、「イギリス臣民」であったことも記しておくべきだろう。詳細は Imanuel Geiss, *The Pan-African Movement*, Methuen, 1974 を参照。

▼6 Jenkinson, op. cit., p. 55.

▼7 *Glasgow Herald* (21 April, 1914), cited in Ibid., p. 58.

▼8 *Dairy Record and Mail* (25 June, 1919), cited in Ibid., p. 62.

▼9 Liisa H. Malkki, *Purity and Exile: Violence, Memory and National Cosmology among Hutu Refugees in Tanzania*, University of Chicago Press, 1995, p. 5.

▼10 彼らポスト・ウィンドラッシュ世代のアイデンティティは、ホール自身も語っているように、西インドを離れて初めて「黒人」となったというバルバドス出身の小説家ジョージ・ラミングの言葉で要約できよう。「他の島々から来た別の西インド人に出会うまで自分が西インド人などとは思いもしなかった。つまり、私の世代のほとんどの西インド人はイングランドで生まれたということなのだ」

▼11 詳細は、Anna Marie Smith, *New Right Discourse on Race and Sexuality: Britain 1968–1990*, Cambridge University Press, 1994 を参照。

▼12 スポーツ・シューズのリーボックのCM。

▼13 一九九九年二月の労働党大会でのトニー・ブレア英首相の演説より。

▼14 ここではギルロイが「アイデンティティの構成素子（components of identity）」もしくは「アイデンティティの循環」と呼ぶアイデンティフィケーションの位相学的アイデアを参考にしている（Paul Gilroy, "Diaspora and the Detours of Identity", in Kathryn Woodward ed., *Identity and Difference*, Sage, 1997）。

▼15 例えばイギリス国民党（The British National Party）のキャンペーン・ポスターはアフロ・カリビアン系、インド系、東アジア系の三人の一〇代の女の子の写真に「白人に権利を（Rights for Whites）」というキャプションが付いている。もちろんこのポスターは、代議制民主主義の政治環境における特定集団のマイノリティ化、犠牲者化、そして本質化のテクストとして読まれるべきであろう。また「戦略的本質主義」と「反‐反本質主義」のラディカルな違いについては Paul Gilroy, *Black Atlantic: Modernity and Double Consciousness*, Verso, 1993, pp. 2–3 and pp. 99–103（『ブラック・アトランティック——近代性と二重意識』上野俊哉ほか訳、月曜社、二

〇〇六年）を参照。

▼16
筆者はここで少なからずリスクを犯している。なぜならば、ギルロイは「キャンプ」の概念を相互に不可分な二つの近代の政治的、文化的、空間的な規整装置とその技術の分析に用いているが、筆者はその第一の側面のみを抽出して論じているからである。ギルロイの言うキャンプとは、第一に、近代化された空間において集合的連帯、帰属感、血縁、アイデンティティが編み出され、実践され、制御されるロケーションを示す「メタファー」である。それによって、人種的思考と人種学が作り上げてきた人間の分類学を切り崩そうと試みている。第二に、彼は「実際に存在する／したキャンプ」における空間と身体の政治化／脱政治化、美学化／自然化、生／死の感覚の主体化、そして人種化を分析している。後者においてはもちろん強制収容所、ガス室、労働キャンプ、難民キャンプ、戦争捕虜収容所が具体的に登場してくる。不可分なテーマをなぜあえて分断したかは本文中で明らかになるはずだが、ともに近代的なカテゴリーである人種と階級の分析論的な類似相同性を前提としているからではないということは強調しておくべきであろう（Paul Gilroy, *Between Camps: Nations, Culture and the Allure of Race*, Allen Lane, 2000）。

▼17
Oskar Negt and Alexander Kluge, *Public Sphere and Experience: Toward an Analysis of the Bourgeois and Proletarian Public Sphere*, University of Minnesota Press, 1993.

▼18
Louis Althusser, "Reply to John Lewis", in *Essays on Ideology*, Verso, 1993, pp. 81–82（ルイ・アルチュセール『歴史・階級・人間――ジョン・ルイスへの回答』西川長夫訳、福村出版、一九七四年に収録）. アルチュセールもまたキャンプのメタファーを用いているが、それは階級を所与の形式性と捉える改良主義者のブルジョア的起源を批判的に説明するためである。

▼19
資本主義の発達と階級の形成という点から見た白人労働力と黒人労働力との分断不能性と個別性は、地図的な区別化というよりも、浸透や溶解といった化学反応のモデルに近い。この点についてホールの以下のメタファーは秀逸である。「たとえ彼ら（黒人労働者）の血があなたがたとはっきりと混ざりあってはいないとしても、彼らの労働力はあなたがたの経済の血管にずっと昔から入り込んでいるのだ。それはあなたがかき混ぜている砂糖であり、悪名高いイギリス人の甘いもの好きな歯茎の中にあったり、はたまたカップの底にあるイギリス風紅茶のお茶っ葉だったりするのである」（Stuart Hall, "Race and 'Moral Panics' in Post War Britain", in Com-

mission for Racial Equality ed., *Five Views of Multi-Racial Britain*, Commission for Racial Equality, 1978. Cited in Paul Gilroy, "Steppin' out of Babylon: Race, Class and Autonomy", in Centre for Contemporary Cultural Studies, *The Empire Strikes Back: Race and Racism in 70s Britain*, Hutchinson, 1982)。このメタファーはまた、政治経済的なものと文化的なものとの相互浸透性と依存性のアレゴリーとしても読めるだろう。

▼20 西欧近代の思想において、カテゴリーの普遍性と合理性の再認／再生産は地理的空間的な分類学の発想と極めて親密に関係している。例えばヘーゲルの以下のような記述は人種学とヨーロッパ的近代の「自己」との分節化様式を示す一例である。「極めて特異なアフリカ人の性質を理解するのは難しい。というのも理解しようとすると、我々は全く自然に我々の全ての観念に属する原則——普遍性の原則——を放棄せねばならないからである。ニグロの生活における特殊な点とは、意識が未だに、人間（man）の意志力の関与が認められ、彼（he）が彼自身の存在（being）を認識するいかなる実質的な客観的存在——例えば神、または法といった——の認識にも到達していないという事実である（G. F. W. Hegel, *The Philosophy of History*, translated by John Siblee, Prometheus Book, 1991, p. 93)。

▼21 Stuart Hall, "Race: Articulation and Societies Structured in Dominance", in Houston A. Baker Jr. *et al.* eds., *Black British Cultural Studies: A Reader*, University of Chicago Press, 1996, p. 55.

▼22 Judith Butler, "Merely Cultural", *Social Text* (52/53) (January, 1997).

▼23 Ibid., p. 270.

▼24 Ibid., p. 269.

▼25 Michel Foucault and John K. Simon, "Michel Foucault on Attica: An Interview", *Telos* 19 (1974), p. 156.

第一一章　文化に気をつけろ！——ネオリベ社会で文化を考える五つの方法

1.「ネオリベ」

本章は「文化に気をつけろ！」と警句を発しているのだが、「気をつけ」なければいけないのは誰なのか、なぜ文化が警告の対象になるのか、この点が重要である。次に、五つの方法と銘打ってはいるが、これは別段「気をつける」べき文化への処方箋を配布するわけではなく、現代文化をよりよく理解するためにはどのような視座が有効であると考えられるかを提案するにすぎない。このような視座に立てばよりよい文化が創れますよだとか、この問題はこれこれこういう立場に立てば解決できますよ、などというお手軽な対処療法を授けることが目的ではない。現代の日本社会に暮らす私たちは、特定の文化的潮流にどのようにいやおうなく組み込まれ、もしくは接触せざるをえない状況に置かれているのか。その立場性をまず理解するための視座を試論的に作り上げるための準備をすることが本章の目的である。

まずネオリベラリズムという言葉について、ある程度の限定的な意味を教科書的に確定しておこう。自由放任政策（レッセ・フェール）を原則とし、国家や法、制度上の制約なしの需要と供給からなる市場関係と、そこで合理的に行為する主体としての自立した個人を基本単位として社会構造を捉える古典的リベラリズムとは異なり、国家が法によって統治できる範囲で市場原理を原動力として社会を構成し、ひいては統治の仕組み自体が市場原理に歩調を合わせるようにしていこうとする政治的・倫理的営みを、ここではネオリベラリズムと呼んでおく。近代社会を通じて国家と市場の関係は常に変化してきた。小さい政府、夜警国家、競争原理、規制緩和、自由化というリベラリズムを特徴づけるキーワード群は、高度資本主義の進展とともに福祉国家という経済と政治との相補的なシステムによって後塵を拝してきたけれど、グローバル化する経済構造の力によって、国家の機能はしだいに最低限の○○（賃金でも生活でも代入可能だ）を保障するという役割に特化された。この手の国家の介入を触媒にして、資本主義は次なるキーワードを人口に膾炙させていく。自己責任とか自立というマジックワードだ。こう言われると二の句が告げなくなる。少なくとも二の句を告げなくさせるように機能するこれらの魔法の言葉群は、国家が最低限の保障をして、少なくとも経済的な生存条件を満たしているのだ、という前提がなければ意味をなさない。

経済的には一定の豊かさが達成されている、それも最大多数の範囲で、という量化された人口統計が証拠として提示されると、焦点が文化にシフトされる。「衣食足りて……」なんとやらである。このような単純思考の繰り返しが、現代日本の文化状況に大きな影響を与えている。少なくともこの国で文化を考えるとき、こうした思考パターンを、いくら短絡的であるとはしても、無視することはできないだろう。企業の懐具合が悪くなれば最初に切られるのはいわゆる文化支援事業（メセナ）だ。しかし、これから提示する現代文化を考える五つの方法は、文化とそれ以外の領域との階層関係を自明とはしない。もちろん、文化という領域自体も自明視はしない。文化が自律的領域であるとしたら、どのような条件の下にそう言うことができるのか、文化をそのようなものとして決定＝表象する力は何か。常に不確定な実践の集積として文化を捉え返すこと自体が重要である。

2. 八〇年代

現代文化を考える一つ目の方法は「八〇年代」である。それも初頭。「バブル」をキーワードとした、大衆文化における八〇年代論がいくつか矢継ぎ早に出版されているが、[1] バブル崩壊明らかな時期に大学入学を果たした筆者にとっては、ノスタルジーを動機にするにはまだ生々しい記憶の対象だし、軽薄短小を足蹴にするような否定的な色彩だけで済ますにも、あまりにも皮膚感覚で想起できるリアルな時代でしかない。それに何よりも八〇年代は、「なんだかやばい」という気分を捨て去れない時代だった。

そこでまずは単純に、八〇年代を現代との比較の対象として考えてみてもいいだろう。「やばさ」とは、ナショナリズムが平気で語られるようになったことにも起因する。その一端として大平正芳内閣が繰り広げた「文化の時代」というキャンペーンに着目してみよう。当時国立民族博物館長であった梅棹忠夫は、「文化の時代」と題されたエッセイを、旧文部省官報であった『文部時報』一九八〇年六月号に巻頭論として寄稿し、こう述べている。

何かが動かねばならないような時代になってきている。……いよいよ文化の出番になってきた。……その（戦後日本の）経済的成功が「文化の時代」への道を開いた。……国家はこの欲求に応えて文化は個人の問題としてそしらぬ顔をしてはいけない。

首相の私的諮問機関であった政策研究会が、明らかな政策プロジェクトとして「文化の時代」を捉えているという紹介も兼ねたこの小論は、一つの国家目標として文化が重要視されていることに着目し、経済的繁栄を築き上げるために犠牲にされてきた文化を、明確な達成目標として掲げたものだ。国家の要請としての「文化」の登場である。

経済の行き詰まりからの「文化」への転進ではなく、経済的豊かさから「文化」的豊かさの追求へという論理付けは、八〇年代を彩る数々の「日本文化論」の隆盛に通底するものであり、同時に「経済国家からの転換」と「戦後政治の総決算」を掲げた中曽根康弘内閣の文化政策にも一貫していた。プロフェッショナルかアマチュアかに限らず、「日本文化論」が当時のアカデミズムの中だけから要請されたものだとは単純に考えられないということは、再び強調しておいてもいいだろう。

一九八五年夏に開かれた自民党軽井沢セミナーにおいて、中曽根は、「平和で豊かな時代になったところで……もう一回日本のアイデンティティーというものを作るときにきたと思う。……だから国際日本文化研究センターを作ろうと言っている」と発言している。[2] 一九七九年の元号法制化から、大平内閣時代に「愛国心の欠如」を理由に一部の公民教科書を排除しようとした「教科書偏向キャンペーン」を経て、この八五年二月、中曽根は現職の首相として始めて「建国記念を祝う国民式典」に公式参加し、八月にはやはり現職の首相として初めて、靖国神社に公式参拝する。九月には、卒業・入学式での日の丸・君が代斉唱の徹底が文部省により通達される。このような一連の動きと、日の丸・君が代法制化以降、安倍晋三首相が第一次政権時代に口にした「美しい国」にいたる文化的領域への政策的関与は、ただ単に類似という点からパラレルに考えられるだけではなく、三〇年近い年月を通じて、社会経済の浮き沈みを何とかやり過ごしつつじっくりと準備されてきた、国家による文化の再領有化として考えることもできるだろう。また少し視点をずらして、この八〇年代のような事態によって、「文化」とはそもそもの始めから公的な領域とされてきた国家との折衝にさらされてきたのだと考えることもできるはずだ。こう考えれば、「経済国家からの脱却」などと言ってはみても、八〇年代文化を特徴付ける現象の一つが、戦後に技術立国政策の結晶とでも言える電気機器によって生み出されたということもよりよく理解できるだろう。

3. メイド・イン・ジャパン

「技術立国政策の結晶」としてのソニー・ウォークマン。二つ目の方法は、この器械装置が象徴的に意味する「メイド・イン・ジャパン」である。ウォークマンは一九七九年に発売開始された。iPodも、そもそもウォークマンという発想がなければ生まれることのなかった代物だ。歩きながら音楽を聴くことができるという身体技法を一つのスタンダードにまで昇華せしめた現象は、技術革新である以上に、日本を発信地とした新しい大衆文化のスタイルが定着するきっかけとなった。ちょうどそのころ、分割民営化をそう遠くない先に経験するであろう国鉄が「エキゾチック・ジャパン」なるキャンペーンを打ち出している。日本の再発見。知っていると思っていたがまだまだ知らない、日本。第二次オイルショックで、右肩上がりだった日本人の海外旅行熱が一旦落ち着いたという事情もあったのだろう。一九八〇年代後半の円高を反映した第三次海外旅行ブームが到来するまでの数年間は、国内旅行への回帰が見られることになるのだが、バブル前夜のこのキャンペーンを耳で印象付けたのが、郷ひろみの歌う「2億4千万の瞳」だった。

作詞・作曲を手がけたのは、元ブルーコメッツの井上大輔（本名・井上忠夫）。彼はもっぱら歌謡曲の提供者であるだけではなく、一九八一年に公開された『機動戦士ガンダム』の映画版『哀戦士』で自ら主題歌を歌っている。まだジャパニメーションなど存在していないし、そんな呼称すらもない時代。しかし、熱烈なファンがセル画を集め、登場キャラクターそれぞれの「個人史」にまで注目して、物語の大筋ではなく個々のキャラに沿ったミクロな物語を理解することにより多くのエネルギーを費やすのは、『宇宙戦艦ヤマト』ではなく、『ガンダム』なのだ。今に連なるアニメ・フリークを中核としたオタク文化の萌芽がここにあるだろう。

宇宙空間でのモビル・スーツ同士の戦いという技術革新の物語を軸にしながらも、「ニュー・タイプ」という新たな人類の類型を主要キャラクターに置き、肝心な場面では（アムロにしてもシャーにしてもララーにしても）科学技術を軽々と超える超人的な心的波動が共鳴しあって、オカルト的環境をある種の必然として、見るものに理解させている。もしかしたら、これがポストモダニズムだったのかもしれない。単に未来派的な技術のユートピアを想像させるのではなく、「今の」人類にはないかもしれないけれど、また覚醒されきってはいない人間の内在的なサイキック・パワーでもって問題を解決する発想。逆説的だが、人間回帰の思想が、ここにはある。当然、「人間」という範疇が示す意味は異なっているのだが。

大友克洋の『アキラ』から始まる（とされる）サイバー・ジャパニメーションにしても、日常的な生活環境をかゆいところに手が届く的手法で変容させていく技術革新にしても、「メイド・イン・ジャパン」はその後三〇年近いタイム・スパンで世界の大衆文化を牽引していくことになる。しかし、双方の目指すべき場所、オタクの聖地とされつつもなおかつ未だに昔からのメカ・マニアが集う秋葉原では、まったく別の「メイド」文化が花開いているのは皮肉でもなんでもない。メイド喫茶、メイドカフェ、メイドヘアサロン、メイド〇×……。セクシュアリティをそぎ落とされているというセクシュアリティには、「癒し」と、おそらく一部には「いやらしい」が見事に混在し、えもいわれぬ快楽の時間と空間が提供されていたのだろう。技術とアニメ同様に、この種の「アキバ系メイド・イン・ジャパン」もまた国境を越えて輸出される。パリで、ロンドンで、ベルリンで、「メイド・イン・ジャパン」。おそらくこれは、「美しい国」を構成する要素としては考えられていないに違いない。わざとらしい政治の詭弁術がするよりよっぽど早く、周到に、「ジャパン」が世界に受け入れられている、一つの証拠だ。

『哀戦士』を歌った井上大輔は、二〇世紀最後の年である二〇〇〇年五月に自殺した。自ら患っていた網膜はく離と、難病に苦しむ妻の看病疲れが原因だと言われている。それは小渕恵三の後を受けて首相の座についたばかりの森善朗が、「日本は神国」だと発言し、一七歳の少年が愛知で主婦を殺し、また同じく一七歳の少年が西鉄の高速バスをバスジャックしたのと、ほぼ同じころの出来事だった。半年後、教育改革国民会議は、道徳教育の重視を盛り込んだ答申を報告し、就学者の「人間性」の育成を重要課題として、後の教育基本法改正に至る道のりを準備したが、日本社会の介護の実態がどのように「人間性」を削り取られるような経験なのか、誰もきちんと検証しようとはしていなかった。

4. 哀／愛

三つ目の方法は、「あい」だ。中曽根内閣時代に「愛国心」という言葉がたいしたためらいを伴わずに政治家の口から放たれるようになって以来、「国を愛する心」は教育政策の細部にわたって強調されるようになる。『ガンダム』の哀戦士たちは、結局運命に翻弄され、ニュー・タイプのポテンシャルを自在に操りきることもかなわず、アムロにいたっては恋するマチルダ中尉の命さえ救えなかった。それゆえに「哀」なわけだが、安倍が戦後政治の集大成として憲法改正に結実させようとしていた「国を愛すること」の「愛」は、いったい誰にとっての何のための「愛」なのだろうか？　明治近代以降、ナショナリズムによって「哀」を強いられてきた経験を、安倍の言う「愛」はどこまで考慮に入れられているのだろうか？

おそらく、今現在巷にはびこる「愛」は、このような「哀」の経験を含んではいない。「癒し」という名の「愛」ならばアキバで手に入るのだし、お金さえあればフットマッサージから有機野菜のみの体にいい食事まで何でも手にはいるのだから。だから、お金のない人のことは、あまり話題にすらならない。格差格差と騒いではみても、その格差は何と何の、誰と誰の格差なのだろうか？　日本人の市民の間の格差。それは大きな社会問題だとされる。そして現実である。ところが、滋賀県長浜市で自分の子供と同じ年の幼い幼稚園児を殺害した中国籍の母親とデヴィ婦人との格差は誰も問題にしない。ということは、問題である度合いが低いとされているのである。「社会問題」というとき、この「社会」を構成している原理的なメカニズムは何か、という問いを抜きにして問題を語ることは、スピード・メーターを設置して初めて速度超過という犯罪を作り上げるのと同じことだ。火のないところに煙は立たない。「問題」視する視座のないところに、問題はありえない。

国への「愛」が足りないことが問題だ、と言われる。現代日本のナショナリズムの動向は、その言葉の意味も含めてたくさんの人たちが論じているから、ここでは取り上げない。議論したい「愛」は、誰が何に向ける愛か。日の丸と君が代も、「強制ではない」という。「日本人だけに適用される約束」だという。

でも、日本人「だけ」などという空間が、今のこの社会で原則であり続けることなんて、あるのだろうか。そもそも何を持って「愛」の表現とするかは誰にも決められないはずだ。サディズムとマゾヒズムだって支配的な性規範からすれば「倒錯」かもしれないが、きちんとした「愛」の表現スタイルであることだってある。では、日の丸を鞭打ち、縛り付け、蠟燭をたらしたらどうなるか？　奇妙な高揚感を覚える人はいるかもしれないが、「美しい国」の「愛」だとは判断されないだろう。

「愛」は限定されている。それを持てる人も、向けられるものも。それは日の丸を美しいと思い、君が代に胸を熱くし、故郷の山河（どこにそんなものが？）を落ち込んだときの慰めとし、両親祖父母のそろう家族を明日への活力の源としなければならない「愛」なのである。ここに列挙したような風景を想起できる人たちの共同性の掛け金として、まさにここで列挙したようなことを想起できる美的判断基準が動員される。これを政治の美学化と呼ぶのは、あまりにも当たり前すぎて陳腐だ。小泉前首相はサミットに「ファースト・レディ」を伴って行けなかったのだから。安倍的「愛」は、先輩の喉下に刃を突きつけているわけだ。

ナショナリズムの小道具に「哀」を読み込み、歴史の忘却・捏造と排除の論理を理由に「愛国心」を批判するのは、正当な判断であり、最も重要な取り組みではある。しかし、均整の取れたモダン・デザインである日の丸を「美しい」と思う人がいたとしても、それが必然的に日本という国民国家を「美しい」と思うとは限らない。ホイッスル前のサッカー選手が君が代を聞いて目を潤ませていたとしても、それは試合前の高揚感からであって、日本人であることの誇りからとは限らない（試合開始前のラグビー選手たちを見よ）。故郷の山河はとっくにダムの底で、幻を追い求めているだけかもしれないし、家族を牢獄だと感じ早くそこから逃げ出したいと考えている国民もいるだろう。このように、いまや、むしろこの社会におけるお決まりの美学を断絶する契機があふれていると考えることはできないだろうか。小道具がシンボルと必然的に一致することはありえないのに、あたかもイコン的記号としての自然な一致というシナリオを前提としないと、「愛国心」に関する議論さえできないようになってはいないか？

かつては多くの家の居間に飾ってあった、天皇家の人間が大勢でニコニコしながら家族を演じている写真。そんな家族像が想像もできないし、知識としてもありえない人々。日本的な山紫水明が美しいという範疇に入りきらない人々。今や「私たち」はそうした人々である。家族や風景自体には何の価値もない。そこに読みこまれる経験とその経験に付与される意味が「私たち」を遡及的に特定の共同体の一員であるかのように倫理付けるのであり、いまや「私たち」はそうした意味の多義性の只中にある。「哀」なき「愛」の強調は、多義性に対する不安に満ちた対処療法であることを、自ら告白しているようなものなのだ。

5．移動／異同

愛のあり方は多様であり多義的であるというとき、その多性がもっとも顕著に表象されるのは、移動してきたものたちとの異同を認識し、他者を異なるものとし、同時に「私たち」という同性を再確認するときではないだろうか。移動と異同がもつれあって紡ぎだす政治は、ごく最近のことでも、はるか昔の話でも全くない。日本列島はたくさんの人々が移動の果てに住まうようになる場所であり、また別の場所へ行くために移動を開始する場所でもあり続けてきた。二〇世紀になってからだけのことを考えても、台湾、中国大陸、朝鮮半島から強制的か自発的かに関わらず多くの「民」が移動してきた。同時に、ハワイへ、ブラジルへ、アメリカ大陸へと、多くの「民」が移動していった。この掛詞、「移動／異同」が、文化を考える第四番目の方法である。

移動する民、つまり「移民」。この「移民」が特定社会における人種差別の原因とされるのは、「移民」を受け入れる所謂ホスト社会の側から発せられる論理としては、それほど珍しいことではない。珍しいことではないが、ここには常にある種の論理のすり替えがあることに注意しなくてはならない。人種差別の根本的な原因は、人種差別をするホスト社会の人間たちではなく、移動してきた人々のホスト社会の文化、言葉、生活慣習との違いが際立つことが悪いのだというふうに。この時点で、差別の対象になる人種的差異は、肌の色ではなく「文化」となる。これが一九七〇年代後半にイギリスの人種関係に関する研究で注目されるようになった「新しい人種差別」という考え方である。

石原慎太郎東京都知事（二〇〇六年当時）の一連の人種差別発言は、数十年遅れとはいえ、その最も先鋭的な表象である。増加する「移民」人口と、それに呼応して言われるようになった「外国人」による犯罪率の増加というまことしやかな因果関係に言及した、「三国人」発言[3]。オリンピック誘致合戦で、福岡への支持を表明した政治学者・姜尚中に対する「生意気な外国人」発言。「日本よ、内なる防衛を」と題された投稿の中で石原は、「こうした民族的ＤＮＡを表示するような犯罪が蔓延することでやがて日本社会全体の資質が変えられていく恐れが無しとはしまい[4]」と言う。石原発言は、旧植民地からの移民を蔑む含意のある言葉としてだけ取りざたされがちだが、実は「三国人」の次に「外国人」という言葉が続いている。現代日本の「移民」は、もちろん旧植民地からの人口だけではない。東南アジア諸国、南米とくにブラジルやペルー、ロシア、アフリカ諸国など、巨大産業の下請けや危険労働に従事するための不法／合法いなかったろうか。石原の視野はポストコロニアル状況を承認できていないのではなく、移動を異同にハイジャックさせ、「いどう」の二重の意味を効果的に排斥と差別へと結び付けている、きわめて戦略的な発言だと言える。

このような石原の姿勢をあげつらうことで注目すべき問題は、民族やDNAという人種に分節化可能な語彙が、文化ナショナリズムによって動員される事態が起きているということである。文化の「異同」が恐怖、不安、疑心暗鬼を生み出すものであると、公的言説の水準でいとも簡単に言われてしまう理由の一つは、おそらく「人種」の定義の不確かさにある。例えば、さまざまな移民コミュニティを支援する中で、そのコミュニティが直面する人種差別に抵抗して運動を実践する場合、すぐに陥る困難は、いったい何をターゲットとするのかということだ。平等な雇用の促進か、住宅事情の改善か、社会・政治参加（市民権）の保障か、生活権の確保なのか。民族や人種の差異を直接どうこうする、例えば「承認」するという抽象的な言い方に限ってしまわないかぎり、社会運動の実際的目的である一定の到達点を具体的に明示することが極めて難しいのである。「承認」されるとはどういうことか？　こう問いかけたとたん、具体的な社会的、経済的、政治的場面での状況待遇機会の改善というそれぞれの場面を想定せざるをえないのである。

したがって、「移動」の結果「異同」があるのか、「異同」があるから「移動」の必要性があるのか誰にもはっきりとは分からないまま動員される人種の語彙群は、人種関係の閉ざされた領域でだけではなく、他の社会的歴史的関係の隠喩として考察されなければならないだろう。使い捨て可能な人的資源として生産関係に組み込まれている人種、不可逆的な歴史の産物としてポスト植民地関係に組み込まれている人種、性的搾取の政治に最も顕著に現れるジェンダー関係に組み込まれている人種。日本社会にとって一旦は必要な価値として承認されたものの、その同じ人々を人種の違いを理由に使い捨てる論理が、今ほど明確化されつつある時代はないだろう。人種的差異が意味するものは決して固定化されず、常に同じであるわけではないのである。制度としての帝国主義も植民地主義も「終わった」ことになっている。しかし、だからこそ、単独の政治争点ではなく、時にはさまざまな政治関係の中枢にあり、また時にはさまざまな政治関係を媒介して一つの争点を形作るような、スチュアート・ホールが「浮遊する記号表現」と呼ぶものとして、人種を考えなくてはならない。[5] ホールによれば、人種は「言語のように機能する」[6]。

> 記号表現とは、ある文化における分類の体系と概念のことであり、それらによって特定の行為や対象に意味が与えられる。それらの意味は、初めから本質的に備わっているわけではなく、その他の概念や分野とに間に築き上げられる、変化し続ける差異の関係性において発生する。[7]

このとき、リアルな人種政治の現場で変化をしなければいけないのは、いつも他者である。だが同時に、その変化を参照することで自己は常に刷新され、再定義されて、「そこにとどまっていていいもの」として意味づけられる。「移民」の増減が人種差別の増減に直接結びついているなどという理由づけは、「異」を排除し「移動」のルートを閉ざし廃止するのではなく、制限することで「同」を作り上げるためのイクスキューズを、統治する側に与える発想でしかないのだから。

6. W・E・B・デュボイス

ホールは、アフリカ系アメリカ人の碩学W・E・B・デュボイスを読むことで「浮遊する記号表現」という考え方にたどり着いた。デュボイスの自伝的テクストである『暮明の黄昏（*Dusk of Dawn*）』[8]のなかの「バッジ」という表現に着目したのである。デュボイスは、アフリカ系アメリカ人は確かに「肌の色」を共有しているかもしれないが、「肌の色」自体にそれほどの意味はない。むしろその「色」が「奴隷制の、離散の、そうした経験の傷の社会的遺産を示すバッジ」のようだから重要なのだと言っている。[9]ホールは「バッジ」を「記号表現」という記号論的含意で言い換えたのである。

石原の「三国人、外国人」発言が端的に示すように、現代日本の人種差別の体系は、肌の黄色いアジア人だけではなく、もっと多種多様な差異によって形成されている。日本社会もまた世界の人種の地政学の一部を形成しているのである。しかしこれもまた、最近の目新しい出来事として片付けてはいけない。日本や日本人もまた、近代世界の「カラー・ライン」によって否応なく影響されることを七〇年前に明言していたのが、デュボイスその人だった。五つ目の方法は、まさにこのデュボイスである。しかし、人種差別批判のチャンピオンとしての彼とは若干異なる文脈で。

「カラー・ライン」、すなわち白人と有色人種との対立の克服こそが二〇世紀最大の政治的課題であると宣言したデュボイスは、一つの致命的な過ちを犯してしまった。ビル・V・マレンとキャスリン・ワトスンが編んだデュボイスのアジアに関する発言・論考集である『アジアのW・E・B・デュボイス――世界の人種差別をめぐって』[10]やマニング・マラブルの最近の研究『W・E・B・デュボイス――ラディカルな黒人民主主義者』[11]を参照すれば、それは「カラー・ライン」の政治における日本の位置性を誤って評価したということだ。一九三六年から三七年にかけてインド、中国などのアジア歴訪の一環として日本を訪れたデュボイスは、白人西欧への効果的な対抗勢力として大東亜共栄圏を礼賛してしまった。もちろん、単純な称揚ではなかった。日本と中国は争いを止め、もっと大きな世界地図と世界史を見据えたうえで、西欧列強の帝国主義、植民地主義への抵抗勢力として有色人種の模範となるべきであるという、一見戦略的な装いで東アジアの植民地戦争を終焉させ、世界の白人支配を批判すべしという願意に満ちたものであったことは確かである。

しかし、それは過ちであった。第一に、白人西欧とは違う植民地主義であるとした点で。第二に、日本の帝国主義的侵略は西欧列強の猿真似であるとした点で。猿真似なのに違う？　これはどういうことか。デュボイスが日本に強く言及し始めたのは、日露戦争後の「黄禍論」に異議を唱えたことに始まる。日本は近代にとっての禍などではなく、西欧帝国主義へ対抗する希望の前衛であり、後発国を近代化するためのモデルとなりうる国であると。日本が満州に侵略すると、武力行使を止めるよう日本に呼びかけると同時に、中国は日本と「協力」しなければならないと提言する。なぜならば、彼が満州を訪れた際に目にした学校の授業では、中国人児童も日本人児童と対等な教育を受けていたからだという。ここにデュボイスは、西欧の植民地主義とは異なる植民地のあり方を見る。それはアジアにはある種の同質性があるという前提に基づいたものだった。アジアとしての精神的、道徳的、倫理的均質性があるのに、なぜ日本は西欧のように振舞おうとするのか？　この疑問がデュボイスを苛み続ける。

前述のマレンのようなアメリカのデュボイス研究者は、このような彼のスタンスを、アフリカとアジアの連帯と同時にヨーロッパによる他者への眼差しを模倣してしまった「アフロ・オリエンタリズム」として指摘するが、▼12 ここではその是非は論じない。それよりも重要なことは、デュボイスの問題含みの日本近代へのまなざしを、重大な警句として現代化することである。デュボイスは日本を世界の「カラー・ライン」の政治の中に位置づけた。東アジアの同質性というファンタジーに裏付けられたままではあったが、有色人種と白人との複雑な配置の中に日本の位置を見つけ出したのだ。旧植民地からの「移民」だけに目を奪われがちな現代日本の人種差別の様相に対して、デュボイスはリフレッシュされた視点を再び提供するだろう。しかし、彼がアジアに抱いていたその同質性のファンタジーはそのまま日本の同質性へのファンタジーに繋がることも忘れてはならない。日本の周縁領域である沖縄、九州、北海道は、本州の現代史とは異なる民族的・人種的混交性を経験しているし、本州でも日本海側か太平洋側かでそれは異なる。都市と農村、工業地域と山間部、鉱山労働や港湾労働の現場、アメリカ軍基地のあるところとないところ。人種と民族の経験を日本という括りで語ることにはそもそもの困難がある。本来バラバラで統一された規則性などない他者との遭遇なのに、日本という共通の磁場を想定してしまうことによって日本人という「同」を生み出すことになってしまう。デュボイスがはまってしまったアジアや日本の同質性の罠こそ、その「同」の受け皿となる「文化」なのだ。日本人というカテゴリーが人種化された文化の保持者として倫理的なコミュニティとなるとき、その「なり方」がどんなに——デュボイスが日本と大東亜共栄圏に対してしたように——政治的に正しそうであっても、そこには排除の論理が働いてしまう。

だから、文化には気をつけなくてはならない。気をつけなくてはならないのだけれど、ジャパニメーションや現代アートなどの「日本発」が世界市場を席巻し、その後にまた日本に戻って再評価されるような一連の流れができつつあることを念頭に置けば、日本の現代文化は常に外部との折衝の効果として定位されるような多孔性を持つものだと言っても言い過ぎではないだろう。しかしそれはまだ、ましなほう。では例えば、香港で売られているアダルトビデオのほとんどが日本で制作されたものだということを考えれば、「真正な」日本文化の発信を試みる文化エリートの意に反して、「真正」ではないものがどんどん発信されていることがわかろうというものだ。実はこのような、せき止め切れない、「真正」ではない、目を覆いたくなるようなサブ・カルチャーこそ、どこよりも何よりも早く流通する。衣食が足りて後の「礼節」とはほど遠い何かが、先んじてグローバルな波に乗っていくのである。文化ナショナリストによる人種の語彙の動員は、このような潮流への対処療法的危機感の現れである。少なくともそのような特徴が全くないとは、言い切れないのではないだろうか。だから、文化には気をつけたほうがいいのである。

▼1 例えば、原宏之『バブル文化論――〈ポスト戦後〉としての一九八〇年代』(慶應義塾大学出版会、二〇〇六年)や大塚英志『「おたく」の精神史――一九八〇年代論』(講談社現代新書、二〇〇四年)など。
▼2 世界平和研究所編『中曽根内閣史――資料篇』世界平和研究所、一九九五年、三八五頁。
▼3 二〇〇〇年四月九日、自衛隊練馬駐屯地での陸上自衛隊第一師団創隊記念式典において、石原は「今日《こんにち》の東京を見ますと、不法入国した多くの三国人・外国人が非常に凶悪な犯罪を繰り返している。もはや東京の犯罪の形は過去と違ってきた。こういう状況で、すごく大きな災害が起きた時には大きな騒擾事件すらですね、想定される、そういう現状であります」と発言した。
▼4 『産経新聞』二〇〇一年五月八日。
▼5 Stuart Hall, *Race: The Floating Signifier*, Media Education Foundation, 1996.
▼6 Ibid.
▼7 Ibid.
▼8 W. E. B. Du Bois, *Dusk of Dawn: The Autobiography of W. E. B. Du Bois*, Harcourt Brace, 1940.
▼9 Hall, op. cit.

▼10　Bill V. Mullen and Cathryn Watson eds., *W. E. B. Du Bois on Asia: Crossing the World Color Line*, University Press of Mississippi, 2005.

▼11　Manning Marable, *W. E. B. Du Bois: Black Radical Democrat*, Paradigm Publishers, 2005.

▼12　Bill V. Mullen, *Afro-Orientalism*, University of Minnesota Press, 2004.

第一二章　レイシズム再考

1．悪いのはレイシズム

人種と人種差別が問題となっているという雰囲気が、きわめて偏ったスタイルをとっているとはいえ、日本社会のメディア、言論界、「巷」にあるように見える。こうした状況のなかで、「ヘイト・スピーチ」や「ヘイト・クライム」という言葉とともに、怒号と罵声でもって特定の民族や集団を「死ね！」「殺せ！」「追い出せ！」と、公共の空間で表現することを許している社会の法的、制度的、政治的特性こそがまず問題となるべきではあろう。しかしそれにしても、例えば「在特会（在日外国人の特権を許さない市民の会）」という団体の示威行為とそれへのカウンター行動との攻防が激化していくなかで、「レイシスト」とか「レイシズム」という言葉群が公共の場で語られたりマス・メディアに頻出し、「問題」として社会的に承認されるようになった状況と、かつてレイシズムを特徴づけていると考えられていた人種のステレオタイプが、特定の所有物、不変の属性として多文化主義のもとで文化財化され、商品化や利益生産の手段となりえている動きと、なにか不透明だが、確かな軌一性をもって出てきていることは否定できないように思える。

本章はそのような状況に鑑みたうえでの直接的介入には見えないかもしれない。「在特会」的な動きを直球で非難するというものでもないし、またそれに対するカウンターの動きを全面的に支持し連帯を表明するものでもないからだ。そのような意味では、分別くさい言語媒体による状況論にすぎない。かといって、「在特会がやっているアレは果たしてレイシズムなのか？」といった問いは、まず人種というカテゴリーが先にあるという前提に立たないとできない定義論争という意味で人種を認めてしまうことになってしまうし、かといって「やってる方もやられてる方もどっちもどっち。どうせルサンチマンの塊同士のマッチョな応酬でしょ？」と、妙に斜めに構え傍観者気取りでやり過ごせるほど、状況におもねられる段階はとっくに過ぎ去っている。どっちもどっちではない。レイシズムが悪いのだ。

では何をすればいいのか？　今生きている世界にはレイシズムがずっとあったし、これからもおそらくある。まずこのことを認めなくてはならないだろう。同時にレイシズムはあきらかに人種「差別」主義のことであり、「差別」は社会における行為であり行動として現場で起きるものであるとともに、構造であり、知識であり、思考である。その時、その場での即興による対応が求められる言動として発現するものであり、同時に深く根源的に対峙せねばならない歴史性を備えた、言葉や知識、行為の蓄積の上に成り立つものでもある。レイシストは確信を持ってもやるし、悪いと知っていても「ついやってしまうこと」、つまり文化なのだということも、確認されねばならないだろう。奴隷制度、植民地主義、帝国主義、ファシズム、グローバル資本主義も、啓蒙主義、合理主義、自然主義、ロマン主義も、博物学、分類学、骨相学、医学、人類学、犯罪学、生物学、分子生物学、遺伝子工学も、愛、憎しみ、親密さ、不安、そしてそれらのないまぜになった感情も、結果としてレイシズムという現象へと結実しうる。これら全てが巧妙に、しなやかに、しかし強力に人間を階層分化し、そこに上下・優劣・文明／野蛮の二項対立並びにその間のグラデーションを作り上げて分類する仕組みが、レイシズムだ。分類するためにカテゴリーを作り上げるのであって、分類項目が先にあるわけではない。近代以降のレイシズムを理解するためには、この取り違いをきちんと正しておかなければならない。「黒人」は初めからいない。奴隷制が「黒人」を生み出した。そして奴隷制は、近代レイシズムのプロトタイプである。

ナショナリズム、外国人嫌悪、民族絶対主義も、そこで人種が作動し、差異化と同一化が折衝する様態の変異である。こうした、おおよそ現代世界のどこにでもあり、そこでも遭遇しうるレイシズムの具体的な様相に関して、カルチュラル・スタディーズの視点から二つの論争的な視点を提供し、レイシズムを特殊な人達の特殊なイデオロギーでもなければ、がんばって闘えば解決できるような気合や根性の問題でもないことを示すのが、本章の目的である。

2.「人間」の問題としてのレイシズム

二〇一三年に日本でも公開されたマルガレーテ・フォン・トロッタ監督の映画『ハンナ・アーレント』は、欧米社会におけるユダヤ人差別の文化の、混沌とした、しかし深い深い闇を巧妙に描き出していた。レイシズムは植民地主義にのっとった文明と野蛮の図式と、それを人間の外見に浸透させ病理化した白と黒の対立に典型的に見られるものではなく、その植民地主義がキリスト教文明とその内部における他者の問題、西欧ブルジョワ社会の編成自体に潜む問題と結びついて生まれたものだと考えていたアーレント。アーレントは、ナチスによるファシズムを準備したのは何よりもアフリカにおける植民地主義だと考えた最初の思想家だった。それは資源や資本の原始的蓄積というだけでなく、人間は人種に分類可能であり、その分類は垂直的であり、その分類の頂点には「マスター・レイス」としての「われわれ」が存在しうるとドイツの人々が考えてしまう土壌を準備したという点で、帰属と資格付けの存在論だと看破した。同時にアーレントは、奴隷という商品ではなく、植民地アフリカでそこの住民として対峙した現地人の黒さ、肌の色や質感のあまりにも大きな違いにヨーロッパ人が抱いた恐れについても述べている。

……ほとんど動物的な存在、つまり真に人種的存在にまで退化した民族に対する底知れぬ不安、その完全なる異質さにもかかわらず疑いもなくホモ・サピエンスであるアフリカの人間に対する恐怖。なぜなら人類は、未開の野蛮部族を目の当たりにした時の驚愕をたとえ知っていたにせよ、個々の輸入品としてではなく大陸全体に住民としての黒人を見た時のヨーロッパ人を襲った根源的な恐怖は、他に比すべきものを持たなかったからである。それはこの黒人もやはり人間であるという事実を前にしての戦慄であり、この戦慄から直ちに生まれたのが、このような「人間」は断じて自分たちとは同類であってはならないということだった。▼1

この引用は、レイシズムと言われるぼやっとした現象が現象として現れるメカニズムを、巧妙に仕組まれた統治の技術として、おそらくはほぼ的確に説明しているだろう。恐れに引きずられてはいけない。恐れつつも、まず同じ「人間」だと認めているのだ、漆黒の肌をしたアフリカ人を。ヨーロッパ人の戦慄は、

「やはり人間であるという事実」を前にしたものである以上、啓蒙と合理主義が創りだした「人間」というカテゴリーに与えられるべき属性を一旦は当てはめてから、「わざわざ」強引に「われわれ」から引き剝がそうとするのである。同類だという直観をどこかで受け入れ、利那の瞬間に決して同類であってはならないという決意へと立ち戻り、その決意をさまざまな形で具現化していくのである。同類になってしまうことへの恐怖は、直接間接の暴力、制度化された制約、慣習化された文化を通じて、終わりなき他者化を行い続けるためのエネルギーとなったが、その小まめで執拗な努力が時と場所を超えて、ヨーロッパ・キリスト教世界の外部の様々な現場に転生していたし、し続けるであろうことをアーレント自身がそれ以上考察しなかったことを責めるのは、ないものねだりかもしれない。

少なくとも植民地主義近代論とナチスと現在のレイシズムとは深い関連があるのだから、反レイシズムの集会で極右や排斥主義者を「ファシスト、レイシスト」と呼ばわることはそれほど的外れではないことになる。ヨーロッパの内部で、またヨーロッパとアフリカとの倒錯した相互依存関係において生まれたレイシズムの散種は、アフリカ内部やアジア内部でどのように芽を吹き出してきたかを、現代世界は知っている。人種化された他者はその鉾を持ち替えてかつて他者化を強いた者たちを刺し、他方では他者化を強要された者たち同士の新たな差別構造が日々再生産されている。それは時代遅れなのか、進歩したのかという単純な時間軸をなぞるものではない。それは移民や観光という人間に移動の波とともに、かつてはなかったところにいきなり「外国人お断り」という看板の姿をして現れるし、昨日までの隣人がレイシストとして殺害される事例は、旧ユーゴスラヴィアやルワンダの内戦を見れば明らかだろう。問題は、スケールや危害のシリアスさの度合いではない。すぐそこの日常生活空間における営みと、歴史や社会科の教科書や、ＮＨＫ『映像の世紀』で見られる出来事とが、まさに出来事として同じ重力を備えているということである。

3. 変わらなければいけないのはいつも「他者」である

もう一点レイシズムを考える際に見過ごせない問題は、その問題性を数に代表させてはならないということである。明らかなレイシストによる犯罪や差別行為の件数が減っているからいいじゃないか、改善されている、というふうに考えてはいけないということだ。なぜならそれは、それはその数に換算される特定の人種の存在を、人種差別の関係性を組上に乗せる前に前提にしてしまっているからである。バラク・オバマが大統領になったから人種平等がある程度達成されたと考える人もいるだろう。しかしそれは、かなり特殊なアフリカ系の人間がその地位にいるということにすぎず、結局特定の有色人種が「問題」であるという視座はことさら変わっていないのではないか。二〇一二年にマイアミで起きた殺人事件を思い出してほしい。▼2 殺害されたトレイボン・マーティンの生い立ち、身なり、行動のほうが、彼を殺害したジョージ・ジィマーマンよりも詳しく描き出されてはいなかったか。あたかも問題はアフリカ系で逮捕歴のある少年であるかのように。

現代のレイシズムは、平等性の達成が標榜されればされるほど、特定の集団が再び人種として問題視されるという仕組みになっている。移住者や留学生を「日本人よりも日本人らしい」とことさら形容すればするほど、日本人と「他者」との境界線は、実は色濃くなっているということだ。「日本人らしい」のはいいことだという無条件留保が成り立っている一方で、入国管理局が不当に多くの難民申請者を勾留しておくのは、彼ら／彼女らの身の安全を確保するためではなく、潜在的な犯罪者予備軍としてみなしているからである。このような人種をめぐる二律背反の意味づけの両立こそ、現代レイシズムに組み込まれたある種の普遍的な掟なのではないだろうか。

異国趣味（エキゾティシズム）は依然として身体とセクシュアリティをめぐる領域でレイシズムを温存するだろうし、草の根のポピュリズムは何かに取り憑かれたようにストリートでのレイシズムを顕在化させるだろう。アフリカ人留学生はなぜ高校駅伝の一区を走ってはいけないのか、もはや誰も問題にしなくなってしまった。▼3 中国をわざわざ「シナ」と言い換える石原慎太郎を何年も首都の首長の座に留め置いてしまったことへの落とし前は、一切つけられてはいない。「再考」すべきレイシズム。しかし、日本社会においてレイシズムは、未だに一度もまともに考えられたことはないのではないだろうか。ストリートでの反レイシズムはまず、レイシストを「レイシスト！」と呼ばわることから、つまりすでに知られていることを再認することからいつも始まってしまい、説得や議論の場を作るのは難しいままである。他方で、アカデミックな世界では人類学、社会学、歴史学、多種多様な地域研究の交差したところで人種がテーマとなってはいるが、その成果がレイシズムを考え、それに対峙する方法に結びついてはいない。おまけに、そうしたアカデミックな研究の大半が、人種をレイシズムと切り離し、人間の分類カテゴリーとして「ある」ものと考えている。

そうではないと、スチュアート・ホールはずっと言い続けてきた。人種は、レイシズムを通じて生きられ、経験される。そしてレイシズムは悪いが、それは一部の「悪いやつら」の「愚かな」行為で済ませてはいけない。レイシズムは、植民地主義と帝国主義を経験した歴史の文脈からしか生まれないからだ。社会の多数派が政治や経済の危機的状況を乗り切るための理由としてレイシズムを正当化するようになるのは、この歴史を消すことによってである。レイシズムは、常に歴史的文脈の過程で考えられなければならない。そうするとわかることは、レイシズムが人種という単独のカテゴリーだけを理由に経験されることはないということである。ジェンダーが異なればレイシズムの経験も当然異なるし、抵抗の仕方も一様ではない。人種はジェンダー化されるし、ジェンダーもまた人種化される。レイシズムは人種だけを理由に起こらない。ホールが様々な場で繰り返してきた、「人種とは、そこで階級が生きられる様態である」[4]という言葉は、人種が経験される多様な現場に、より柔軟に当てはめてることができるのである。近代以降の人間が、常に複数の資格付けとアイデンティティとの折衝を経ながら生きていることを考えれば、当たり前のことである。当たり前のはずなのに、まるで人種という自明のカテゴリーが「あり」、複数の人種間での衝突・抗争がレイシズムであるかのような語り方が顕著になっている。アカデミックな言説だけではない。ドナルド・トランプ流の「分断政治」は、まさにこうした言説戦略なのだから。「どっちもどっち」は、ありえない。レイシズムを一気に昇華することは不可能だ。それは、近代世界そのものを作ってきた資源だからである。低空飛行で付き合うほかはない。墜ちてはいけない。踏ん張って飛び続けることである。

▼1　ハンナ・アーレント『全体主義の起源2　帝国主義』大島通義・大島かおり訳、みすず書房、一九八一年、一二一頁。

▼2　二〇一二年二月二六日夜、フロリダ州サンフォードにおいて当時一七歳のアフリカ系少年トレイヴォン・マーティンがヒスパニック系の自警団員ジョージ・ヴィマーマンにより射殺された。ヴィマーマンは警察に拘束さ

れたが正当防衛が認められすぐに釈放された。この事件は、アフリカ系アメリカ人への不当な人権侵害を訴える「ブラック・ライブズ・マター（Black Lives Matter）」運動のきっかけとなったと言われる。

▼3 全国高校駅伝大会では、過去に高速のケニア人留学生を一区に配した高校が連覇を果たしたことを受けて、二〇〇八年の第五九回大会以降、外国人留学生の一区での起用を禁止している。

▼4 例えば Stuart Hall, "Race, Articulation, and Societies Structured in Dominance", in Houston A. Baker Jr, *et al.* eds., *Black British Cultural Studies: A Reader*, University of Chicago Press, 1996, pp. 16–61 を参照。

終章　そのただ中で、しかしその一部ではなく（In but not of）

植民地教育によって準備を施されたあと、私はイギリスを内側から知りました。しかし私は、イギリス人ではないし、これからも決してそうはなりません。双方の土地をよく知っていますが、どちらの土地にも完全に同化しているわけではありません。それは流浪と喪失の感覚を経験するのには十分なくらい遠く離れており、また、常に延期される「到達」の謎を理解するのには十分なくらいの近さを持った、ディアスポラ的な経験なのです。[1]

――スチュアート・ホール

1.「場違い」であること

教師として、活動家として、研究者として、そして「パブリック・インテレクチュアル」としてホールが何をしようとしてきたのかを考えるとき、彼の軌跡がここで述べられている「ディアスポラ的経験」に裏打ちされたものだということは、幾度強調してもしすぎることはない。

しかし例えば「転位／転置（dislocation）」「場を追われる（displaced）」「場違い（out-of-place）」といった別

の表現でホールの思考に具現化されているこの「経験」について考えることは、なにもカリブのジャマイカ出身で、先祖の何人かにアフリカ系の人間がいたという、ホール個人の自伝的歴史を理由とするからではないということも、重ねて強調しておかねばならない。アフリカ、カリブ、ヨーロッパという関係に限らずとも、そのような個人史を持つ人間は数多《あまた》いる。「そのただ中で、しかしその一部ではなく（in but not of）」▼2という表現ほど、そのような「経験」を的確に言い当てているものはないだろう。

　これは、ホールが知識人としてのモデルの一人だと公言していたC・L・R・ジェームズがヨーロッパに対して取っていた態度から引いてきた言葉である。植民地と宗主国との関係の中で、ヨーロッパをモデルとした教育や社会制度を通じて自己形成してきたものの、ヨーロッパから見れば他者であり、どちらの場所にも完全に同一化することができない「よそ者」を生み出した。近代においては、そういう「よそ者」それぞれの経験が交差し、連接し合うことが当たり前になったのである。

　このような「よそ者」像は、近代社会学の祖の一人であるドイツのゲオルグ・ジンメルから、ポーランド出身で長くイギリス・リーズ大学で教鞭をとった社会学者のジグムント・バウマンにいたるヨーロッパ内部において他者化されて来たユダヤ系の思想家たちにも共鳴するし、ボードレールに代表される、急速に都市化の進んだ一九世紀の「遊歩者《フラヌール》」――都市の風景の欠かせぬ一部でありながら決してそこに埋没しない存在――によって体現される、近代性《モダニティ》の特質だとも言えるだろう。だから本書を締めくくるこの終章では、ホールがカリブに代表されるようなディアスポラ社会――住まう全ての人間が「よそ者」である社会――について、そのような社会を生み出した近代について、そしてその社会が生きられている現状についてどのように対峙したかを検証し、ホールは一体何をしようとしたのか、ホールの取り組みから何を学び取れるのかを思考錯誤してみたい。

「そのただ中で、しかしその一部ではなく」は、ホールの具体的「経験」から抽出された態度でもありはするが、同時にホールが知性の対象に対して取ってきたある種の「方法」をこれほど的確に言い当てている表現もないだろう。

すでに序章でも述べたとおり、ホールが植民地と宗主国との相克の中で生まれるディアスポラの経験をエスニシティとアイデンティティの問題として正面から論じるようになったのは、一九八〇年代の半ばを過ぎてからであった。だから「そのただ中で、しかしその一部ではなく」が方法としてどのようにホールを知の対象に向かわせたかを考えるとき、それは、明らかに「わかりやすく」ポストコロニアルな問題設定のもとで思考を展開させるようになったこの時期の、この種の問題についてのことだと思われるかもしれない。確かにホールは、「西洋文明のただ中で成長したが、完全にその一部ではない」人々の系譜に連なっていた。しかしホールはまた、ポストコロニアルな世界の中のさらにミクロな生の場面場面で、いわばずっと「場違い」だった。

皆自分よりも肌の色が明るかった家族の中で。オクスフォードでのエリート教育や「ニューレフト」の活動の中で。西インド連邦独立の夢にかけてカリブへ帰ってしまうことになる留学生仲間の中で。大学という選別性と階級性に基づく高等教育機関の中で。イギリス社会が「多文化へと漂流していく状況（multi-cultural drift）」を目の当たりにした保守と左翼との政治や言論界の中で。これらの中でホールは常に、「そのただ中で、しかしその一部ではなく」思考してきた。「そのただ中で、しかしその一部ではなく」という身構えが「場違い」の感覚を維持し続けるとしたならば、さっさとそこから「外」へ出てしまえと言う者もいるだろう。しかしホールはそうしなかった。問題は外部の有無でも、戦略的に「構成的外部」を措定することでもなかった。植民地が、ヨーロッパをヨーロッパとして自己「構成」するために使われた

「外部」だったとしても、ホール自身はそのどちらにも「自己」の居場所を見つけることもできなかったからだ。植民地カリブを参照することによってヨーロッパが再び「構成」されたとき、ホールはすでにオクスフォードで勉強していた。「構成」されるただ中にいながらも、構成部品にならぬままだったのである。

そもそもホールは、切り離された「外」を求める単純なユートピア的想像性とは、初期「ニューレフト」の時代から距離を取ってきた。資本主義社会の「外」、ポストコロニアルな世界の「外」、マルクス主義の「外」、いずれにせよ、「外」に出ていくら声を発しようと、その声は「内」には届かないし、「内」は変わらないということを嫌というほど自覚していた。「内」に留まらねば批判的発話は不可能だということが、「そのただ中で、しかしその一部ではなく」には含意されていたのである。

この最終章で検証したいのは、このホールの「方法」である。より厳密に言うならば、ホールの「経験」ではなく、「方法」を「場違い」にし続けることになった「やり方」——これをレス・バックの言葉を借りてホールの「技能（craft）」▼3と呼んでもいいだろう——を、ホールの思考からどのように読み取ったらいいのか、読み取ることができるのか、ということだ。「経験」と「方法」——もしくは「実践」と「理論」と言い換えてもいいだろう——がかけ離れたものだということではない。その二つは「場違い」という、ただ中にあってその一部にはならない態度、身構えと、そのような身構えを取り続けることができた「技能」によって地下でつながっているからである。

そしてこのような「技能」によって、ホールは彼の思想の通奏低音となっているマルクス主義に対峙し続けてきたのであり、それは晩年までついぞ変わらなかった。文化の領域を生産関係に従属させてしまわないように、どのように理論化できるのか。それもマルクス主義のただ中で。単に経済的理由で説明してしまうという技術的な問題のみならず、それはマルクス主義の理論的問題でもあるというのがホールのスタンスだった。このホールのスタンスをよりよく理解する上で補助線となる視座を提供しているのが、近年英語圏でのマルクス読解のルネサンスとでも言える潮流の先頭を切るデイヴィッド・ハーヴェイである。

資本主義経済に対するハーヴェイの基本的な視座は、資本自体というよりもその政治経済学的分析論に当てられている。[4] そもそもマルクスが理論を練った一九世紀前半と二一世紀の現在、その理論は根本的に「同じ」でありうるのか、それとも「違う」のか。ハーヴェイは、マルクスが生み出した知識をすべて同質的に包括的なものとして扱うことには疑義を挟んではいるし、それらの知識を現在の資本主義の分析に無批判に応用することには懐疑的である。しかし、生産関係が一つの統一された有機的総体（全体性）の枠組みの中で理解され分析されるべきだという点で、政治経済学と問題設定を共有している。

その基本的な見解はこうだ。さまざまな社会関係（つまり生産関係）はその内部において同質的でもなければ完全に統合されたものであるわけでもない。それぞれの関係性を構成する諸要素は、相互に矛盾したり衝突したりするし、それぞれの諸要素自体が内破する可能性を秘めている。この可能性はあくまでも可能性でしかないとしたら、ハーヴェイはどのように内破が可能だと言い切れるのだろうか。そこには、内破によって崩壊する有機的総体があらかじめ予測されているからである。高度な水準で一般化された生産関係に対するこうした考え方は、目的論的な――つまり結果が最初から措定されている――思考をかなり素直に踏襲したものだ。どうなるかわからないけれどおそらくこうなる、という予見のもとに特定の知識の対象――ここでは生産関係――が一般化されていることを、マルクスは「カオス的抽象」と呼んだ。ハーヴェイは、維持されるのか解消されるのかはわからないけれど、きっと生産関係として名付けられる抽象は不可欠なものなのだ、そういう有機的総体は残ると踏んでいる。つまり、「カオス的抽象」の「抽象」を重視しているのである。

他方でホールは、第五章第二節で詳しく検討したように、特に第二次サッチャー政権下で雑誌『マルキシズム・トゥデー』において展開された「新時代（New Times）」の論戦を張った他の左翼の知識人たちとともに、「カオス的」なもののさらなる具体性に目を向けた。彼らの関心は、抽象化された概念である階級や資本、「サッチャリズム」そのものでさえ、一体それらはどのくらい「カオス的」なのかという点に向けられた。それは、正統的で厳密なマルクス主義の知識と語彙によって、サッチャー政権の政策やサッチャーの政治哲学を全体として統一性のある一貫した何かとして説明できるという考え方とのズレ、ホールが「文化ギャップ」と呼んだ、消費文化への認識の大きな違いを生み出すことになる。▼5

規制緩和、民営化、労働組合の解体、緊縮財政、社会保障制度の改悪。労働者階級の有権者にとってはすべて逆風なはずなのに、なぜサッチャー政権は支持されるのか。それは、労働者階級が市場に操られる受動的な消費者と化し、消費資本主義に飼いならされてしまったからであり、増税を含めた福祉国家化を求めるための政治活動によって、大衆消費に依存する生活が変化してしまうことを恐れているからである。労働党党首の座を退いてからも影響力を保っていたマイケル・フットや、マルクス主義国家論者のラルフ・ミリバンドも含めた党のブレーンたちはそう考えていると、ホールは分析した。そして、その考え方は二つの点で間違っていると、ホールは主張した。

第一に、消費資本主義における市場の力は、消費者の消費行動の選択と決定とを完全にコントロールしていたわけではない。もしも市場が、消費活動を既存の生産関係の不均衡さにピッタリと当てはまるように仕向けることに成功しているならば、市場のシステムそのものがずっと一貫して変わらない、静態的なものに還元されてしまう。しかし市場は、大衆の主体的な活動や快楽を生み出す実践によって変容を迫られているし、競合形態を拡張し、新製品を開発して促進し、大衆の選択を最大化することによって消費動向に柔軟に対応する能力を備えたシステムである。

第二に、市場は消費者によって積極的に支持されているということ、しかしその支持は矛盾に基づいているということである。その矛盾とは、決して寛容でも公平でも、労働市場の排他的な雇用と選別の形態に参画している人々に対して社会的責任を負うこともないにもかかわらず、市場は機会を供給し、多元的で平等なものだという確信を与えるシステムとして支持されているということである。この矛盾した市場の力を、認めないのではなく、承認できないような理論を用い、それをそのまま再生産してきた左翼の知的怠惰を、ホールは新しい語彙——まさに「サッチャリズム」といった——で批判した。

しかし、経済決定論や階級還元論と言われる、そこまで厳密なマルクス主義者とその理論が、今やどこに存在するのだろうか。確かに一九八〇年代までのイギリスには存在した。前述のミリバンドや、人種関係は結局階級問題でしかないという立場に立つ社会学者のジョン・レックスを思い浮かべればよいだろうが、現在、正統派マルクス主義者というレッテルは、まさに対抗的な理論構築のための理念型の捏造でしかないのかもしれない。もちろんホールはそれに気づいていた。だからこそホールは、ハーヴェイとの対話の中で、「おまえの「修正主義」はその先どこまで行けるんだ?」と執拗に問い続けたのである。

ホールが理論的にも倫理的にも伴走してきた黒人の映像アーティストであるアイザック・ジュリアンは、二〇一四年に発表したセミ・ドキュメンタリー的な映像インスタレーション作品『カピタル（*Kapital*）』の中で、ホールとハーヴェイの意見の応酬を対照的に描き出している。

ハーヴェイの基本的立場は、資本の動きの「一般的な」機能自体は、マルクスが想像した一九世紀前半から中盤にかけての時代と現代とに大差はないというものだ。しかし、賃金、利率、競合形態といった「特殊な」水準では修正が必要だというものだった。それに対しホールは、「マルクスの設計図はなるほど多目的なものだが、決してオールラウンドではない」ことを指摘したうえで、以下のような質問をハーヴェイに突きつけた。

マルクス自身の仕事で強調されている点は、大雑把に言えばその焦点が生産主義的であるということだ。そしてだから、工場や、稼ぎ手としての男性や、男性賃労働者といったイメージで固められてしまう。消費についてはたいして扱ってはいない。再生産についても同じことだ。だから古典的マルクス主義はジェンダーについてしっかりと理解できないままなんだ。ジェンダーは労働力と剰余価値の生産にとって決定的に重要だからだ。だがそれはなにか別の話のように聞こえる。資本とは関係ないかのように。ジェンダーは根本的な問題なのか、それとも周縁の話の一つにすぎないのか？　それは大きな枠組みの中に吸い込まれてしまって、結局は階級の問題として解決されてしまうものなのか？[▼6]

ジェンダー、人種、エスニシティなどの人間のカテゴリーの生み出す矛盾と係争をそれら自体の文脈で対象化することで、カルチュラル・スタディーズは階級を相対化することになったと言われる。

このホール最晩年の発言は（この映像は生前最後の公共の場での発言だった）、一読した限りでは階級決定論に疑問を突きつけているように聞こえるかもしれないが、男性性にハイジャックされた階級というカテゴリーにジェンダーを入れ込もうとしているのであり、階級の決定的な力を否定しているわけではない。階級というカテゴリーが問題だ、という前提で問いを立てるのではなく、階級がどのように、誰にとって、問題となるのかという過程を問い直そうというのである。

ジェンダーを階級の属性ではなく、副次的な下位カテゴリーでもなく、ジェンダー差自体が階級に内在的な要素として階級の力を決定しているのではないかということである。どちらかがどちらかを一方的に「決定」するのではない。かといって、双方向に、同じ程度に、相互作用しあうなどというお為ごかしでごまかそうとしているわけでもない。階級が先か、ジェンダーが先か、ということではなく、それぞれの力が浮かび上がってくるそのあり方は、どの視座から何を見、何を語るかによって常に変化する。定点観測ではなく、観測者も対象もともに「具体的」な状況にあるという視点から「抽象的」な問いを立てるためにホールが用いていた概念が、「偶発性（contingency）」である。グラムシによる歴史分析の視点として考えられてきたこの概念を、ホールが現代の諸問題を考えるときに用いる技能が最も明確に打ち出されている言葉が、本書でも度々登場してきた「必然的ではない照応」というものだ。マルクスの問題設定を受け継ぎ、それをどのように説明できるのかを検証しながらも、同時に抽象的なものと具体的なものとの照応関係がいかに脆弱で必然的ではないのかも念頭に置いておかなくてはならない。そこには「カオス的なもの」が常にある。バラバラで多方向を向いている勢力同士が、衝突と折衝と妥協を繰り返して状況を構築していくのである。法則性がないと言っているのではない。原因と結果があらかじめ保証されたという意味での法則性はない、という法則性を、ホールは否定しない。

だからハーヴェイのような理論家に対峙したとき、ホールは大上段に構えてその理論全体をひっくり返したり、全否定したりはしない。あくまでもその問いかけ方は具体的で、部分的なものだ。「全部階級に吸い込まれてしまうのか」という一つ前の引用に続いてホールは次のように語っている。

そう［全部が階級に吸い込まれるわけではないと］考えざるをえないいくつもの審級があるだろう。第一に、ずっとプロレタリアートと呼んできたものの断片化だ。第二に、細分化された経営者層などの中間階層を階級として考えるのか、たとえそうだとしても、政治的行為主体として想定するのかどうかという問題。第三に、先ほどジェンダーについて触れたが、同じことが人種についても言えるだろう。つまり、結局は人種もまたジェンダーと同じように階級分断統治の戦略にすぎないのかということ。理論に固執してきたために、分断はただの政治戦略というわけではないということ、また時代環境から浮かび上がってきた諸問題に気づかなくなってしまった、こういうことに疑問を持てないようになってしまった、そういう理論の不完全さがあるのではないか。理論を強調すること自体が、実際なにが起きているのかの理解と説明を妨げているということがあるのではないか。▼7

これに対するハーヴェイの回答は、実に自信なさげなのだ。「金融危機の理論をジェンダーの視点から生み出すことはできないだろう。それは無理な話だ。問題は資本がその歴史の過程でどのように人種化されているか、ジェンダー化されているかではないのか」と。ハーヴェイに付け加えるならば、いかに人種が資本化されてきたか――奴隷制――も、いかにジェンダーが資本化されているか――家事労働――も同時に問うべきだろう。

確かに、金融危機「一般」の理論はジェンダー差の分析自体からは抽象化されないかもしれない。しかしある「特殊」な金融危機、例えばリーマン・ショックを直接的に導いたサブプライム・ローンを考えてみる。それは住宅ローンだったはずだ。所得水準と返金対応力を超えた資金を貸し出し、住宅購入を推進したのではなかったか。そこに見えていたのは、「世帯」であり、「家庭」であり、街路樹が広がる郊外の一軒家だった。そこには「家族」があり、家事労働があり、子育てがあり、という「日常」がある。貨幣や利子にはジェンダー差はないかもしれない。それらには「一般」法則という抽象が当てはめられるからだ。しかし庭付き一戸建て車庫と飼い犬付きの空間には、明らかにジェンダーによる分業と賃金格差、消費傾向の違いという「具体」が存在する。その「具体」にこそ、「カオス的」なものが有象無象に現れているのである。だからこう言うことができるだろう。金融危機は、見事にジェンダー化された条件が市場の機能不全を導いたとも言えるのである、と。

ホール自身がいくつものインタヴューに答えて認めているように、ジェンダーを付帯条件ではなく問題の中心であると認める視点は、パートナーである歴史家キャサリン・ホールとの関係によるところが大きい。しかし、ホールがオープン・ユニヴァーシティの社会学講座で、ジェンダーやセクシュアリティに関するプログラムを次々と実現させていったのは、イギリスの高等教育において女性の学びの場が制限されていることを十分知っていたからでもあった。高等教育の性別選別性に対する挑戦の場として、ホールはオープン・ユニヴァーシティを選んだのである。

そのオープン・ユニヴァーシティにホールが着任したのは一九七九年。積極的な規制緩和と民営化を推進して伝統的保守主義とは決別しながらも、家父長権力の強力な「家族の価値」を国家と愛国心の基盤だと説いたサッチャーが首相に就任した年だった。女性はキッチン・シンクの前を離れ、一方では政権の中枢を担うまでに社会進出し、他方ではテレビのあるリヴィング・ルームで学ぶ機会を提供されることになったのである。

3．差異と破壊

ジェンダーや人種を、社会を考える上で不可欠なカテゴリーだと主張すればするほど、ホールはマイノリティ政治のスポークスパーソンだとみなされるようになったことは否定できない。彼の死去に際して、揶揄の意味も込めて「多文化主義のゴッドファーザー」という言葉が広まったことからも、それは明らかだ。帝国主義の時代から新自由主義的なグローバライゼーションの現代まで、世界は差異との折衝を現実の問題として生き、理論や知性の対象にもしてきた。カルチュラル・スタディーズは、ポストコロニアリズムとともに、差異を重視し、時には特権化するなど、マイノリティのアイデンティティ政治を導く語彙を提供することを期待され、実際政治的正しさを追求したり、アファーマティヴ・アクションを現実化したり、反ヘイトの活動を活性化させるためのアイデアを提供してきた。自覚的に「多文化への潮流」に乗ったのである。

しかし、本書で何度か指摘したように、それを理論的に、方法論的に、またホールの技能という点から読み返してみれば、差異という問題がホールの思考に入り込んできたのは、何よりもマルクスの読解、それも一九七四年にバーミンガム大学現代文化研究センターに移ってからセミナーで読み解いたルイ・アルチュセールを通してのことだった。多文化の差異ではなく、構造主義的な差異だったと言うこともできるだろう。

ホールがアルチュセールをどのように読み、そこから何を思考したのか。これを探ることで、「場違い」さを方法にまで発展させたホールの技能を整理することができるだろうし、ハーヴェイのようなマルクス主義ルネサンスとの相違点を、理論的にも跡づけることができるだろう。

そのために、差異と差異化、この問題を経験だけではなく理論の問題として設定したホールの論考「意味作用、表象、イデオロギー――アルチュセールとポスト構造主義論争」[8]にもう一度立ち返ってみる。そうすることでホールがアルチュセールをどのように読み、その読解からどのような思考を練り上げていったのかを検討したい。この論考の中で、「アルチュセールのおかげで私は、差異のさなかで、差異とともに生きることができるようになったのだ」と述べるホールは明瞭である。差異を考えるうえで最も役立ったアルチュセールのテクストは、『マルクスのために』に収録されている「矛盾と重層的決定」だという。[9]

奴隷と主人であれ、労働者と資本家であれ、各々の関係は関係性が成立した時点でのみ認識可能となる。この関係性の成立を、マルクスは『要綱』において「媒介」と呼んだ。この「媒介」があって初めて、差異は差異として理解されることになる。アルチュセールに引きつけるならば、階級がまずあってその階級間の闘争が始まるのではなく、階級闘争と呼びうるものが起こって初めて、階級の差異が認識されるということになる。階級はただ差異として階級闘争の中で感知されるにすぎないにもかかわらず、感知されるとすぐさま階級という統一性を有したカテゴリーがあたかも前提条件のように認識されてしまう。そこでホールが強調しているのは、「統一性と差異を考えること、複雑な統一性の内にある差異を、差異自体を特権化することなく考えること」[10]である。この差異と統一性の関係は一見矛盾している。だからホールは、マルクスがその「理論的労働」によって生産した知識の一つである矛盾について、アルチュセールがどのように考えているかを読み取ろうとする。
アルチュセールにとって、「矛盾」がある社会編成における「破壊」の原理となるためには、「その起源と方向がいかなるものにせよ、それらが融合して一個の統一された破壊力となるような状況と潮流の蓄積」が不可欠であった。[11] この「統一された破壊力」は、前節で紹介したハーヴェイの言う「内破」という考え方とは異なるものだ。アルチュセールの「破壊」は、一見するとハーヴェイの言う「内部で衝突しあっている社会的諸関係と社会的諸力」に近接した概念に見えるが、アルチュセールは「矛盾」の「起源や方向がいかなるものにせよ」と条件付けをしていることに注目しなくてはならない。アルチュセールによれば、矛盾のうちの「いくつかは根本的に異質であり、またすべてが同じ起源、同じ方向、適用の同じ水準と同じ場所を持つとは限らず、しかしながら「融合されて」一個の統一された破壊力となる」。[12]
これに対して、どこまで「修正主義」のスタンスを取ろうとしても、ハーヴェイにとっては、特定の階級的位置が抱え込む「矛盾」は、特定の社会経済的諸関係の中にその諸関係をいずれ「破壊」するものとして埋め込まれているのである。特定の具体的なものがそれにマッチした抽象的なものから表出する過程は、必然的なものとして措定されている。ハーヴェイは、具体と抽象の「必然的な照応」を措定することで、抽象という一般化の方に相対的な比重を置いているのである。
例えば資本家にとってプロレタリアートは、剰余価値を生み出す資源に過ぎない。だがこう断言して話を切ってしまうことは、「カオス的な抽象」の「カオス」を捨象してしまうことである。果たしてプロレタリアートとは誰のことなのか。いつ、どこで、どのような条件のもとで「〜はプロレタリアートである」と言い切ることができるのか。一度そう名付けられれば、それは永劫不変にそうなのか。ホールはこれらを問い続けることで、「カオス」をさらに「カオス的」にしてしまう。そしてこの「カオス」の内部に、具体的なものと抽象的なものの「必然的ではない照応」を読もうとしたのである。

アルチュセールを経た後の社会編成と決定因に関するマルクス主義の議論は、「二度と元には戻れない」ほどに、その「理論的革命」は重大な影響をホールの思考に与えた。[13]

しかし同時に、アルチュセールの後の論考である「イデオロギーと国家のイデオロギー諸装置」に対して投げかけられた、生産様式の要請とイデオロギーの要請との間には必然的な照応性が想定されてしまうのではないかという批判を念頭に置いて、ホールは実践と構造の関係を機能主義的に捉えがちな傾向について次のように釘を刺している。

「必然的ではない照応」という視座に立てば、決定因はもはや構造における階級や社会諸力の固有の起源ではなく、実践の効果や結果にあるという、原則論の転換にいたるだろう。……実践とは、構造がどのように活発に再生産されるかということである。にもかかわらず、実践と構造という二つの語彙がまだ必要なのだ。そうしないと、歴史を内部で完結した構造主義的機械の製造物としてしか捉えられなくなってしまうだろうからである。[14]

この引用においてホールは、構造を起源とし、その結果・効果として実践が実現されるという発想自体を捨ててはいない。決定因が結果としての実践に内在しているのだから、その実践は構造との相互関係から離れたわけではないのである。構造と実践との前後関係は存在する。実践によって構造は「活発に再生産」されているのだから、構造と実践とが全く共時的にお互いを再生産しあっているということではないのである。ただ、特定の実践が行われる理由を、その実践の固有性に照応する固有の構造に還元して探し当てることができるという「保証はない（without guarantee）」ということなのだ。

「保証がない」とは、つまり、これこれこういう実践がなくてはこれこれこういう構造は成り立たないのだということでもなく、これこれこういう構造にはこれこれこういう実践が必ず貢献しているのだということでもないということである。では、階級闘争は現実として戦われているし、人種差別は横行しているし、ジェンダー差別はえげつないままだということをどのように説明できるだろうか。誰かが戦い、誰かが差別し、誰かが偏見に抗っている。しかしそれらの闘争の実践を誰がどう戦うかはあらかじめ決定されているわけもないし、とはいえ誰もが気ままに参加できるような、非決定のままであるわけでもない。個別の誰かは確実にいるのだが、それが誰であるかはあらかじめ決められているわけではないのである。言い換えるなら、ホールは、全ては非決定なのだという「決定」を導かないような理論的構えを取ろうとしていたのである。

決定と非決定の間には、グラムシが「目録なきイデオロギーの痕跡」と呼んだ、明らかに特定の構造の要請なのだが、それがどのような要請なのかは目録化できない「隙間」が作られている。ホールはその「隙間」を、なんとか理論的にこじ開けようとしていたのである。その「隙間」は、構造と実践の関係性の外部で作られることはありえない。あくまでも関係性のただ中で生じるが、同時にその関係性の一部にはならない。だからここではそれを、「隙間」と呼ぶしかないだろう。ホールの言う「分節化」とは、この決定と非決定の「隙間」を理論化しようとした試みである。

差異へと立ち返ろう。差異を「分節化」の問題として考えるとは、抽象度の異なる二つの水準を同時に考えるということだ。まず一つの差異だけを決定因としてその他の多様な差異を従属的なものとして捉えること——人種差別は階級問題で「しかない」というように——などできないということ、次にこの「できない」ということが、「なにも決まらない」という認識に陥らぬような理論が必要だということである。

差異は確実に力を持っている。しかし何が差異なのかということ自体は、差異を差異として可能にする「複雑な統一性」によって決定される。あれもありこれもあり、なんでもありで、決定を永遠に遅れさせる「差異の戯れ」に陥らぬように、それぞれ独自の実践を可能にする差異同士が「隙間」だらけの関係性を保ちながら、あくまでも暫定的な決定を導く様相をなんとか説明しようという試みが、「分節化」の理論なのである。この「分節化」が、ホールによってどのように具体的に理論化されているのかについて、次節で検討しよう。

4．「カルチュラル」である理由——ディアスポラの技能としての「エンコーディング／ディコーディング」

このようにホールの「差異」へのこだわりは、まずマルクスを読み、次にアルチュセールを通してマルクスを読み直すことで培われたものだった。それを、文化相対主義的な多文化主義のマジック・ワードとしてお手軽な揶揄の対象のままにしておくのは、差異の海でもがき苦しむ人々へのリスペクトを欠くのみならず、複雑で厄介な差異という問題への思考停止を導くことにしかならないだろう。

そのような粗雑な読み方とは異なり、アントニオ・ネグリとマイケル・ハートは『マルチチュード』の中で、ホールと「バーミンガム学派」は、世論は民主主義にとって絶望的な機能しか果たしてはいないのではないかという八方塞がりの議論に風穴を開ける視点を提供したと、一定の評価を与えていた。カルチュラル・スタディーズは、「支配的な力に抵抗し、その内部からオルタナティヴな表現を生み出すマルチチュード的ネットワーク」▼15として理解すべき表現形態を提示しているというのである。

もう少し詳しく見るならば、世論にしても社会におけるコミュニケーションにしても、それらに対する見解は、客観的な情報を処理した個人の合理的な意思表示であるという「素朴ユートピア的立場」（公共選択論的な立場とも言えるだろう）と、結局はメディアと権力による大衆操作だという「終末論的立場」（古典的な大衆社会論とも言えるだろう）に挟まれて、思考が止まってしまっているところに、ホールたちは、支配文化のただ中に身を置きながらも新しい表現ネットワークを創り出すことができるということを示したという。私たちはメディアの受動的な受け手でも消費者でもない。経済的関係性の中に置かれてしまうとしても、そこでは主体性が生み出される可能性もある、というわけである。

大枠の見立てとして、これは正しいだろう。正しいのだが、もしネグリとハートが、そして何より『マルチチュード』の読者が、ホールの立場を「素朴ユートピア的立場」と「終末論的立場」との折衷として捉えているならば、それは間違っている。

そもそもホールは方法論の折衷／妥協によって、よりよい説明の枠組みを作り出そうとは考えていなかった。ネグリとハートが参照したカルチュラル・スタディーズの構えは、ホールの技能の延長線上で発揮されていたと考えるべきだ。オルタナティヴな表現ネットワークを生み出す抵抗はあくまでも「内部」からの取り組みでなくてはならず、そのために断絶ではなく接触を、黙従ではなく創出を、経済的価値ではなく生政治的な主体の生産を理論の中枢に据えようとすることもまた、「そのただ中で、しかしその一部ではな」い態度なのである。

この「そのただ中で、しかしその一部ではな」いという矛盾を生きるための「手引き」のようなもの

――としか言いようがない――を、一見かけ離れた領域でのホールの言説に見出すことができる。すでに第九章で細かく検討した「エンコーディング／ディコーディング」モデルである。一九七〇年代前半に発表されたこのメディア分析手法のモデルがラディカルな「パブリック・インテレクチュアル」の思考を描き出しているというのは、少し見当違いに聞こえるかもしれない。

メディア論の文脈では、このメッセージ解読モデルは記号表現と記号内容の間には恣意的な照応しかなく、記号が生産され消費される社会状況によって、読解のされ方にその恣意性が大きく影響するというロラン・バルト流の記号論を主にテレビや映画の言説分析に応用したものとして説明されるし、実際それは間違ってはいない。このモデルについて、もう一度ここで簡単にまとめておく。メッセージの送り手の意図は受け手にそのとおりに解読されるとは限らない。メッセージの解読者がどのような社会的位置にあり、どのような状況で解読するかによって、送り手が与えた優先的意味をそのまま読み取る支配的モード、優先的意味とは全く異なる解読を行う対抗的モード、読み手の状況によって支配的なモードと抵抗的なモードを使い分ける折衝的モードという三つの異なる読解モードが想定される。一旦発信されたメディア・メッセージが新たに意味づけられる可能性を説くこのモデルは、解読者をメッセージの受け手ではなく、積極的な意味を読み込む「読み手」として再概念化するものだった。この点で、後のカルチュラル・スタディーズにおける「アクティヴ・オーディエンス」論を方向づけた分析手法だったのである。[16]

にもかかわらず「エンコーディング／ディコーディング」は、メディア分析の道具立て以上の何かとして、「場違い」でい続けることの技能を、鮮やかに描き出しているのではないか。状況への介入の導き手になると言い直してもいいだろう。実際このモデルは、人種的、民族的、性的マイノリティが当該社会の支配的な文化によって押し付けられた自画像を覆す戦略的方法論を与えることにもなった。多文化化するグローバル世界でのアイデンティティを、他者からではなく自分で決めるために、社会の主流な常識によって与えられる優先的意味を覆す積極的読解の仕方をモデルとして提示したからである。

キーになるのは「折衝的」読解のモードである。このモードは矛盾する二つの意味作用が共存している。メディア・メッセージの「適合的」読解と「対抗的」読解である。しかしこの二つのモードは、異なる抽象度の水準で実践される。ヘゲモニックで支配的な定義や意味、例えば「国益」に関わる事象や専門家の論説を抽象的な水準では理解する一方で、よりローカルで状況に即した水準ではそうした支配的な読解を拒否するのである。

「最も単純な事例だが」と断った上でホールが出しているのは、不況の深刻さを伝えるテレビ・ニュースを見ながら「インフレを何とかするには財布の紐を締めなくちゃな」と考えている人間が、職場では賃上げや労働環境改善のためのストライキに参加する、というものだ。[17]支配的なコードを受け入れる立場から見れば、後者の態度は「コミュニケーションの失敗」であり、結果的には抵抗となる。緊縮財政政策に基づく賃金据え置きに同意することが、支配的なコードが導こうとする態度である。しかし「頭じゃわかってはいるが、こちらにも生活があるんでね」ということで、支配的に意味づけられたメッセージを積極的に「誤読」するのである。

そしてこの「誤読」こそ、「そのただ中で、しかしその一部ではな」い身構えの徴候の一つとして考えられないだろうか。国家や経済状況や社会秩序といった、「自然」で「避けがたく」、「当たり前」だと認識されている、つまり常識化されているヘゲモニックな抽象的対象と、ローカルに条件付けられた、自分の主体性が日常的に経験される具体的対象との間にある、決定的に非対称な関係から生じるのである。

確かに「卑近」な例なのかもしれないが、この非対称性はまるで、ホールが左翼言論人が見誤っていると指摘した市場と個人との矛盾した関係と同じではないか。先に述べたように、市場は決して寛容でも公平でも、労働市場の排他的な雇用と選別の形態に参画している人々に対して社会的責任を負うこともないにもかかわらず、機会を供給し、多元的で平等なものだという確信を与えるシステムとして支持されている。

この「にもかかわらず」という論理こそがキーである。不況なんだから仕方ないとテレビを見ているときはそう思っていたの「にもかかわらず」、職場ではピケを張り、路上に出てデモをして賃上げを要求する。順接ではなく、本来はありえないはずの逆接を生きる。そしてその生き方に特定の意味を与え、特定の意味で読解するモードを提供するのが、「エンコーディング／ディコーディング」モデルなのである。それは常に「誤読」を、期待はずれの読解を、意味の「隙間」を、可能性として生み出すための技能を具現化したものなのだ。

そしてこの技能こそ、ホールがアルチュセールを読むことによって練り出した分節化の実践そのものなのである。エンコーディングとは「優先的意味」の発信者による審問＝呼びかけであり、ディコーディングはその意味の誤読の実践なのである。

よく知られたアルチュセールによる主体の生成の仕組みは、「おい、そこのおまえ」と呼びかけられ、自分のことだと思って振り返ることによって人は主体になるというものだ。これは、「エンコーディング／ディコーディング」における支配的モードが成り立つ過程と一致する仕組みである。呼びかける大文字の主体は、「優先的な意味」をエンコードする情報の発信者であり、読み手側がそのとおりにエンコードすることによって応答してしまうと、「主体の発生＝支配的意味の読解＝支配イデオロギーの再生産」が見事に完成されたことになるだろう。機能論だとして批判されてきた図式である。応答することがそのままイデオロギーの要請との照応を保証し、支配的ディコーディング以外の選択がなくなってしまう事態を招くことになるからだ。

しかし、支配的ディコーディングによる「優先的意味」の読解を、呼びかけた側は「主体が呼びかけに応えた」と、応答した側は「主体だから呼びかけに応えた」と、ともにメッセージを間違ってディコードした、つまり「誤読」したと考えたらどうだろうか。呼びかけた側は、支配的意味をディコードする主体があらかじめそこにいたと、呼びかけられた側は主体として支配的意味をディコードしたのだと、お互いが間違えてしまったということである。双方があらかじめ主体を想定してしまったことにより、エンコードされた意味が素直にディコードされる「透明なコミュニケーション」が想定されてしまうのだ。メッセージは意味の媒体ではなく、メッセージ自体がエンコードとディコードを経ることで意味を生み出すというのが、「エンコーディング／ディコーディング」モデルの骨子だった。一つのエンコードされた意味をそのとおりにディコードする主体があらかじめそこにいるならば、意味が具体的にエンコードされる以前に、選択されるべきディコードが決まっていたことになってしまう。そうではなく、ディコードの実践を通じて主体＝解読者が生まれ、意味もその実践によって初めて作り出されるのだから、「応答＝ディコーディング」の結果読み取られる意味と、エンコーディング通りにディコードされる意味の間に必然的な「正しい」照応関係はない。だから、意味が常に多方向にディコードされる余地をモデルとして理論化することが必要なのである。

アルチュセールを読んだホールをさらにこのように読むことによって、「エンコーディング／ディコーディング」を、情勢分析ではなく状況介入の技能として考え直すことができる。そのように読み直すと、なるほど「対抗的」と「支配的」という二つのモードは「折衝的」読解の効果／結果として適用されていることがわかる。「折衝的」であるということは、「対抗的」にも「支配的」にもなるかもしれないし、逆にならないかもしれない。そこには「保証」などない。その「保証」のなさは、本来そうは読み取れないようなものを読み取ろうという、不可能なことを要求するためのツールであるかのように考えられる。その際生まれる軋轢や亀裂を、そういうものとして残すということである。そのような意味の「隙間」を生み出しながらも、エンコーディングとディコーディングは「／（スラッシュ）」を連結器として節を作り上げるひとつなぎの「モデル」として成立する。しかし、三つに分類整理しているようでいて、実は他の二つは「折衝的」モードの派生でしかないということを含意しながら、ホールはこのモデルを提唱したのではないだろうか。

加えて、通奏低音としての「場違い」さは、本章冒頭のホールの言葉に帰っていく。「流浪と喪失の感覚を経験するのには十分なくらい遠く離れており、また、常に延期される「到達」の謎を理解するのには十分なくらいの近さ」とは、解消できない矛盾をそのまま生きるということの、ジョージ・ラミングが皮肉と諦念と一筋の希望を込めて「故郷喪失の喜び」[18]と呼んだものの、ホールなりの表現である。相反する矛盾の要素を「折衝」しながら生きることを強調すればするほど、市場の力にさらされている労働者や消費者の生き方と、エグザイルを生きるディアスポラとは極めて近しく映るのではないだろうか。とすれば、「エンコーディング／ディコーディング」に具現化された「場違い」になる技能は、アルチュセール読解を経てたどり着いた理論的帰結であると同時に、ディアスポラの身振りだとも言えるかもしれないのである。

そしてまさにそこにこそ、「エンコーディング／ディコーディング」が、「文化の研究（the study of culture）」でも「文化研究（culture studies）」でもなく、「文化的な研究（cultural studies）」の方法である理由がある。その定義が「日常生活の様式の総体」（レイモンド・ウィリアムズ）であれ「人間が生み出した最上の表現形態」（マシュー・アーノルド）であれ、あらかじめ文化として常識化されているものを対象とすることがカルチュラル・スタディーズではない。

実証主義的に、かつ通時的に、この点は説明がつく。かつて、労働者階級家庭の台所の流し台で主婦が考えていることは、「文化」ではなかった。工場労働者のテネメント（集合住宅）のリヴィング・ルームで家族揃ってテレビを見ることは、「文化」ではなかった。リチャード・ホガートが「読み書き能力」という一般的な言葉で言いたかったことは、端的に言って「文化」のことだったのだ。

その他にも、匿名の群衆が毎週土曜日に何万人も集まってサッカーを見に行くことは、「文化」ではなかったし、大都市の場末の映画館に集う若者の生態や反核運動のデモに加わる女性の心情は、「文化」として承認されてなどいなかった。いくらでもリストアップできる。現在ポピュラー・カルチャーとして学術研究の対象になっている様々なジャンルのほとんどは、ほんの五〇～六〇年前までは、「文化」ではなかったのである。ザ・ビートルズもまた、「文化」ではなかったのだ。[19]

だからこそ、それらを「文化的に（cultural）」に研究する必要があった。商品性や市場経済の要請をそのまま受け入れるのでもなく、また同時にそれらから完全に自律した主体によって立ち上げられ、その性質が特定の階級に固有のものとしてあるわけでもない表現、表象、形式。それらをただ読み取るのではなく、それらに新たな意味を付与するより積極的な読解を様々な生活様式の中から試みることが、「文化的に」研究するということである。ホールは、そのような知的技能をカルチュラル・スタディーズに求めていたのである。

「文化的に」考えようとすれば当然、そのような思考自体が上部構造の問題を扱っているに過ぎない、という非難を受けることになる。それに対してホールは、「文化的」に考えることがどういうことかという厳密な定義を一度たりとて提供していない。それは、定義などしても仕方ないからである。「文化的」に考えるということが、政治、経済、より広範な社会的な諸問題を、まるで文化の「ように」考えるということであるとしても、文化だけに適用可能な論理や原理があるということにはならないからである。文化を考えようとした瞬間に、文化の担い手たちの勢力関係や調整過程、文化の「目録(対象)」の生産、流通、消費、再生産のループ、文化を巡る様々な関係性など、政治、経済、社会の語彙や考え方を援用せざるをえないからである。

ホールにとって、カルチュラル・スタディーズは常に外部に開かれた思考の組み合わせだったのだ。ここでいま一度復習をしておこう。「生活様式の総体」としての文化というレイモンド・ウィリアムズの定義を基盤としてはいても、そこに固有の、本質化された、実証的に証明できてしまう行為や行動を想定したり、そのような対象を定点観測してしまうような手法に囚われてしまわないように、ホールは記号論の助けを借りて、特定の階級や民族に貼り付けられてしまう意味を常にずらし続ける「エンコーディング／ディコーディング」というモデルを作ったのである。

当然ながら「エンコーディング／ディコーディング」にもまた、時代拘束性がある。ホールによってこのモデルが練られた時代、それは一九六〇年代の異議申し立ての時代が過ぎ去った、「モラル・パニック」の時代だった。長引く不況、福祉政策の崩壊、ヨーロッパ共同体への懐疑、移民の顕在化。労働党政権による順応主義と労使協調主義への舵取りは社会民主主義への幻滅を蔓延させ、下層労働者階級やラディカルな組合運動、肌の色の違う人種や民族に出自を持つもの、移民労働者などを「内なる敵」とみなす不安と懸念と衰退の時代。

「エンコーディング／ディコーディング」は、この「内なる敵」がどのように作られ、優先的な意味を与えられているのかをまず読み取り、返す刀で、「敵」ではなく抵抗者であり、「オルタナティヴな表現形態のネットワーク」の主体になりうる可能性を理論付けるためのモデルだという、極めて現実的な解釈ができる。例えば、国家は法と秩序によって有機的な国民統合を目指すが、それは後にそれに逆らう表現形態としてパンクが現れる条件となった、というように。国家や主流社会のヘゲモニックな働きかけを、パンクは「文化的に」読解し、独特の儀礼の集積としてのファッションと音楽を結びつけ、若者文化を一つのサブカルチャーから一つのムーヴメントへ――つまりネットワークへ――拡張した。

これはディック・ヘブディッジに代表されるような、「儀礼を通じた抵抗」に着目したカルチュラル・スタディーズの傾向である。[20]「オルタナティヴな表現形態のネットワークの誕生」ということなのだが、ここで見過ごせない論点が二つ浮かび上がってくる。

第一に、もし経済不況と政治混乱を必要条件としてセックス・ピストルズのジョニー・ロットンが「未来なんて知らねーよ（No Future）」と歌っていたとしたなら、それだけではとても単純な経済決定論で説明がついてしまうのではないかということである。下部構造のマイナス変容が上部構造における新しい文化を導いたというふうに、である。あくまでも生産関係における矛盾の深化の反映として、イデオロギーと上部構造の変容が起きてしまったのだ、というふうに。パンクは下部構造への反動として理解されてしまうのだ。

第二に、第一の論点を仮に受け入れるとして、社会状況が悪化し世情が不安定なときにこそ対抗文化が花開くということ。その対抗性が毒抜きされて商品化への動きが主勢力となり、市場の「所有物」になった途端、輝きを失うことになる。

第一の論点へは、それは単純な反映などではなく、「重層的決定」の問題なのだと応答するしかないだろう。下部構造がどのように変容しようと、文化はその変容を必ずしも後追いするのでもなければ、それと同じ方向に同じ速度で変容するわけではないと。なるほどパンクは、一九七〇年代を通じて労働党政権の社会民主主義的政策の行き詰まりによって起きていたイギリス資本主義の「全般的危機」下での、白人労働者の、主に男性の若者の失業や社会不安が、その危機を規制緩和と民営化で乗り切ろうとした「サッチャリズム」の社会的弱者切り捨てによって起爆剤を与えられた結果なのかもしれない。しかしその音楽は、一九四八年以降増えていったカリブからのアフリカ系移民次世代によるスカやレゲエを巧みに取り入れたブリコラージュであった。つまり、「文化」は経済危機よりも「先に」動き始めていたということになる。

第二の論点については、まさにパンクの仕掛け人マルコム・マクラーレンその人が演じたような、「消えゆく媒介者」で何が悪いのだ、という反論ができるだろう。[21] 使用価値からも、交換価値からも、投機的利益からも全く無縁で独立したものとして文化を想定することは不可能だし、カルチュラル・スタディーズがみるポピュラー・カルチャーは、そもそも交換価値そのものでもあるだろう。交換価値が相対的に低下すれば——もう期待された剰余価値を産まないと判断されたら——それは消えゆくか、滅ぼされるか、乗り越えられるかの運命しかない。だが、すべからく前衛的なものは、それが乗り越える（た）はずのものを上書きすることで逆説的にその存在に対し歴史の中に場所を与えることで、文化の形式やモードを紡いできたのではなかったか。

いずれにせよ、この二つの論点をそのまま受け入れるなら、文化の特異性、種別性、固有性、人間の他の営みから区別されてしかるべきだと考えられていた、それが文化でなければならないことの単独性がなくなってしまう。わざわざ「文化」などと言わなくてもよいではないか、ということになってしまうのだ。

文化「を」研究するならばここで頭を抱えるところだろう。そして慌てて、社会で起きている現象を「文化」に囲い込もうとする。「文化は政治的だ」というお題目を唱えることによって。しかしその成れの果ては、特定の解釈共同体を前提にした上で「いくつも」の文化同士の共生と相互破壊のゲームを想定し記述するだけの、思考停止状態なのではないか。

「文化」はこのとき、西洋近代、帝国主義、植民地主義、グローバル資本主義、国家、主流社会のような「普遍」の仮面をかぶった歴史的特殊への対抗勢力として想定されていた。しかし市田良彦が指摘したように、そのような意味における「文化」を強調すればするほどに、それらの「普遍」に対抗するという意味での普遍性が期待されているということは不問にされてしまったのである。▼22

このレヴェルでの「文化は政治的だ」という言い方における「政治的」とは、文化が相対するもの同士の利益調整だということ以上の、何ものをも言い表わせてはいない。これは、公定多文化主義が結果的に相対主義にしかなりえていないことと歩調を合わせざるをえない。ともにあらかじめ決定されている解釈共同体同士の衝突や調整を描き出し、何を文化的に批判すべきなのかという問いを宙ぶらりんにしたまま、「何もかも」文化にしてしまうことにしかならないからである。

しかし「エンコーディング／ディコーディング」を、「場違い」なまま「隙間」を創るための技能として読み解き、状況を文化「的に」理解し、思考するならば、文化とはあらかじめそこにある——場所を持つ——ものではないということは明らかだろう。

むしろ、場所を持ってはいけないのである。文化が文化でなければいけない理由が見つからなくなったからといって、慌てる必要はない。そもそも文化は、文化である保証などまったくない「場違い」なものなのだから。かつてホールはとあるインタヴューの中で、「文化の問題は……はなはだしいほど政治的問題」だと述べていた[23]。これはその後、ホールをカルチュラル・スタディーズの象徴的人物として紹介するときの常套句となった。しかしこのホールの言葉は、「文化は政治的だ」という単純な類似を指摘したものではないとここではっきりさせておくべきだろう。カルチュラル・スタディーズの劣悪な濫用に警告を与える意味でも、その必要がある。

このホールの言葉は、ホール自身の「そのただ中で、しかしその一部ではなく」いるという技能と常にセットで考えなくてはいけないのである。

文化の問題を、文化にとどまりつつ政治的に考えるということ。また同時に、政治の問題を、政治にとどまりつつ文化的に考えること。いわば「枠の中にとどまりながら枠の外に出る」技能は、文化も政治も、ホールにとっては常に進行中の動態であるから可能になる。どちらかに「いる」ということは、どちらかに「いない」ということである。この状態を静止画像として考えるなら、「隠れ身の術」でも使わない限り不可能である。その場に「いる」のに「いない」ことにしなければいけないからである。そして、「いる」から「いない」へ、また「いない」から「いる」へ、一線を越えて移動すると考えてしまうならば、文化も政治も、それ独自の場所を持ってしまうことになるだろう。

しかしホールの技能は、そうした実体——場所——のない隙間に飛び込もうというものだったのではないか。地理的にも地政学的にも場所を持ち得なかったディアスポラとしての経験は、社会的場所を持てないものとして、自覚的に場所を持たない技能の会得へとホールを導いたのではなかったか。「いる」ことへも、「いない」ことへも、どちらを目指すにしてもそこには目的論的な普遍性が要求される。カリブ世界へもイギリスへも旅することはできるが、属せない。ホールはあくまでもこの「いる」と

「いない」の反復を、言い換えれば居心地の悪さを、理論化しようとした。だからホールは、知識人に導かれた労働者階級が国家権力を握るという革命論を受け入れないし、社会的不平等を解消する処方箋があるとも考えない。

矛盾は矛盾のまま、曖昧さは曖昧なままで、その状況に介入する技能をどのように言葉で説明することができるのかにこだわった。敵対し、折衝し、妥協もする社会的諸勢力が単一の共同性を有する――そこに「いる」――などという保証はどこにもないのだし、そのような場所を想定せずにこの反復の動態過程をモデル化できないかと、ホールは考えたのである。理論的洗練からもスムースな方法論からも程遠いけれど、「エンコーディング／ディコーディング」における「折衝的」解読のモードは、「そのただ中で、しかしその一部ではなく」という不可能性が可能なのだという、「まとも」に考えれば倒錯的な力を秘めたものなのである。

いまや文化は、そこかしこに場所を与えられてしまった。かつてカルチュラル・スタディーズが文化「的」に読み取らなければ場所を開くこともできなかったさまざまなジャンル、活動、行為、意味は、すでに「文化」になってしまった。

カルチュラル・スタディーズは、フレドリック・ジェイムソンやスラヴォイ・ジジェクといった大家からは、多文化資本主義を積極的に肯定するものだと批判された。また、サイモン・フリスやジム・マッギガンといった、一九八〇年代前半には問題設定を共有していたはずのイギリスの論客たちからは、「サッチャリズム」分析における消費の重視が、市民を消費者として再編成しようとする「サッチャリズム」と共鳴するものだと非難された。ミイラ捕りがミイラになったというわけである。

一九八〇年代から九〇年代を通じて、音楽、テレビ視聴、映画を中心としたオーディエンス研究とともにに、社会的マイノリティ（特にエスニック・マイノリティ）のアイデンティティ政治研究がカルチュラル・スタディーズの名のもとに登場すると、文化は極めて実体化された「枠」となり、カルチュラル・スタディーズは、解釈共同体に入れるものと入れないもの、入ることを望むものと望まないものと関係性を巡る議論に終始しているように見えるようになった。文化という「枠」はそのままグローバル市場の商品となり、「枠」への出入りが消費行動と同義になっていく。だからポール・ギルロイなどは、カルチュラル・スタディーズという名を捨て去り、そこから卒業することで逆説的に、カルチュラル・スタディーズの知的技能を守ろうとしてきた。

他方でホールは、あくまでも自分がやっていることはカルチュラル・スタディーズなんだと、口にし続けた。「文化」を概念として、その政治的批判力の喪失を理由に無化してしまうことで、逆に多文化資本主義に寄与するものとしての「文化」がそのまま維持されてしまうとしたら、本末転倒ではないか。文化を概念として捨てることで、新しい現象を文化「的」に批判することの意義までも捨ててしまうならば、それは「風呂の水と一緒に赤ちゃんを流してしまう」ことと同じではないのか。「文化」が輸出入可能な「所有物」となり、交換価値を肥大化させてグローバル市場の標的／資源になった現在、ホールは文化をめぐる言論の場においてもまたもや、「場違い」なことを言い続けていたのである。

5. ポストEU離脱（Brexit）に向けて──「分断」の世界の中心で跳躍（leap）する

文字通り壁を作ってしまうような堅固な移民管理と国境コントロール、特定の人種やセクシュアリティを標的にするヘイト（憎悪）・クライムの増加、そのようなヘイトを巧妙に活用する極右政治勢力の台頭、民族主義のリサイクルなどに見られるような分断が進む世界では、「いる」ことが拒絶され、「いない」ことを常態化しようという動きが活発になっている。二〇一九年三月に起こったクライストチャーチのアルノール・モスクとリンウッド・モスクでの銃乱射殺傷事件など、「テロ」という言葉で乱暴に抽象化されているいくつかの出来事は、文字通り物理的に他者を「いない」ものにする行為である。あちらかこちらを選ばねばならないか、時には暴力的にその選択を強要される時代。イギリスのEU離脱（以下ブレグジット）もまた、「いる」と「いない」を反復する「場違い」さを文字通り許さない現象の一つであろう。

本書で検証してきたホールの思考からすれば、イギリスがEUに留まるべき理由は、ヨーロッパの標榜する普遍的価値を認め、EU内に留まることでヨーロッパの一部であり続けることが無条件に是であるからではない。

むしろ、EU成立後からずっと、居心地の悪いままその内部にい続けたイギリスなのだから、なぜその居心地の悪さを自ら放棄するのかということが問題なのだ。そこかしこで分断線が引かれ続けている現代世界の中で、その線のあちらにもこちらにも完全には属さずに済んでいる状態をなぜ自ら放棄しようとするのかと、もしホールが生きていたら、ヨーロッパ懐疑派（Euro Sceptics）でもあるジェレミー・コービン労働党党首を叱りつけていただろう。

ブレグジットが現実味を帯びるずっと前から、ホールはヨーロッパ懐疑派とは異なる視点からヨーロッパを理解することを説いていた。ヨーロッパという観念自体が、帝国主義の歴史と資本主義市場の貪欲さを隠すために神話によって虚飾されたものだということを指摘することも忘れなかった。

二〇〇二年、ホールは「ヨーロッパとは純粋に第三世界による捏造である」というフランツ・ファノンの言葉を引くことから始まるあるトークの中で、[24] カリブ海域やアフリカ、アジアの植民地世界と、アメリカ（合州国）とを同じまな板の上にのせながら、ヨーロッパという名で想像されるものが解決不能な内部矛盾を含みながら織り上げられている状況を、一つ一つ突いていった。

ヨーロッパは、「第三世界」や旧共産圏からの難民・移民にとって安住の地、約束の地でもなんでもなく、そのようなイメージを持たないと生きられない状況を作り出しているだけであり、それはかつてユダヤ教徒やイスラム教徒を排斥した歴史との妥協の産物である。ホールはイスラエルとパレスチナの関係を参照し、ヨーロッパ神話の瓦解した状況を徴候的に読み取ろうとする。寛容でリベラルで機会が残されているヨーロッパという神話の仮面が剝がれた状態は、誰かにとっての約束の地が他の誰かにとっては地獄となる状況だからである。だがパレスチナの苦難もまた、ヨーロッパがその「外部」として作り出したものであると指摘することも忘れない。ブレグジットはこのような不安定な状況からの逃避を意味するが、同時に「いる」者にとっての約束が「いない」者への抑圧となる条件を生み出すことになる。

もう一つの分断を象徴する出来事が、一九七三年以前に旧カリブ植民地から移民してきた第一世代の強制送還である。一九四八年にエンパイアー・ウィンドラッシュ号の到着以降にやってきた戦後カリブ移民の第一世代の中には、パスポート、ヴィザ、滞在許可証などの公式書類がないままイギリスに住み続けてきた人々が少なくなかった。一九七三年の改正移民法施行によって、それらの人々にも永住権が与えられたが、政府はその記録を正式に残さなかったのである。

さらには二〇一〇年の内務省移設に伴う混乱の中で、ウィンドラッシュ号の上陸者名簿までも紛失するという失態が起きていた。しかしそれが表沙汰にならないまま、二〇一四年に再び改正された移民法によって、永住許可証や国籍証明書を提示できない人々は、「不法移民」となった。この移民法の改正は、旧共産圏、すなわちヨーロッパの内部からの移民増加への処方箋であり、ロンドン・オリンピックが終了し、建設現場やサーヴィス業での移民労働力への依存が一段落したことを受けての政策転換だったのだが、その実害を最も厳しい形で被ったのは、半世紀以上イギリスに住み、税金を払い続けてきたカリブ海域からの移民だった。

　イギリス政府は不手際と失策を認め、強制送還された人々の帰国援助や金銭補償に乗り出してはいるが、その後に起きた元イスラム国戦闘員の妻でイギリス国籍のシャミマ・ベグムの帰国を認めるか否かの議論を見ても、▼25 寛容さというリベラルな見せかけさえ装うことのできなくなったかつての帝国の屍を認めることができる。このような分断政策の背後に、もはや屍となっているにもかかわらず、かつての帝国の栄光と覇権を根拠にイギリスの自律性を訴える「ポスト・コロニアルなメランコリア」（ポール・ギルロイ）や、リーマン・ショック以降の緊縮財政政策による弱者切り捨てと医療・教育・福祉財源の縮小によって、貧富の格差拡大を代償としながらも市場競争力の一時的な回復を強調する、保守的な民間シンクタンクやタブロイド・メディアによる「活況《ブーミング》」・キャンペーン▼26を認めることもできるだろう。

　いつか、どこかで目にした光景ではないだろうか。サッチャーからトニー・ブレアにいたる、政党のイデオロギーを横断するネオ・リベラル政策にいち早く警句を発した「あまりにも感動的で正しい＝右《ライト》向きの見世物（The Great Moving Right Show）▼27」とホールが名付けた状況に、である。「権威主義的ポピュリズム」に代表されるホールの「サッチャリズム」批判に対する反批判の様相は、すでに本書の序章や第五章で詳しく議論してきた。その反批判の中で「イデオロギー主義」という乱暴な言い方によって明に暗に指摘されていたのは、ホールの分析が下部構造＝経済に目を向けなさすぎだというものだった。ブレグジットを後押ししている「活況《ブーミング》」言説や、場合によってはアベノミクスの脱デフレ政策でもよいのだが、企業統計や政府関係機関が公表する数字を根拠に、景気回復や雇用の改善を認め、緊縮財政と規制緩和による経済再建には意味があるという見解も少なくはない。

なるほど「ターボ資本主義」（エドワード・ルトワク）は、加速度はすごいし初速と終速は限りなく一致するものだが、同時に歴史上これほど燃費の悪い資本主義もない。労働力は短期周期で燃焼され、排出される使い捨て可能な資源となっただけではなく、指定燃料以外のものが入らないように資本主義の燃料タンクに注がれる道筋までが厳密に管理されるようになった。燃料漏れという「場違い」も、もはや許されないのだ。他方で、ガソリンは入れられてしまうのだから、その対価がきちんと支払われるような仕組みを整えればいいのではないかという議論もある。経済は上向きなのだから、格差拡大や犠牲にされた福祉の再整備などは政治が担うべきだという考え方である。

ここには三つの間違った前提がある。第一に、表象やイデオロギーではなく、経済的「真実」が重要だという前提である。表象やイデオロギーは、つまり言語の集積体は、客観的「真実」を反映しないということ。言い換えるなら、表象とイデオロギーの外部に、それとは無縁な経済的「真実」があるという前提である。これは伝統的な正統派マルクス主義的解釈への回帰であるだけではなく、ホールが切り開いた経済状況の文化「的」な批判を、目的論的に「誤読」している例である。「真実」も「現実」も、それらにたどり着くことがどれだけ複雑で困難な作業なのか、たどり着いたとしてもそれが「真実」であり「現実」だと言い表す＝表象することが、どれだけ複雑な労力を要するのかという説明は、省略されてしまっている。

第二に、経済の失敗を政治が補完して正すという発想は、経済破綻が政治の失敗の結果だという視点を曇らせてしまう。そもそも、経済と政治は、恣意的にしか切り離せないのではなかったか。近代ブルジョワジーが発明したリベラリズムが政治の領域を自律化させようとしたことに対して、史的唯物論は経済と政治が不可分であることを理論化したはずである。「サッチャリズム」以降のネオリベラリズムについて尋ねられるたびにホールは、「そもそも経済と政治はどんな関係にあるのか、もう一度考え直さないといけないとは思わないかい」と、質問者に聞き返してきた。[28] 思い起こすべき単純な事実は、『資本論』の主題が「政治経済学批判」だったということである。

第三に、まさにこのリベラリズムに関わる問題である。客観的な経済的「真実」を前にして――そしてその「真実」は往々にして為政者の側から提示されるものだ――、リベラルはあくまでも政策論争――つまり「選択」の問題――できる土俵に立とうとする。むしろ、議会政治の「現実」という舞台で、こちらこそが有権者の「真実」を代表＝表象しているのだと主張することによって、揺るぎない「真実」の綱引きを始めるのだ。だからリベラリズムは、右派ポピュリズムに対抗して左派ポピュリズムは可能かと問う。このとき、ポピュリズムは「入れ替え可能」な語彙となる。

しかしホールは、そうではない、それではいけないのだと言っていた。「権威主義的ポピュリズム」に対峙するのは民主的ポピュリズムではなく、あくまでも「民主的ポピュラー（Popular-Democratic）」だからである。[29]

一九八〇年代のホールの視野に入っていた風景と現在とは、特に第三の点において極めて密接にシンクロしている。ポピュリズムとはつまるところ、指導者や知識人が争点を優先的に解読し、意味を与え、優勢な状況の定義を提示しながら合意を形成することによって支持を獲得する政治技術である。

大衆の声は、状況の定義者を「媒介」として実現されることになっている。そこには、見かけの照応性がある。大衆が求めるものと、約束を履行することを期待されている指導者や知識人が大衆が求めていると思っているものとの間には、必然的な照応性が仮定されているのである。

ポピュリズムが成り立つためには、指導者や知識人は大衆が何を欲しているかを「知って」いなければならないし、同時に大衆は、指導者や知識人にそのことを「知らせ」なければならない。しかしホールは言っていた。ポピュリズムにおけるこの照応関係はまったく必然的ではなく、この照応性がないということこそが、ポピュリストではないポピュラーが立ち上がる条件なのだと。


無言の大衆は、思考するのです。もしも大衆が考えないとするならば、それはわれわれが彼らの発言と、彼らの発話の手段を奪ってしまったからでして、決して彼らには何も言うことがないからではないのです。大多数のポピュラー〔民衆〕が、完全な意味で二〇世紀の文化的諸実践の主体＝作者になれたことは一度もないという事実にもかかわらず、ある種の受動的な歴史的／文化的勢力としての彼らの継続的な存在は、その他のすべてのものを絶え間なく中断させ、制限し、混乱させてきたのです。それはまるで、大衆が秘密を自分たちだけのものにしている間、知識人たちはそれがなんであり、なにが行われているかを暴こうとしてぐるぐると奔走しているかのようでさえあるのです。[▼30]

一度奪ってしまったものを再び与えようとしても、難しい相談だ。ポピュリスト・エリートが呼びかけても、大衆はその呼びかけには応えようとしないからだ。それは、その呼びかけが偽りであり、もうだまされないぞという態度表明なのではない。その呼びかけを誤読し、折衝的ディコーディングによって呼びかけられる対象と自分との間にアイデンティティを認めずに、隠れてしまうからである。

左右のポピュリズム争奪戦は結局、ここでホールが言っている「秘密」の取り合いなのだ。線引きをして場所を確定し、あちらに「いる」ものを、こちらの「いる」にする作業なのである。ポピュリストの政治や合意の政治は、このような場所の重なりや接触を含意する概念を前提として成立する。しかし、この「秘密」に実体はなく、「秘密」の「真実」が明かされることはない。もし明かされてしまうとしたら、知識人は大衆が欲するものを「知った」ことになり、大衆はそれを知識人に「知らせた」ことになる。もし「知る」を通じて知識人と大衆の間に必然的な照応性が生まれてしまうと、ホールの批判するポピュリズムに戻ってしまう。しかしホールは、ポピュラーはすでにそこに現前してはいるが、同時に、発言と発話の手段を奪われてしまっているので不在である、ということ以上は言ってはいない。この不在が解消されてしまうと、ヘゲモニックなデコーディングによってポピュリズムにずいぶんと都合のいい条件が出来上がってしまうからである。そうではなくポピュラーは、「放っておいてくれ」と言っているのだ。ポピュリズムに安易に乗るな、エリートの言葉に気をつけろ、「政治を生きるとは、抽象的にそれに肩入れすることとは違う[31]」のだから、具体的な複雑さを厭わず、理解し、それを語れ。おそらくホールが言っているのは、ここまでである。ここまでしか言わなかったことに、ホールの民主主義という制度自体に対する懐疑を見るのは、あまりにも対抗的な「深読み」だろうか。

　現前と不在、「いる」と「いない」の不可能なはずの同時性の中で、ポピュラーもまた、「場を違えて」いる。とすれば、「場を違える」ための技能をなんとか理論化しようとしてきたホールは、「われわれが彼らの発言と、彼らの発話の手段を奪ってしまった」と自省的に語っているふりをしながら、実は自身がポピュラーの「模倣《ミメーシス》」であったのかもしれない。

　どこに行っても「場違い」であるとは、常に浮いた存在であることである。確定された場所を持たず（持てず、ではない）、浮いている。この「浮いている」ことを文字通り受け取ってみる。すると、「そのただ中で、しかしその一部ではな」いためには、「浮いた」状態で俯瞰してみればいいのではないかとも考えられるだろう。ただ、「浮き」っぱなしでいられない。「浮いた」状態で「いる」ことと「いない」ことを、つまりは「跳躍」を繰り返さなくてはならないのだ。歴史家ピーター・ラインバウは、C・L・R・ジェームズがレーニンの「跳べ、跳べ、跳べ、跳べ」という記述に着目したことを紹介しながら、この「跳べ」を、不可能を要求することだと読み取っている。[32]

「そのただ中で、しかしその一部ではな」い技能は、不可能である。しかし不可能が可能なのだという矛盾そのものを引き受ける倒錯性がなければ、逆接を生きる「跳躍」などそれこそ不可能ではないだろうか。不可能を求めなければ、ユートピアを描くことさえできないのだ。マルクス、レーニン、ジェームズは皆、「跳ぶ」先にはユートピアが弁証法による矛盾の解消として現れる、つまり革命の実現があると考えていたのだが、しかし果たして、本当に「跳べ」るのか、「跳べ」ないのか。「跳ぶ」ことによって、一体何が見えるのか。ホールならばニヤッと微笑みながら、「跳ばなければならないが、矛盾が解消される保証なんてないさ」と言うのであろう。

矛盾を矛盾のまま、曖昧さを曖昧なままにしておくと、時として「お茶を濁すな」と非難する人がいる。ホールは、積極的に濁しにかかる。しかし、濁ったお茶ほど渋く苦いものはないということを、ホールほどよく知っていた人もまた、いないのである。

▼1　ステュアート・ホール＋陳光興「あるディアスポラ的知識人の形成」小笠原博毅訳、『思想』第八五九号、一

九九六年一月、一四－一五頁。

▼2 Stuart Hall, "'In but not of Europe': Europe and Its Myth", *Soundings* 22 (Winter, 2002/2003), p. 58.

▼3 レス・バック『耳を傾ける技術』有元健訳、せりか書房、二〇一四年。

▼4 例えばデヴィッド・ハーヴェイ『資本の〈謎〉——世界金融恐慌と21世紀資本主義』森田成也ほか訳、作品社、二〇一二年。

▼5 Stuart Hall, "The Culture Gap", *Marxism Today* 28 (1) (January, 1984).

▼6 Isaac Julien, *Kapital*, 2014, transcription courtesy of Isaac Julien.

▼7 Ibid.

▼8 Stuart Hall, "Signification, Representation, Ideology: Althusser and Post-Structuralist Debates", *Critical Studies in Mass Communication* 2 (2) (1985).

▼9 ルイ・アルチュセール『マルクスのために』河野健二ほか訳、平凡社ライブラリー、一九九四年。

▼10 Hall, op. cit., p. 92.

▼11 アルチュセール前掲書、一六二－一六三頁。

▼12 同書、一六五頁。

▼13 Hall, op. cit., p. 97.

▼14 Ibid., pp. 95–96.

▼15 アントニオ・ネグリ＋マイケル・ハート『マルチチュード——〈帝国〉時代の戦争と民主主義 下』幾島幸子訳、水島一憲・市田良彦監修、二〇〇五年、一二五頁。

▼16 「エンコーディング／ディコーディング」モデルの詳細については本書第九章を参照。

▼17 Stuart Hall, "Encoding/Decoding", in Stuart Hall *et al.* eds., *Culture, Media, Language*, Unwin Hyman, 1980, p. 137.

▼18 George Lamming. *The Pleasure of Exile*, University of Michigan Press, 1992.

▼19 ホールはパディー・ワネルとの共著 *The Popular Arts* の中で、マス・アートとポピュラー・アートとの移行期に現れた「アイドル」としてビートルズに触れている（Stuart Hall and Paddy Whannel, *The Popular Arts*, Hutchinson, 1964, p. 68）。

▼20 Stuart Hall and Tony Jefferson eds., *Resistance through Rituals: Youth Subcultures in Post-War Britain*, Hutchinson, 1976.

▼21 上野俊哉『シチュアシオン——ポップの政治学』作品社、一九九六年。

▼22 市田良彦＋ポール・ギルロイ＋本橋哲也『黒い大西洋《ブラック・アトランティック》と知識人の現在』小笠原博毅編、松籟社、二〇〇九年、一〇三頁。

▼23 Stuart Hall, "Subjects in History: Making Diasporic Identities", in Wahneema Lubiano ed., *The House That Race Built*, Pantheon Books, 1997, p. 290.

▼24 Hall, "'In but not of Europe': Europe and Its Myth".

▼25 一五歳でシリアに渡りイスラム国構成員の妻となっていたシャミマ・ベグムは、イスラム国の崩壊後シリア北西部の難民キャンプに収容された。その後自身の妊娠をきっかけにイギリスへの帰国を望んだが、自身もパキスタン系二世の内務相サジド・ジャヴィドは彼女の帰国を認めず市民権を剥奪することを発表。その後彼女が出産した男子は、肺炎のため死亡した。

▼26 例えば『エクスプレス』紙は「活況」という言葉を頻繁に用いてEU離脱を後押ししている。二〇一八年二月一二日には国民投票以降のGDPの継続的上昇を、同年五月一六日には国民投票以降イギリス国籍保持者の雇用と賃金状況が改善されていると報じている。また離脱派のウェブサイトには積極的に経済状況の改善を訴え続けているものもある。例えば https://leave.eu/the-data-doesnt-lie-britain-is-booming/ など。

▼27 一九七九年に『マルキシズム・トゥデー』誌に発表した論考のタイトル。直近では Stuart Hall, *Selected Political Writings: The Great Moving Right Show and Other Essays*, Duke University Press, 2017 に収められている。

▼28 例えば Hilary Wainwright, "The Spirit of Stuart Hall", https://www.jacobinmag.com/2014/02/the-spirit-of-stuart-hall/ など。

▼29 Stuart Hall, "Popular-Democratic vs. Authoritarian-Populism: Two Ways of 'Taking Democracy Seriously'". 初出は Alan Hunt ed., *Marxism and Democracy*, Lawrence and Wishart, 1980 で、直近では Hall, *Selected Political Writings* に収められている。

▼30 ローレンス・グロスバーグ編「ポスト・モダニズムとの節合について——ステュアート・ホールとのインタヴ

ュー」甲斐聡訳、『現代思想』第四二巻第五号、二〇一四年四月（総特集＝スチュアート・ホール　増補新版）、三二頁。

▼31 ホール＋陳「あるディアスポラ的知識人の形成」、二六‐二七頁。

▼32 Peter Linebaugh, "Be Realistic: Demand the Impossible", http://bostonreview.net/politics/peter-linebaugh-be-realistic-demand-impossible. これは一九六八年のパリ五月革命から五〇年を期して二〇一八年五月にパリで開かれた「グローバル68」というカンファレンスでの基調講演である。ジェームズは、レーニンがヘーゲルの存在論についてのノートの中で四行にわたって書き連ねた「Leap Leap Leap Leap」を、プロレタリアートによる自発性の実現（疎外からの離脱）として読んだ（C. L. R. James, *Notes on Dialectics: Hegel, Marx, Lenin*, Allison & Busby, 1980, p. 99)。

あとがき

まだ書き続けなければならない、書き足りない、書き終われないものに無理やり節目をつけ、しかし同時にそれまで書いてきたことの連続性を消さないような役割を負っているのが「あとがき」であるとしたら、それはまさに「分節化」のなせる業である。終章の最後の部分で紹介した「跳ぶ」話には続きがある。ナチスの追っ手からついに逃げおおせずカタロニア北部の地中海沿いの港町ポル・ボウにて自ら命を絶った、ヴァルター・ベンヤミンもまた、「跳躍」にこだわった。実質的な絶筆となった「歴史の概念について」の第一四節においてベンヤミンは、「革命」とは「「むかし」というしげみ」の中にある「アクチュアルなもの」を、跳ぶことによって発見し、歴史の連続性を打ち壊すことだと述べている。そのためにはまず、「支配階級の統制下にある闘技場」で「過ぎ去ったものに襲いかかる虎の跳躍」が必要なのだという。虎だ。虎といえば、ウィリアム・ブレイクだ。数多《あまた》あるブレイクの詩の中でもあまりにも有名な「虎(The Tyger)」。

森のなかで目を燃やしながら反撃の一瞬を待つ「虎」についてコメントするために、スチュアート・ホールはイギリスBBCテレビの「オムニバス」という番組に出演した。一九六七年一一月一〇日のことだ。その中でホールは、ブレイクの「虎」が、テムズ河畔で売り買いされるアフリカ人奴隷や、「悪魔の工場(The Satanic Mills)」とブレイク自身が呼んだ劣悪な環境で長時間労働を強いられている労働者を想起させることを指摘しながらも、それよりもっと大切なこの詩の読み方に触れている。それは、「虎」が森のなかでじっと、反撃を待っている姿勢の描かれ方についてのものだった。堂々たる体軀を森の闇の中に一体化させながらも、あかあかと燃えたぎるその両目は、「虎」が森の中にとどまりながらも決してその一部にはならず、孤高の存在であることを表していると、ホールは淡々と説明した。そのただ中にありながら一部とはならない。そしてやがて、「虎」は「跳ぶ」。またその話か、という読者のため息を、ここでは肯定の証として受け取っておこうと思う。この「まだやってるよ」的な繰り返しにこそ意味があるからだ。

本書は、「そのただ中で、しかしその一部ではなく」という視点から、ホールが考えてきたと筆者が考えたことを構成する試みだった。それは、ある意味ではホールその人への裏切りである。「スチュアート・ホールの思想」と題された学術会議に招待された席上で、「そんなものはない」と、本人は言い切ってしまっているからである。だがまた別の意味では、そういうホールを積極的に「誤読」する試みだったとも言える。ホールが考えたことと軌を一にして後追い的に考える、再考する、後付けすることができるならば、それは正しい読みができているということになるのだろうが、筆者は代弁者でも媒介者でもないのだから、そんなことをする筋合いはない。だから本書の副題には、何か一貫した知の体系を想起させるような「思想」ではなく、ホールが考え言葉にしてきたことの、おそらくはいくつも描くことができるであろう輪郭のうちのほんの一つか二つをあぶり出そうという意図で、「思考」という言葉を用いた。本書の中で生じた誤読もまた、思考の一部なのである。

第一章から第一二章までは、過去に書いたものに誤字脱字修正の手を加え、ところどころアップデートした記述を加えた、言わば棚卸し作業の成果である。懐古的になるだけでは仕様がないけれど、オリジナルの原稿を書いた当時と現在とで、いまだにそれほど変わらない状況があるならば、過去のものも今を考える縁《よすが》にもなろうというものだ。筆者は一九九五年から二〇〇三年までイギリスに留学し、カルチュラル・スタディーズのアプローチを用いて博士論文を書いていた。なので、ホールの言葉を一九九〇年代のイギリス全体の文脈の内部で同時並行的に参照して作業を進めることができた。他方、本書の企画を進めていく過程で避けて通れなかったのは、そうした経験を経ながら、いま日本語でホールの思考を理解し、何らかの検討を加えることにどのような意味があるのだろうかという問題だった。読者に対して、ホールの人物像や、筆者の研究者としての成長過程とホールとの分節点をただ紹介することには、よほど内輪の人以外にはそれほど意味もない。そこで、本書の一つの読み方を提案したい。と言ってもこのように読めと強制するものではまったくない。しかし、そう読んでもらわないと二〇一九年にこのような本を読者世界に問う意義を十全に見いだせないのではないかと考え、外に開かれて然るべきテクストを、あえて特定の方向に導くことを許していただきたいと思う。

それは、本書を読み進むに従って、ある種の「違和感」を持って欲しいということだ。筆者はこれまで、ほんの僅かな、そして鮮やかな例外を除いて、筆者が考えていることとカルチュラル・スタディーズという冠の下で日本語で書かれているものとが、同じことをやっているという感覚を持てなかった。「違う」のだ。同じアプローチのはずで、同じ語彙や概念を用いているはずなのに、見ているもの、感受しているもの、想像しているもの、なんとかなんないのかとイライラしたり、解決しなければと切羽詰まるものが照応しないのである。「この人たちがやっているのはカルチュラル・スタディーズなのか？　だとしたら、カルチュラル・スタディーズってなんだ?」。もちろんその「違い」は日本の研究者が書いたものだけに見つけられたわけではない。しかしその頻度は圧倒的である。しかし、カルチュラル・スタディーズには単一の定義も起源もないと、うんざりするほど聞かされてきた。しかし、文化社会学があり、文化史があり、文芸批評があり、いわゆるメディア研究がある中で、また「サブカル」が大衆的な商品文化という範疇を超えて、現代史の重要な部分を解釈し意味づける力を持つに至る中で、わざわざカルチュラル・スタディーズという看板で店開きをするのだから、そこに並んでいる品物や陳列の仕方になんらかの共通項があってしかるべきではないのか。しかし、見つけられないのだ。

長い間英語圏で勉強してきた筆者がいつの間にか身につけてしまった、「留学あるある」的な、傲慢な特権意識がそう思わせているのではないかと、そのように自分を客観視してきた部分もある。そして、それのなにが悪いという開き直りにも似た判断が、その射程を延長したまま今に至っているのが正直なところだ。だから読者諸氏の中には、本書の言葉遣いや理論的指向性が、日本の言論界でいわゆる「カルスタ」とか「CS」などと略されている言説の集積や態度とは「違う」と感じ取られる方もいるのではないかと思う。カルチュラル・スタディーズの元祖であるはずのホールを、「カルスタ」としては読めないという当惑を導くかもしれない。それでいいと思う。何がカルチュラル・スタディーズでなければならないかという「真理」は、「違い」を察知するということが条件にならないと意に介されることもないだろうからだ。

自分のやってきたことの正当性や、自分が読み取ったホールの思考の正典性を主張したいわけではない。「出会いの偶然が、思考されるものの必然性を保証する」(ドゥルーズ)のであれば、もはや「違い」と出会うことでしか、カルチュラル・スタディーズを考えることはできないだろう。知性は平等なはずだ。成否や正誤は、つまり何をカルチュラル・スタディーズとして理解しているかは、この際問題にしても仕方ないのである。それよりも、知性と意志とがその思考の中で限りなく近づいていったスチュアート・ホールその人の知的技能を確認しながら、自らを理解する力を練り上げていくことに集中すべきだろう。そのための材料として考えれば、本書は、それほど悪い出来ではないのではないかと思う。

しかしこの一冊の「モノ」を作り上げる作業には、本当に多くの人の技術と知恵が必要だった。本書に関わっていただいたすべての人に感謝したい。その中でもより直接にお世話になった方々に御礼申し上げます。まず第一章から第一二章までの元になった原稿の初出誌と出版元の各担当者の方々。再録を許可してくださりありがとうございました。序章の草稿を読み、企画全体についても率直で実のあるフィードバックを下さった諫山三武さん、栢木清吾さん、高原太一さん、田中東子さん、玉置太郎さん、山本敦久さん。終章を何度も丁寧に読んでくださった市田良彦さんには、本書全体をキリッと引き締める決定的なご指導をいただいた。近藤健一さんは、ホール没後間もなく追悼の意味も込めたトークの場を設定してくれただけでなく、終章で引用した『カピタル（*Kapital*）』（アイザック・ジュリアン監督）の脚本を提供してくださった。ポール・ギルロイ（Paul Gilroy）は、本書の主旨に同意と理解を示してくれただけでなく、ホールが出演した「オムニバス」の録画ＤＶＤをそっと差し出してくれた。バーミンガム大学でのホールの教え子でもあったマハシッディ（Mahasiddhi［本名ロイ・ピータース Roy Peters］）は序章直前のページとパートIIIの扉で用いたホールの写真を提供してくれた。パートIとIIの扉に家族写真の転用を快く許可してくれたのは、ホールのパートナーであるキャサリン・ホール（Catherine Hall）と、スチュアート・ホール財団のカイリー・ギルクライスト（Kylie Gilchrist）である。また、本書を世に出してくださった新泉社編集部に感謝します。みなさん、本当にどうもありがとうございました。

そして、スチュアート・ホールに本書を捧げる。

二〇一九年四月二二日

小笠原博毅

初出一覧

序　章　真実を語れ、そのまったき複雑性において　書き下ろし

Ⅰ　パブリック・インテレクチュアルの肖像

第一章　ジャマイカン・ボーイの彷徨（原題「スチュアート・ホール」）『大航海』第二八号、一九九九年六月

第二章　Over Hall——ジェームス・プロクター『スチュアート・ホール』によせて　ジェームス・プロクター『スチュアート・ホール』小笠原博毅訳、青土社、二〇〇六年

第三章　いまだホールの「教え」に至らず　『思想』第一〇八一号、二〇一四年五月（上記に「追悼スチュアート・ホール　魅せる男の（半）亡霊　The (Half-)Spectre of A Charming Man」〔『現代思想』第四二巻第四号、二〇一四年三月〕を加えて構成）

Ⅱ　スチュアート・ホールの理論的実践

第四章　文化と文化を研究することの政治学——スチュアート・ホールの問題設定（原題「文化と文化を研究することの政治学——スチュアート・ホールの問題設定」）『思想』第八七三号、一九九七年三月

第五章　文化政治における分節化——「奪用」し「言葉を発する」こと（原題「文化政治におけるアーティキュレーション——「奪用」し「言葉を発する」こと」の「はじめに」、第一節、第二節、第三節）『現代思想』第二六巻第四号、一九九八年三月（増補新版、二〇一四年四月）

第六章　人種化された国民、国民化された人種（原題「文化政治におけるアーティキュレーション——「奪用」し「言葉を発す

る」こと」の第四節、第五節）『現代思想』第二六巻第四号、一九九八年三月（増補新版、二〇一四年四月）

第七章　カルチュラル・スタディーズの終わり　『年報カルチュラル・スタディーズ』第一号、二〇一三年

Ⅲ　カルチュラル・スタディーズの終わりとはじまり

第八章　素描・カルチュラル・スタディーズの増殖について　『現代思想』第二五巻第一一号、一九九七年一〇月

第九章　権力、イデオロギー、リアリティの理論化――批判理論の日本における不幸な歴史の書き換えに向けて　『マス・コミュニケーション研究』第五三巻、一九九八年

第一〇章　「カップの底のお茶っ葉」――階級の言説性（discursivity）について　『情況』第二期第一〇巻第五号、一九九九年五月

第一一章　文化に気をつけろ！――ネオリベ社会で文化を考える五つの方法　『国際文化学研究――神戸大学国際文化学部紀要』第三〇号、二〇〇八年七月

第一二章　レイシズム再考　『年報カルチュラル・スタディーズ』第二号、二〇一四年

終　章　そのただ中で、しかしその一部ではなく（In but not of）　書き下ろし

あとがき　書き下ろし

＊本書に収録するにあたり初出原稿に加筆修正を行いました。

一〇・二〇七・三一〇‐三一一頁写真　Courtesy of Mahasiddhi (Roy Petetrs)

二七・六七頁写真　Courtesy of Catherine Hall and Stuart Hall Foundation

小笠原博毅（おがさわら・ひろき）
1968年生。神戸大学大学院国際文化学研究科教授。早稲田大学政治経済学部卒。ロンドン大学ゴールドスミス校社会学部博士課程修了。社会学 Ph.D。スポーツやメディアにおける人種差別を主な研究テーマに据え、カルチュラル・スタディーズの視座から近代思想や現代文化を論じている。近年は、東京オリンピックや大阪万博の開催に一貫して異議を申し立て、批判を展開している。
著書に『セルティック・ファンダム』（せりか書房）、共著に『やっぱりいらない東京オリンピック』（岩波ブックレット）。編著に『黒い大西洋と知識人の現在』（松籟社）、共編著に『反東京オリンピック宣言』（航思社）および『サッカーの詩学と政治学』（人文書院）。

真実を語れ、そのまったき複雑性において

スチュアート・ホールの思考

2019年6月15日　初版第1刷発行

著者 小笠原博毅

発行 新泉社
〒113-0033 東京都文京区本郷 2-5-12
電話 03-3815-1662
ファックス 03-3815-1422

装幀 三木俊一（文京図案室）
本文組版 大友哲郎
印刷・製本 萩原印刷

ISBN978-4-7877-1910-2　C1010